Johannes Baptista Friedrich

Geschichte des Rätsels

Johannes Baptista Friedrich

Geschichte des Rätsels

ISBN/EAN: 9783743666412

Hergestellt in Europa, USA, Kanada, Australien, Japan

Cover: Foto ©ninafisch / pixelio.de

Weitere Bücher finden Sie auf **www.hansebooks.com**

Geschichte des Räthsels.

Von

J. B. Friedreich.

Dresden,
Verlagsbuchhandlung von Rudolf Kuntze.
1860.

„Steh' ich vor dir, so suchst du mich geblendet,
Nach Schatten greifend, die kein Theil von mir;
Doch fand'st du mich, du hast dich abgewendet,
Ein leeres Nichts bin ich fortan vor dir.
So Mancher sieht im ganzen Erdenleben
Nur mich, in seinem Leid, in seiner Lust,
Und willst du treu nach Selbsterkenntniß streben,
Begegne ich oft dir in deiner eignen Brust.
Im Dunkel welterschütternder Geschicke,
Wie am Kamin als trauter Abendgast,
Stets flieht mein Dasein mit dem Augenblicke,
Wenn dein Gedanke wirklich mich erfaßt."

Seinem Freunde

Dr. Wilhelm von Schelhaß,

k. Regierungsrathe in Würzburg

der Verfasser.

III.

		Seite
§ 21.	Verwandtschaft und Beziehung des Räthsels zu Dichtungen anderer Art	44
§ 22.	Die Gnome	44
§ 23.	Das Epigramm	45
§ 24.	Die Anecdote und das Mährchen. Die Räthselanecdote; das Räthselmährchen	46
§ 25.	Schiller's Turandot. Heft peiger von Nisami aus Genbsch	49
§ 26.	Das Sprichwort. Sprichworträthsel	54
§ 27.	Die symbolische Dichtung. Das symbolische Räthsel	59
§ 28.	Das Lehrgedicht. König Tyro von Schotten und Fribebrant, sein Sohn	65
§ 29.	Die Ballade. „King John and the abbot of Canterbury", von Percy. „Der Kaiser und der Abt", von Bürger	70
§ 30.	Der alte Stoff zu diesen Balladen: das Fastnachtspiel von Hans Folz; Schimpf und Ernst von Pauly, und der Esopus von Walbis	76
§ 31.	Das Lustspiel. Contessa's Lustspiel: „das Räthsel"	81

IV.

§ 32.	Geistige Richtung des Räthsels. Das Räthsel als Symbol der Weisheit, als belehrend und als dazu dienend, die geistigen Fähigkeiten eines Andern zu prüfen	84
§ 33.	Das Räthsel als Sinnbild der Weisheit. Die Sphynx	84
§ 34.	Das Räthsel als belehrend. Das didaktische Räthsel, Streckräthsel	90
§ 35.	Das Räthsel dazu dienend, um die geistigen Fähigkeiten eines Andern zu prüfen	97
§ 36.	Die Königin von Saba und König Salomo	98
§ 37.	Die Prüfung des persischen Helden Sal	103
§ 38.	Der Götakönig Heibrik und der blinde Gester	105
§ 39.	Das Wafthrudhnismal; das Lied vom Gotte Odin und dem Joten Wafthrudnir	112
§ 40.	Das Alvissmal; das Lied vom Gotte Thor und dem Zwerge Alvis	123
§ 41.	Der Wartburgkrieg	128
§ 42.	Das Tragemundslied	135

V.

§ 43.	Die erheiternde, fröhliche und scherzende Bedeutung des Räthsels	138
§ 44.	Das Räthsel bei Gastmahlen. Plutarch's Gastmahl der sieben Weisen	139
§ 45.	Becker's Nachbildung der griechischen Gastmahlscene	140
§ 46.	Das erotische Räthsellied	143
§ 47.	Das Kranzsingen	145
§ 48.	Das Recräthsel, Bezirräthsel	148

VI.

§ 49. Das Aufgeben eines Räthsels hat den Zweck, Streit zu veranlassen . 150
§ 50. Das Räthsel von Simson 151

VII.

§ 51. Die nationale Literatur des Räthsels 155
§ 52. Die alten Hebräer. Salomo und die Königin von Saba; Salomo und König Hiram 155
§ 53. Der Hebräer Agur 156
§ 54. Der neuhebräische Dichter Abul Hassan Juda Ha-Levi 157
§ 55. Die Makamen des hebräischen Dichters Juda Ben Salomon Alcharisi 158
§ 56. Die Türken. Ali. Fani 163
§ 57. Der Derwisch und Dichter Mohamed Ben Osman Ben Ali Nallasch, genannt Lamii 163
§ 58. Die Perser. Deren Logogryphen 166
§ 59. Abul Kasim Mansur (Ferdusi). Abschebi. Nasi. Chansade. Mewlana Nisan. Scherefeddin Ali 167
§ 60. Die Araber. Die Makamen des Hariri 167
§ 61. Seetzen's arabische Volksräthsel 178
§ 62. Das arabische Mädchen Serla 179
§ 63. Die Griechen 181
§ 64. Der Fabeldichter Aesopus 182
§ 65. Alexis aus Thurium 182
§ 66. Die Komödie „Sappho" von Antiphanes 182
§ 67. Die Γομαρια von Aristonymus 183
§ 68. Clearchus aus Soli 183
§ 69. Cleobulus und seine Tochter Cleobuline 184
§ 70. Der Grammatiker Diomedes 184
§ 71. Der Tragiker Theodektes 184
§ 72. Anonymes Räthsel bei Athenaeus 185
§ 73. Brunck's Sammlung griechischer Räthsel 186
§ 74. Byzantinische Literatur. Psellus. Basilius Megalomites . . . 186
§ 75. Die Römer. Apulejus. Aulus Gellius 186
§ 76. Spätere Lateiner 187
§ 77. Caelius Firmianus Symposius 187
§ 78. Aldhelmus 191
§ 79. Schwedische und norwegische Räthsel 192
§ 80. Russisches Räthselfragenlied 193
§ 81. Lithauische Volksräthsel 193
§ 82. Englische und schottische Räthsel 194
§ 83. Französische Literatur 195
§ 84. Italienische Literatur 197
§ 85. Spanische Literatur 197
§ 86. Niederländische Räthsel 198

		Seite
§ 87.	Deutsche Literatur	199
§ 88.	Die Reichenauer Handschrift	199
§ 89.	Altdeutsche zu Augsburg erschienene Sammlung	199
§ 90.	Das alte zu Cöln und Nürnberg erschienene Rathbüchlein	201
§ 91.	Aenigmata von Joann. Lorichius Hadamarius	202
§ 92.	Poemata von Julius Cäsar Scaliger	202
§ 93.	Aenigmatographia von Nicol. Reusner. Räthsel von Pontanus, Petreius, Aretius, Mamilius und Laberius; von Hadrianus Junius, Joannes Lorichius, Angelus Politianus, Stephanus Paschasius, Sebast. Scheffer, Laurentius Lippius und Conrad. Bachmann	204
§ 94.	Aenigmata von Nicol. Reusner	214
§ 95.	Γριφολογια von Nicol. Reusner	216
§ 96.	Aenigmata von Joannes Lauterbach	217
§ 97.	Γνωμολογια von Joannes Buchlerus a Glabbach	219
§ 98.	Aenigmata von Joannes Pincierus	220
§ 99.	Der hundertangige blinde Argos, von Andreas Sutor	223
§ 100.	Studiosus jovialis, von Odilo Schreger	229
§ 101.	Altdeutsche Volks- und Meisterlieder, herausg. von Görres	231
§ 102.	Räthselbüchlein von Mises	233
§ 103.	Erzählungen aus altdeutschen Handschriften, herausg. von Keller	242
§ 104.	Neckräthselbuch von Franklin von Ensfurt	243
§ 105.	Volksräthsel aus der Umgegend von Gießen, gesammelt von Weigand	247
§ 106.	Volksräthsel aus dem Aargau, gesammelt von Rochholz	247
§ 107.	Nachlese zur Literatur der Deutschen	248

Ueber das Räthsel ein eignes Werk zu schreiben, mag wohl von Manchem, der dasselbe nur eines oberflächlichen Blickes würdigt, für ein unbedeutendes Unternehmen gehalten, oder die Meinung aufgestellt werden, es sei Schade, Zeit und Mühe einem so unbedeutenden Gegenstande zu widmen. Dem ist aber nicht so, und es muß uns im Gegentheile gerade auffallend erscheinen, daß fast alle Verfasser von Werken über Dichtkunst das Räthsel entweder gar nicht, oder nur mit einigen Zeilen erwähnt haben. Dünkten sie sich vielleicht zu vornehm, um einem solchen ihnen unbedeutend scheinenden Gegenstande einige Aufmerksamkeit zu schenken? Diesen wollen wir folgende Worte Wieland's zurufen: die Räthsel haben gar keine Apologie vonnöthen. Machten sich nicht vor Alters die Könige und weisen Männer der berühmtesten Völker ein Geschäft daraus, Räthsel zu erfinden und einander zum Errathen zuzuschicken? Kam nicht die Königin von Saba (aus deren Liebesgeheimnissen mit dem König Salomo noch die heutigen Beherrscher von Abyssinien entsprossen zu sein stolz sind) mit großem Pomp ausdrücklich nach Jerusalem, um den Scharfsinn und die Gelehrsamkeit des jungen Fürsten, wovon der Ruhm sich schon in allen Ländern gegen Morgen und Mittag verbreitet hatte, durch Räthsel auf die Probe zu stellen? Rettete Oedip nicht das ganze thebanische Land vom Untergang, indem er das berühmte Räthsel der Sphynx errieth? Was braucht es weiter Zeugniß? Wir werden uns doch nicht einbilden wollen zu weise für ein Spiel zu sein, woraus Leute, wie die Königin von Saba, die Könige Salomo und Amasis und die sieben Weisen aus Griechenland sich ein ernsthaftes Geschäft machten? Die griechischen Dichter haben dem Räthsel ihre Aufmerksamkeit geschenkt: die Lyriker mischten nicht selten Räthselartiges in ihre Gedichte ein, wie z. B. Archilochus, Stesichorus, Simonides; auch die Tragiker und Komiker legten Räthsel in ihre Dichtungen ein, so wie auch die Dichter der mittleren und neuern Komödie. Die hebräischen, die türkischen, persischen, arabischen Dichter ersten Ranges haben Räthsel verfaßt; die Edda, die trefflichen Makamen des Hariri sind voll von Räthseln u. s. w. Es haben auch namhafte Dichter der Jetztzeit, ein Bürger, Tiedge, Langbein, Winkler, Körner, Schiller u. m. A. sich mit Dichten von Räthseln abgegeben. Dieses Alles hat Herr Otto Banck nicht bedacht, oder, was wahrscheinlicher, nicht gewußt, sonst hätte er seinen einfältigen Vers „Vergleichen, Wetten und Räthselrathen ist kleiner Geister Schweinebraten" nicht in die Welt geschickt.

I.

§ 1. Das Räthsel ist*) die umschreibende Darstellung eines, nicht genannten Gegenstandes, um das Nachdenken des Lesers oder Hörers zum Auffinden desselben anzuregen; es ist, wie Meier**) ganz richtig sagt, wesentlich ein freies Spiel des Geistes, wobei es auf Witz und Geistesgegenwart ankommt, und wobei es noch auf geistreiche Unterhaltung, auf ein gegenseitiges Messen des Scharfsinnes und der Erfindungsgabe abgesehen ist. Wolf***) hat folgende Definition gegeben: das Räthsel ist ein Spiel des Verstandes, der sich bemüht, einen Gegenstand so darzustellen, daß er alle Merkmale und Eigenschaften desselben schildert, so widersprechend dieselben an und für sich betrachtet auch sein mögen, ohne jedoch den Gegenstand selbst zu nennen. Das Geheimnißvolle, das in der Darstellung liegt, und das den Verstand zur Lösung jener Widersprüche durch die Auffindung des Namens reizt, bildet das eigentliche Interesse des Räthsels, welches seine höhere Beziehung darin hat, daß im Universum gleichfalls wie in jedem einzelnen abgeschlossenen Wesen die scheinbar einander vernichtenden Widersprüche dazu beitragen müssen, ein harmonisches Ganze zu bilden. Die künstlerische Auffassung des Räthsels beruht demnach auf der scharfsinnigen Auffindung und Zusammenstellung jener Merkmale, und der geschickten Umhüllung des Namens in schöner Form. Das Räthsel hat demnach besonders eine zweifache Aufgabe†). Die erste ist die, irgend einen Gegenstand auf poetische Weise anschaulich darzustellen; es müssen daher, wie bei jeder Schilderung, die wesentlichsten Eigenschaften

---

*) Ueber die verschiedenen Definitionen der Alten s. Voss, commentar. rhetor. P. II, Marb. 1781, Lib. IV, § 5. Caelius Calcagninus, oper. Basil. 1544, p. 44, Delrio, adagialia sacra, P. I. Lugd. 1612. Prolog. p. VII. Kircher, oedipus aegyptiacus, Tom. II, Rom. 1653, Class. I, Cap. 4.
**) Geschichte der poetischen Nationalliteratur der Hebräer, Lpzg. 1856, S. 164.
***) Poetischer Hausschatz des deutschen Volkes, 6. Aufl. Lpzg. 1844, S. 1135.
†) Kurz, Handb. der poetischen Nationalliteratur der Deutschen; dritte Abtheil. Zürich 1842, S. 279.

und Merkmale desselben hervorgehoben und zusammengestellt werden, so daß aus ihrer Vereinigung ein vollständiges, anschauliches poetisches Bild des geschilderten Objektes entstehe. Die zweite Aufgabe besteht darin, daß der geschilderte Gegenstand nicht sogleich zur Anschauung gelange, nicht mit Einemmale erkannt werde; daher muß der Dichter unter den Merkmalen vorzugsweise solche wählen, welche einander zu widersprechen scheinen, oder welche auch einzeln, nicht aber in ihrer Vereinigung, andern Gegenständen, und zwar solchen, die allgemeiner bekannt sind, auf die man leicht und schnell verfällt, beigelegt werden könnten, so daß der Leser unmerklich von dem eigentlichen Objekte abgeführt wird. Durch die zweite Aufgabe erhält nun das Räthsel vorzüglich das Bild des Witzes und der erheitern= den Laune, während es durch die erste seine poetische Gestaltung*) erhält. So in Goethe's „Alexis und Dora":

.... So legt der Dichter ein Räthsel,
Künstlich mit Worten verschränkt, oft der Versammlung ins Ohr.
Jeden freuet die seltne, der zierlichen Bilder Verknüpfung
Aber noch fehlet das Wort, das die Bedeutung verwahrt.
Ist es endlich entdeckt, dann heitert sich jedes Gemüth auf,
Und erblickt im Gedicht doppelt erfreulichen Sinn.

II.

§ 2. Alle möglichen Formen des Räthsels bringe ich in folgendes Schema: I. Die Räthselfrage. II. Das einfache Worträthsel. Die Varia= tionen des Worträthsels: 1. Das Worträthsel mit verschiedener Bedeu= tung des Wortes, die Homonyme; 2. das Worträthsel mit Buchstaben= veränderung; 3. das Worträthsel mit Ellision; 4. das Worträthsel mit Zusatz; 5. das Worträthsel mit Buchstabenversetzung, der Logogryphe und die Räthselquadratur; 6. das Worträthsel mit verschiedener Lesung, das Anagramm und das Palindrom, und 7. das Worträthsel nach Laut und Betonung, das Gleichlauträthsel und das Betonungsräthsel. III. Das Silbenräthsel, oder die Charade. IV. Das Buchstabenräthsel 1. in Bezug

---

*) Daß dem Räthsel eine poetische Bedeutung nicht abgesprochen werden kann, ist klar. Wackernagel (in Haupt's Zeitschrift f. deutsches Alterthum, 3. B. S. 25) sagt ganz richtig: Versinnlichung des Geistigen, Vergeistigung des Sinnlichen, ver= schönende Erhebung dessen, was alltäglich vor uns liegt, alles das gehört zum Wesen des Räthsels, wie es zum Wesen und den Mitteln der Poesie gehört.

auf den Laut und 2. in Bezug auf die Figur des Buchstaben. V. Das Schreibzeichenräthsel. VI. Das Bilderräthsel. VII. Das complicirte Räthsel. VIII. Das Zifferräthsel. Von diesen einzelnen Formen nun insbesondere (§. 3—19).

§ 3. Die einfachste und wohl auch älteste Form besteht in einer Frage, welche zur Beantwortung vorgelegt wird; man kann sie die **Räthselfrage** nennen. Es giebt eine sehr große Menge derselben*), und den meisten liegt ein Wortspiel oder ein sog. schlechter Witz zu Grunde. Beispiele:

1. Wer hat so viel Augen als Tage im Jahre sind? 2. Wer ist der gewandteste Sänger? 3. Welcher Ring wird gegessen? 4. Welche sind die schlechtesten und doch theuersten Tressen? 5. Warum soll ein Pferd kein Schneider werden? 6. Welche Aehnlichkeit findet statt zwischen einem Menschen, der sich ein paar Stiefel anzieht und ein paar hübschen Augen? 7. Welche Tanten können auch Oheime sein? 8. Sonst kommt, wie man sagt, die Hülfe von oben; wann kommt sie aber von unten? 9) Was ist der Mensch, der in einer angespannten Chaise sitzt, die Pferde aber stehen bleiben? 10. Welcher ist der höflichste Fisch? 11. Welche Uhr deutet auf eine gedrückte Zeit? 12. Welcher Mensch hat mehr als einen Mund? 13. Was ist der Mensch, der noch keine Besoldung hat? 14. Welcher Arm macht sehr viel Lärmen? 15. In welcher Schule haben die Zöglinge Augen und sehen doch nicht? 16. Welche Gatten fahren immer auf dem Wasser? 17. Wer ist stärker, der Reiche oder der Arme? 18. In welchem Theile Preußens ist am meisten Leben? 19. Warum gleicht der Kuß einem Gerüchte? 20. Warum kann der beste Thiermaler keinen freundlichen Hund malen? 21. Was ist für ein Unterschied zwischen dem Alphabet und dem menschlichen Leben? 22. Welches Wort wird kürzer, wenn man noch eine Silbe dazuthut? 23. Warum sind die Diebe klüger als die Aerzte? 24. Welche Aehnlichkeit findet zwischen einer Cigarre und der Liebe statt?

[Antworten. 1. Der am zweiten Januar Geborne. 2. Der Vogel, weil er Alles vom Blatte singen kann. 3. Der Häring. 4. Die Maitressen. 5. Weil es das Futter frißt. 6. Sie üben eine Anziehungskraft aus. 7. Die Dilletanten. 8. Beim Souffleur. 9. Ein ungezogener Mensch. 10. Der Bückling. 11. Die Censur. 12. Der Mündel, denn der hat noch einen Vormund. 13. Ein gehaltloser Mensch. 14. Der Allarm. 15. In der Baumschule. 16. Die Fregatten. 17. Der Arme, denn der hat Noth und Noth bricht Eisen. 18. In der Provinz Sachsen, denn in derselben liegen die Städte Eisleben, Aschersleben, Ermsleben, Alt- und Neuhaldensleben, Hadmersleben u. s. w. 19. Weil er von Mund zu Mund geht. 20. Weil der Hund, wenn er freundlich ist, mit dem Schweife wedelt, was nicht gemalt

---

*) Sehr viele sind gesammelt in der Schrift von Enslin, die ich noch in § 104 erwähnen werde.

werden kann. 21. Das Alphabet hat nur ein W, das menschliche Leben hat viele W (Wehe). 22. Kurz; kürzer. 23. Weil sie, wenn sie irgendwo weggehen, stets bestimmt wissen, was den Leuten fehlt. 24. Je länger sie brennen, desto weniger bleibt davon übrig.]

Die Deutschen haben auch eigene Waidmannsräthselfragen, wie z. B. folgende:

Frage. Sag an lieber Waidmann,
Was hat der edle Hirsch zwischen Wasser und Gries*) gethan?

Antwort. Zwischen Wasser und Gries,
Da hat der edle Hirsch gewaschen seine Füß.

Fr. Sag an, mein lieber Waidmann,
Wie spricht der Wolf den edlen Hirsch an?

Antw. Wohlauf, du dürrer Knab, du mußt in meinen Magen,
Da will ich dich durch den rauhen Wald hintragen.

Fr. Lieber Waidmann, sag mir bald,
Wo lauft der edle Hirsch zu Wald?

Antw. Er lauft über die Wege alt und über den grünen Wald,
Und über den Rück, da kommt der edle Hirsch oft und bald.

Fr. Lieber Waidmann, sag mir an,
Wann hat der edle Hirsch sein Himmelzeichen**) gethan?

Antw. Wann er heut von Feld gen Holz ist gangen,
Hat der edle Hirsch mit seiner langen Stangen
Herabgeschlagen die Zehr***) und Aeste
Von Bäumen und Stangen und hat sein Waid†) empfangen;
Ist mir anders eben††)
So hat er das Himmelszeichen daran gegeben.

Fr. Lieber Waidmann, kannst du mir das sagen,
Was hat den edlen Hirsch vor Sonne und Mond über den Weg getragen?

Antw. Das will ich dir wohl sagen, die liebste Mutter sein
Trug den edlen Hirsch über den Weg hinein†††).

Fr. Sag mir an, mein lieber Waidmann:
Was macht den Wald weiß?
Was macht den Wolf greiß?

---

*) D. i. Stein, Kiesel, Sand.
**) Zeichen heißt in der Waidmannssprache beim Hirsch das, woran man ihn spürt; Himmelzeichen das, was er in der Höhe, an den Bäumen, deren Laub er streifet, läßt.
***) Ist gleichbedeutend mit Ast.
†) D. i. seine Atzung, sein Futter.
††) D. h. besinne ich mich recht; man sagt auch „ist mir anders recht".
†††) Nämlich im Mutterleibe. Ein ähnliches deutsches Räthsel fragt: wer hat den Wolf über den Berg getragen? Die Wölfin.

Was macht den See breit?
Woher kommt alle Klugheit?

Antw. Der Schnee macht den Wald weiß,
Das Alter macht den Wolf greiß,
Das Waſſer macht den See breit,
Vom ſchönen Jungfraulein kommt alle Klugheit*).

§ 4. Wenn ein ganzes Wort, oder auch ein paar Worte mit einander in Verbindung zum Errathen aufgegeben werden, ſo heißt dieſes das Worträthſel. Man unterſcheidet das einfache Worträthſel von ſeinen verſchiedenen Variationen; von letzteren iſt in § 5 die Rede. Hier Beiſpiele des einfachen Worträthſels, verfaßt von den deutſchen Dichtern: Kretſchmann (Nr. 1. 2.), Bürger (Nr. 3.), Friedr. Müller (Nr. 4.), Langbein (Nr. 5—6.), v. Schiller**) (Nr. 7—16), Müchler (Nr. 17. 18.), J. Fr. Kind (Nr. 19—21.), Houwald (Nr. 22.), A. G. Eberhard (Nr. 23.).

1. Wer bin ich?
   Jung bin ich wohlfeil, alt erſt theuer,
   Ein ſchwacher Jüngling, ein ſtarker Greis,
   Wie Waſſer fließend bin ich Feuer;
   Doch machſt du mich ſo kalt wie Eis,
   Dann glüh' ich erſt recht innig.
   Wer bin ich?

2. Ich bin das köſtlichſte Gericht!
   Nichts gleicht mir an Geſchmack aus Gärten, Küch und Kellern;
   Und doch ſerviret man mich nicht
   In Taſſen, Gläſern, noch auf Tellern.
   Schmackhaft in Einſamkeit, unſchmackhaft im Getümmel,
   Ißt man mich nicht und trinkt mich nicht:
   Gleichwohl entzückt, wie Fürſt und Bauer ſpricht,
   Mein Wohlgeſchmack bis in den dritten Himmel.

3. Verfertigt iſt's vor längrer Zeit,
   Doch mehrentheils gemacht erſt heut;
   Höchſt ſchätzbar iſt es ſeinem Herrn,
   Und dennoch hütet's Niemand gern.

4. Hoch beutſt du über Menſchenwillen,
   Hier mit Stärke, dort mit Hinterliſt,
   Und entſchuldigſt jeder Narrheit Grillen,
   Weil du ſelbſt nur eine Grille biſt.

---

*) In der altdeutſchen Sprache heißen die Frauen nicht allein die ſchönen, ſondern auch die klugen, weiſen: die weiſen, wahrſagenden Frauen; die ſchönen Göttinnen Nornen, die die Lebenszeit der Menſchen beſtimmen, die kluge Göttin Snotra mit holdſeligen Gebärden der ſkandinaviſchen Mythe u. ſ. w.

**) Räthſel von Schiller kommen auch in ſeiner „Turandot" vor, die ich noch in § 25 erwähnen werde.

Und in Dörfern, Flecken, Städten, Ländern,
Huldigt deinem Scepter arm und reich.
Thorheit kann sich tausendfach verändern,
Ueberall bleibt sie sich dennoch gleich.
Von der Haube bis zum Priesterrocke,
Und von der Livree zur Gallatracht,
Von dem Laufband bis zum Krückenstocke
Herrschst du ewig mit Despotenmacht;
Ja, du übst dein Recht selbst nach dem Tode
Ueber unsre Asche und Gebein.
Nimmer frommt es zwar dein Antipode,
Doch nicht minder je dein Sklav' zu sein.

5. Die Thoren lassen mich selten ruhn,
Der Weise giebt mir wenig zu thun.
Nur einfach hat mich der Biedermann,
Doch doppelt der Falschheit und Arglist Gespann.
Mich faßt die Gerechtigkeit scharf ins Gesicht,
Indem sie wäget auf ihrer Wage,
Und dennoch brechen alle Tage
Viel Rechtsverdreher mit mir vor Gericht.

6. Ich bin ein Marterholz, bin vieler Herren Knecht,
Und kärglich nährt mich der, den ich ernähre.
Mich hudeln Hans und Kunz, bald nüchtern, bald bezecht,
Und Manchem dünkt es wohl für seinen Gulden recht,
Wenn ich ein Sonnenadler wäre.
Ei großen Dank! dann wippt ich meinen Gast,
Trotz seinem Stachel, seinem Prügel,
In einen tüchtigen Morast,
Und flöge frei hin über Thal und Hügel.
Doch eitler Wunsch! was nützen mir die Flügel?
Sie endeten doch nicht mein Leid:
Das lehrt mich der Erfahrung Spiegel,
Denn ein Herr Ohm von meiner Wenigkeit
(Der einen wohlbekannten Namen
Aus einer fremden Sprache führt)
Ward einst von Götterhand mit Fittigen geziert,
Und wird denn doch von Herrn und Damen
Seit jener grauen Zeit bis jetzt
Ganz unbarmherzig abgehetzt.

7. Von Perlen baut sich eine Brücke
Hoch über einen grauen See;
Sie baut sich auf in Augenblicke
Und schwindelnd steigt sie in die Höh'.
Der höchsten Schiffe höchsten Masten

Ziehn unter ihrem Bogen hin,
Sie selber trug noch keine Lasten,
Und scheint, wie du ihr nahst, zu fliehn.
Sie wird erst mit dem Strom, und schwindet
So wie des Wassers Fluth versiegt.
So sprich, wo sich die Brücke findet,
Und wer sie künstlich hat gefügt*).

8. Unter allen Schlangen ist Eine
Auf Erden nicht gezeugt,
Mit der an Schnelle Keine,
An Wuth sich Keine vergleicht.
Sie stürzt mit furchtbarer Stimme
Auf ihren Raub sich los,
Vertilgt in Einem Grimme
Den Reiter und sein Roß.
Sie liebt die höchsten Spitzen,
Nicht Schloß, nicht Riegel kann
Vor ihrem Anfall schützen,
Der Harnisch lockt sie an.
Sie bricht wie dünne Halmen
Den stärksten Baum entzwei,
Sie kann das Erz zermalmen,
Wie dicht und fest es sei.
Und dieses Ungeheuer
Hat zweimal nie**) gedroht;
Es stirbt im eignen Feuer,
Wie's tödtet ist es todt.

9. Ich drehe mich auf einer Scheibe,
Ich wandle ohne Rast und Ruh',
Klein ist das Feld, das ich umschreibe,
Du deckst es mit zwei Händen zu.

---

*) Es ist dieses eine Nachbildung eines ältern deutschen Räthsels:
Es ist die wunderschönste Brück,
Worüber noch kein Mensch gegangen;
Doch ist daran ein seltsam Stück,
Daß über ihr die Wasser hangen,
Und unter ihr die Leute gehn
Ganz trocken und sich froh ansehn,
Die Schiffe segelnd durch sie ziehn,
Die Vögel sie durchfliegen kühn;
Doch stehet sie im Sturme fest,
Keinen Zoll noch Weggeld zahlen läßt.

**) Zu bemerken ist, daß fast in allen Ausgaben von Schiller sich der Druckfehler „nur" fortgepflanzt hat. Daß „nie" den richtigen Sinn giebt, wird sich aus der Auflösung ergeben.

Doch brauch ich viele tausend Meilen
Bis ich das kleine Feld durchzogen,
Flieg' ich gleich fort mit Sturmes Eilen
Und schneller als der Pfeil vom Bogen.

10. Ein Gebäude steht von uralten Zeiten,
Es ist kein Tempel, es ist kein Haus;
Ein Reiter kann hundert Tage reiten,
Er umwandert es nicht, er reitet's nicht aus.
Jahrhunderte sind vorübergeflogen,
Es trotzte der Zeit und der Stürme Heer;
Frei steht es unter dem himmlischen Bogen,
Es reicht in die Wolken, es netzt sich im Meer.
Nicht eitle Prahlsucht hat es gethürmet,
Es dienet zum Heil, es rettet und schirmet,
Seines Gleichens ist nicht auf Erden bekannt,
Und doch ist's ein Werk von Menschenhand.

11. Auf einer großen Weide gehen
Viel tausend Schafe silberweiß;
Wie wir sie heute wandeln sehen,
Sah sie der allerälteste Greis.
Sie altern nie und trinken Leben
Aus einem unerschöpften Born;
Ein Hirt ist ihnen zugegeben
Mit schön gebognem Silberhorn.
Er treibt sie aus zu goldnen Thoren,
Er überzählt sie jede Nacht,
Und hat der Lämmer keins verloren,
So oft er auch den Weg vollbracht.
Ein treuer Hund hilft sie ihm leiten,
Ein muntrer Widder geht voran.
Die Heerde, kannst du sie mir deuten?
Und auch den Hirten zeig mir an.

12. Ich wohne in einem steinernen Haus,
Da lieg' ich verborgen und schlafe;
Doch ich trete hervor, ich eile heraus,
Gefodert mit eiserner Waffe.
Erst bin ich unscheinbar und schwach und klein,
Mich kann dein Athem bezwingen,
Ein Regentropfen schon saugt mich ein,
Doch mir wachsen im Siege die Schwingen.
Wenn die mächtige Schwester sich zu mir gesellt,
Erwachs' ich zum furchtbar'n Gebieter der Welt.

13. Ein Vogel ist es, und an Schnelle
Buhlt es mit eines Adlers Flug,

Ein Fisch ist's und zertheilt die Welle,
Die noch kein größres Unthier trug;
Ein Elephant ist's, welcher Thürme
Auf seinem schweren Rücken trägt;
Der Spinnen kriechendem Gewürme
Gleicht es, wenn es die Füße regt;
Und hat es fest sich eingebissen
Mit seinem spitz'gen Eisenzahn,
So steht's gleichwie auf festen Füßen
Und trotzt dem wüthenden Orkan.

14. Es führt dich meilenweit von dannen,
Und bleibt doch stets an seinem Ort;
Es hat nicht Flügel auszuspannen,
Und trägt dich durch die Lüfte fort.
Es ist die allerschnellste Fähre,
Die jemals einen Wandrer trug,
Und durch das größte aller Meere
Trägt es dich mit Gedankenflug.
Ihm ist ein Augenblick genug.

15. Es steht ein groß, geräumig Haus
Auf unsichtbaren Säulen:
Es mißt's und gehts kein Wanderer aus,
Und keiner darf drin weilen.
Nach einem unbegriffnen Plan
Ist es mit Kunst gezimmert:
Es steckt sich selbst die Lampe an,
Die es mit Pracht durchschimmert;
Es hat ein Dach, krystallenrein,
Von einem einz'gen Edelstein:
Doch noch kein Auge schaute
Den Meister, der es baute.

16. Zwei Eimer sieht man ab und auf
In einen Brunnen steigen,
Und schwebt der eine voll herauf
Muß sich der andre neigen.
Sie wandern rastlos hin und her,
Abwechselnd voll und wieder leer;
Und bringst du diesen an den Mund,
Hängt jener in dem tiefsten Grund;
Nie können sie mit ihren Gaben
Zu gleichem Augenblick dich laben.

17. Einförmigkeit ist mein Symbol,
Gleich schnell mein Gang von Pol zu Pol,

Es mag der Frühling Blüthen streuen,
Im Sommer heiß die Sonne glühn,
Der Herbst des Weinstock's Frucht erziehn,
Der Winter weiße Flocken schneien,
Nichts fördert schneller meinen Lauf,
Und Nichts hält ihn verzögernd auf.
Doch pflegt man heftig mich zu schmälen,
So schuldlos ich auch immer bin:
Dem schleich ich viel zu langsam hin
Den Sorge, Furcht und Krankheit quälen,
Und der schilt meine Flüchtigkeit,
Der in dem Taumel des Genusses
Des ersten heißen Bundesschlusses
Der Auserwählten sich erfreut.
Oft muß ich laut mir fluchen hören,
Von mir ersieht man Trost und Glück,
Man tödtet mich, und unter Zähren
Ruft man mich reuevoll zurück.
Ich streue für die Zukunft Saaten;
Und der dies Räthsel ausgedacht,
Verlor mich, als er mich gemacht,
Und du verlierst mich beim Errathen.

18. Gleich dem Phönix, den die Gluth geboren*),
Steig ich aus dem Feuermeer empor,
Schweb' im weiten Luftraum, schreibe Horen**)
Ihren Tanz mit heller Stimme vor.
Traurig klag ich über frische Grüfte,
Stürme, wo empörte Flammen sprühn;
Warnend hall' ich durch der Felsen Klüfte,
Töne lustig, wo die Heerden ziehn.
Andacht weck' ich in des Frommen Herzen,
Jauchze bei der Ehe süßem Bund,
Und der Trauernden verborgne Schmerzen
Mach ich laut, doch ohne Zunge, kund.

---

*) Der Phönix ist ein mythischer Vogel der Egyptier, welcher, wenn er 500 Jahre alt ist, einen Scheiterhaufen baut, sich auf demselben verbrennt, und aus seiner Asche wieder verjüngt hervorgeht.

**) Dieselben sind die Göttinnen der Witterung, insofern sie die in atmosphärischen Veränderungen sich kundgebenden Jahreszeiten bezeichnen. Sie geben durch Regen und heiteres Wetter den Feldfrüchten Gedeihen, und besorgen auch das Weg- und Vorschieben des dichten Gewölkes, welches den Eingang in den Olymp bedeckt. Sie werden als schöne Jungfrauen, gewöhnlich im Reigen, was den Kreislauf der Zeit andeutet, dargestellt; öfters sind sie auch, die Erzeugnisse der einzelnen Jahreszeiten tragend, dargestellt.

Selig der, dem jede Lebensstunde
Als ein Ruf zu reiner Lust erklingt,
Dem mein letzter leiser Ton die Kunde
Der Vergeltung schöner Thaten bringt.

19. Ich lieg im Thurm mit manchem Zimmer,
Und werde drinn zum braunen Mohr;
Und nie schau ich des Tages Schimmer,
Sprengt nicht ein schneidend Schwert das Thor.
War dort mein Kerker klein und enge,
Doch wünscht' ich noch ein finstrer Haus;
Dort grab ich unterirb'sche Gänge
Und komm als grüner Zwerg heraus;
Bald streckt der Zwerg sich in die Länge,
Am Ende wird ein Riese draus.

20. Von Vaterseite stamme
Ich von Metall und Stein;
Die Mutter ist die Flamme,
Mein Mann bald grob bald fein.
Und kaum ist sie entbunden,
So find ich den Gemahl;
Sie kann ihn leicht verwunden,
Doch fühlt er keine Qual.
Sein Herz bleibt frei und offen,
Bis meine Hand ihm ward;
Er ist von weichen Stoffen,
Ich aber fest und hart.
Man pflegt mich hoch zu ehren:
Oft auf der weit'sten Bahn,
Dem Lauscherblick zu wehren,
Dien' ich als Talisman.
Doch manchem schlauen Diebe
Bin ich nicht fest genug;
Zu mir flieht oft die Liebe,
Die Wahrheit wie der Trug.
Er ist bestimmt, zu sprechen,
Doch warn' ich, Freund, sei still!
Drum muß man mich zerbrechen,
Wenn man ihn hören will.
Und gern weiß ich zu sterben,
Bricht mich der rechte Mann,
Weil ohne mein Verderben
Mein Freund nicht plaudern kann.

21. Durch raschelnde Blätter
Kommt er gezogen,

Bringt rasende Wetter
Und tobt auf den Wogen.
Aber lieblich hallet
Durch die Lüfte sie,
Und von ihr erschallet
Süße Melodie.
   Es mischt sich dem Starken das Milde,
   Es bändigt das Zarte die Wuth,
   Und, wie aus der Schatten Gefilde
   Quillt zaubrischer Töne Fluth:
   Liebliche Klänge
   Wie Geistergesänge
   Drängen sich durch die Saiten,
   Sanft schmeichelnd in fühlende Herzen zu gleiten.

22. Ich bin nicht breit, hoch aber wie die Ceder,
   Hoch wie der Münster dort am Rhein:
   Vom deutschen Volke kennt mich Jeder;
   So rathe nun, wer mag ich sein?
   Ich bin ein Graf, sobald ich nur geboren,
   Bin Fürsten gleich, sobald ich Meister bin,
   Und hast du gar ein Amt für mich erkoren,
   Sinkst du in Demuth vor mir hin.
   Auch muß besonders ich in Acht mich nehmen,
   Den leisesten Verrath nicht zu begehn;
   Du brauchst dich des Verrathes kaum zu schämen,
   So ist's bei dir schon um den Kopf geschehn.
   Und kommst du einmal heim zu mir gegangen,
   Reich' ich dir unsres Deutschlands Götterwein;
   Nur ein Gericht, das wirst du nicht verlangen,
   Sonst möchten Raben unsre Gäste sein.
   Auch kann ich dir vom Kriege Manches sagen:
   Wie einst ich an der Kirche stand,
   Als Friedrich seine Schlacht geschlagen.
   Doch reicht die Zeit mir freundlich ihre Hand,
   Dann, Freunde, schmückt euch nur mit Myrthenkränzen;
   Dann leg' ich Graf — Fürstentitel ab,
   Und knüpfe, unter frohen Jubeltänzen,
   Ein festes Band bis an das Grab.

23. Das ungeborne Kindlein zwar
   Bedarf noch meiner nicht,
   Doch kaum erblickt's das Tageslicht,
   So braucht's mich immerdar.
   Ich helf ihm leben und gedeihn,
   Denn meistens bin ich gut;

Ich helf ihm horchen, helf ihm schrein,
Und laß es nirgends, nie allein,
Selbst wenns in Federn ruht.
Drum holet mich auch Jedermann,
Er sei arm oder reich,
Und wer mich nicht mehr holen kann,
Den holt der Teufel gleich.

[Auflösungen. 1. Der Wein. 2. Der Kuß. 3. Das Bett. 4. Die Mode. 5. Die Zunge. 6. Das Miethspferd. (Der erwähnte Herr „Ohm" ist Pegasus, das geflügelte Roß, welches mit seinen Hufen den Gipfel des Berges Helikon schlug, worauf die Quelle Hypokrene entsprang, deren silberhelle Fluth den Trinkenden mit hoher Begeisterung und dem Feuer der Dichtung erfüllte.) 7. Der Regenbogen*). 8. Der Blitz. 9. Der Sonnenzeiger. 10. Die chinesische Mauer. 11. Sterne und Mond. 12. Der Funken. 13. Das Schiff. 14. Das Auge. 15. Die Welt. 16. Tag und Nacht. 17. Die Zeit. 18. Die Glocke. 19. Der Obstkern. 20. Das Siegel. 21. Die Windharfe. 22. Die Silbe „hoch". 23. Die Luft.]

§ 5. Die verschiedenen Variationen des Worträthsels sind folgende: 1. Das Worträthsel mit verschiedener Bedeutung des Wortes; es wird ein Wort aufgegeben, welches verschiedene Bedeutungen hat: die Homonyme. 2. Es werden ein oder zwei Buchstaben am Anfange, in der Mitte oder am Ende des Wortes verändert: das Worträthsel mit Buchstabenveränderung. 3. Es wird von dem Worte am Anfange, in der Mitte oder am Ende ein oder der andere Buchstabe hinweggelassen: das Worträthsel mit Elision. 4. Es werden dem Worte am Anfange, in der Mitte oder am Ende einer oder einige Buchstaben zugesetzt: das Worträthsel mit Zusatz. 5. Die Buchstaben des Wortes werden auf verschiedene Weise versetzt: das Worträthsel mit Buchstabenversetzung, der Logogryphe; die Räthselquadratur. 6. Das Worträthsel mit verschiedener Lesung, wo nämlich das Wort vorwärts und rückwärts gelesen werden soll: das Anagramm und das Palindrom. 7. Das Worträthsel nach Laut und Betonung, wo nämlich auf den Ton des Wortes Rücksicht genommen wird: das Gleichlauträthsel und das Betonungsräthsel. 8. Das Wort wird einmal im Ganzen und dann jede der einzelnen Silben genannt: das Worttheilungsräthsel. Von diesen Variationen nun insbesondere. (§. 6—13.)

---

*) Die schöne Erscheinung des Regenbogens hat Schiller ähnlich in seinem Gedichte „die Gunst des Augenblickes" geschildert:
Wie im hellen Sonnenblicke
Sich ein Farbenteppich webt,
Wie auf ihrer bunten Brücke
Iris durch den Himmel schwebt.

§ 6. Die **Homonyme** ist jene Variation des Worträthsels, wo dasselbe Wort in verschiedenen Bedeutungen genommen werden kann.

1. Als ich vor grauer Zeit auf einem Berge stand,
   Trug ich auf meinen starren Armen
   Für alle Welt ein heil'ges Unterpfand
   Von Vaterliebe und Erbarmen.
   Trägst du mich still, so daß es Keiner sieht,
   Dann beug' ich oft als schwere Last dich nieder,
   Und doch fühlst du beruhigt dein Gemüth,
   Gedenkst du mein auf jenem Berge wieder.
   Trägst du mich aber offen an der Brust,
   Dann ist gelungen dir manch kühnes Wagen;
   Doch besser ist's, du bist dir's still bewußt,
   Daß du mich segnend oft geschlagen.
   Und schlummert unter'm Rasen dein Gebein,
   Ist Keiner, der des Grabes mehr gedenket,
   So steh' ich an dem Hügel noch allein,
   Und spreche still: Hier habt ihr ihn versenket.

2. Himmlische Tugend, teuflischer Mord,
   Fehler beim Kartenspiel; alles Ein Wort.

3. Gemeiniglich gefällt's den Damen
   Durch Ziererei und Süßigkeit.
   Doch streckt es unter gleichem Namen
   Die Männer hin bei Kampf und Streit.

4. Ich schütze auf der Schanze dich,
   Und ruht die Hand am Schwerte;
   Doch trägst du auf dem Rücken mich,
   So mach' ich dir Beschwerde;
   Noch härter drücke ich das Herz,
   Bin ich der Lohn für Liebesschmerz.

5. Bäume sind es, an denen ich hange,
   Brüste sind es, an denen ich prange,
   Kleider sind es, welche ich halte,
   Moden sind es, die ich gestalte,
   Haare sind es, welche ich binde;
   Beim weiblichen Geschlecht ich am meisten mich finde.

6. Wir sind's gewiß in vielen Dingen,
   Im Tode sind wir's nimmermehr;
   Die sind's, die wir zu Grabe bringen,
   Und grabe diese sind's nicht mehr.
   D'rum sind wir's eben, die wir leben,
   Von Geist und Angesicht;

Auch sind wir's alle, die wir leben,
Zur Zeit noch nicht.

7. Was mir fehlt? O laßt's euch klagen!
Für des schönsten Mädchens Brust
Wollt' ich jüngst, voll Diebeslust,
Einen Schmuck zu rauben wagen;
Doch ich hatt' ihn kaum entwandt,
Als ich von des Nachbars Hand
Grausam in's Gesicht geschlagen,
Schon dafür die Straf' empfand.
Meiner Hand entsank die Beute,
Und zum traurigen Ersatz
Für den schnell verlornen Schatz
Glüht ein Denkmal mir noch heute
Auf der Wange wie Rubin.
Ob ich wache, ob ich schlafe,
Fühl' ich schmerzlich diese Strafe
Mir durch alle Nerven zieh'n.
Doch in jeglicher Sekunde
Mahnt sie mich mit lautem Ruf
An des Herzens süße Wunde,
Und das Schönste, was im Bunde
Flora mit Cytheren schuf*);
Denn es werden meine Schmerzen,
Und der Schmuck, den ich entwandt,
Und die Schöne in meinem Herzen
Durch dasselbe Wort genannt.
Das versüßt mir meine Schmerzen.

[Auflös. 1. Das Kreuz. 2. Vergeben. 3. Stutzer. 4. Korb. 5. Nadel. 6. Verschieden. 7. Rose, als Blume, als Krankheit (Gesichtsrose) und als weiblicher Name.]

§ 7. Wenn ein oder zwei Buchstaben im Worte verändert werden, so nennen wir es dasWorträthsel mit Buchstabenveränderung.

1. Hast du vom Drucke durch A mit J dich glücklich befreiet,
So genieße mit U, was dir die Freiheit beschert.

2. Ein Wort, einsilbig, doch leicht erklärlich;
Mit einem A den Kriegern gefährlich,
Mit einem E nach Bösem begehrlich,
Mit einem J ganz offen und ehrlich,
Mit einem U dem Waller beschwerlich.

---

*) Flora ist die Göttin der Blumen und Frühlingsgöttin. Cythere ist ein Beiname der Göttin der Schönheit Aphrodite, von der Insel Cythera, wo sie, die aus Meeresschaum Geborene, zuerst landete, und die ältesten Tempel hatte.

3. Mit H ein ziemlich Dach,
Doch in dem Sturm zu schwach.
Mit T ein treues Liebchen.
Mit L ein freundlich Stäbchen
Am heißen Sommertag.

4. Mit L wird's gegessen, doch gekocht muß es sein.
Mit Z nimmt man's gerne, doch ungekocht, ein.

[Auflös. 1. Last. List. Lust. 2. Schlacht. Schlecht. Schlicht. Schlucht. 3. Haube. Taube. Laube. 4. Linsen. Zinsen.]

§ 8. Das Worträthsel mit Elision ist jenes, wo von dem Worte am Anfange, in der Mitte oder am Ende, oder auch am Anfange und Ende ein oder der andere Buchstabe weggelassen wird, wodurch sich dann ein anderes Wort bildet. Solche Elisionen, ohne gerade Räthsel zu sein, kommen öfters bei alten lateinischen Schriftstellern vor; so steht z. B. bei Athanas. Kircher*): „Musicus quidam romanus cum suis auditoribus gratias acturus esset, ita post prolixa verba conclusit: „nihil igitur restat, nisi ut vobis gratias agamus clamore, i. e. gratias agimus clamore, amore, more, ore, re." Beispiele von Elisionsräthseln von Tiedge (Nr. 1), Krummacher (Nr. 2), Th. Hell (Nr. 3), Th. Körner (Nr. 4).

1. Fünf Zeichen hat mein Wort; deß Kopf ist grau und alt,
Der seinen Namen trägt. Ein Zeichen von der Spitze
Des Worts hinweg, so wird's die Frucht der größten Hitze;
Noch eins hinweg, so giebt's, was kälter ist, als kalt.

2. Mein Ganzes findest du wohl überall
Im Menschen; selbst sein erster Schall
Verkündet mich, sein letzter Hauch
Ist selten ohne mich, wenn auch
Mich Wurm und Mensch und Alles flieht und haßt,
Und nur ein harter Laut mich ganz umfaßt.
Nun aber raube die drei ersten Zeichen mir,
Du findest eine Zeit, wo lieblich dir
Die Knospe und die Blüthe schön erscheint;
Doch einer Schwester bin ich nah' verwandt,
Bin durch die Nähe mit ihr selbst vereint,
Der Zeit, wenn, immer wechselnd sein Gewand
Der Himmel heute lacht und morgen weint.
Vermählst mein Erstes du mit meinen letzten Drei,
Dann schweb' ich jugendlich und frei,
Und kann, wofern mein Ganzes nur
Nicht deine Seele quält, dich froh entzücken.

*) Oedipus aegyptiacus, Tom. II, Rom. 1653. Class. I, Cap. 4.

Es geben dir die letzten Drei, was die Natur
In tiefer Nacht verbarg den Erdensöhnen,
Was sie jedoch mit Schweiß, in harter Arbeit stöhnend
Der Mutter Schooß entziehn, sich gierig darnach sehnend.
Wenn du nun nimmst noch diese letzten Drei
Und fügst des Ganzen dritten Hauch ihm bei,
Dann findest du ein weiches Plätzchen, wo
Das Ganze oftmals tobend wohnet,
Und das es, ach! nur dann erst ganz verschonet,
Wenn dieses Welt, eh'mals unsre Welt
In Staub zerfällt.

3. Wo innig die Brüder zu Brüder sich neigen,
Verschlungen zum Bunde durch Enkel und Sohn,
Wo müßig Geplauder der Menschen entflohn,
Doch Stimmen der Lüfte, der Sänger nicht schweigen;
Da biet' ich als Ganzes ein frohes Asyl
Zu Stunden der Weihe und liebendem Spiel.
Doch wollt ihr das letzte der Zeichen mir nehmen,
So sink' ich wohl bald zu den Füßen euch hin;
Vereint nur gewähr' ich dem Matten Gewinn,
Muß oft mich zum Futter der Thiere bequemen,
Und darf mich nicht brüsten, wenn höher geschätzt
Die Vorwelt zum Preise des Sieges mich setzt.
Am wenigsten kann ich mich selbsten doch leben,
Verschneidet ein Zeichen ihr mir noch einmal,
Dann bin ich den feurigen Geistern zur Qual,
Und muß auch von kalten Gemüthern mich scheiden;
Es möge mein Mädchen das letzte nicht sein,
Sonst bring' ich sie nimmer zum Ganzen hinein.

4. Mit heil'ger Kraft tret' ich in's Leben,
Ich baue nur auf Felsengrund;
Wo Herzen innig sich verweben,
Da segne ich ihren Liebesbund.
Wo sich mein ernstes Reich begründet,
Wird nie das Glück zum flücht'gen Wahn,
Wenn sich das Herz mit mir verbindet,
Legt es der Liebe Fesseln an.
Weh' dem, den ich gewarnt vergebens,
Denn furchtbar wird die Nacht ihm klar;
Vernichtet ist das Glück des Lebens,
Gefesselt vor dem Hochaltar.
Dann ruf' ich furchtbar die Erynnen*);

---

*) Die im Todtenreiche wohnenden Rachegöttinnen in der griechischen Mythologie, welche die Verbrechen strafen. Sie sind das Symbol der auf jede Frevelthat

Mein erstes Zeichen werf' ich hin:
Das Opfer kann mir nicht entrinnen,
Des heil'gen Bundes Rächerin.
[Auflös. 1. Greis. Reis. Eis. 2 Schmerz. Merz. Scherz. Erz. Herz.
3. Laube. Laub. Lau. 4. Treue. Reue.]

§ 9. Das Worträthsel mit Zusatz besteht darin, daß dem Worte am Anfange, in der Mitte oder am Ende ein oder zwei Buchstaben oder eine oder zwei Silben beigesetzt werden.

1. Gott wohnt in mir und ist mein Quell,
Ich mache Welt und Himmel nah und ferne
Und Bettlerhütten wie Paläste hell.
Zwei Zeichen mehr, so paß' ich schnell
Auf Kerzenflämmchen, Sonne, Mond und Sterne;
Und setzt ihr klug ein Zeichen ein,
Werd' ich ein Fabeldichter sein.

2. In das Herz des größten Weltbezwingers setz' ein „du" hinein,
Und des Leidens höchster Ueberwinder wird gefunden sein.

3. Was vorher flüssig, nun versteinert ist,
Wird euch ein kleines Wörtchen nennen,
Setzt vorn ein Zeichen noch dazu, so müßt
Die Hoffnung künft'ger Früchte ihr erkennen.
Wollt noch ein Zeichen ihr damit vereinen,
So wird des Lebens Winter euch erscheinen.

4. Wer hörte niemals von der Zaubermacht
Der Töne, die durch Grabesnacht
Zur Seele der Geliebten einst gedrungen?
Die jedem Ohr Bewund'rung abgezwungen,
Die selbst des rauhen Fürsten Herz gerührt,
Der in dem Schattenreich das Szepter führt,
So daß er der geraubten Holden Leben
Gesonnen war dem Tag zurückzugeben?
Da jubelten des Treuen Wunderklänge,
Den jetzt noch preisen viele alte Sänge,
Und einen schönen, flücht'gen Augenblick
Erfreute sich sein Herz in Hoffens Glück.
Wenn du mir leicht der Töne Meister nennst,
So zweifl' ich nicht, daß du den Maler kennst,
Der dir ersteht, wenn durch ein neues Zeichen
Die Bilder jener Treue Dir erbleichen.
Ein farbenhelles, schwebend Reich ist sein,

---

folgenden Strafe des bösen Gewissens, und vorzüglich des Fluches, der auf jedem Frevel lastet, der die heiligsten Pflichten der Menschen verletzt.

Und eine mächt'ge Pforte führt hinein.
Gar kühn und mächtig führt er seinen Pinsel,
Und bringet dich auf eine Zauberinsel,
Wo Paradieses Blumen dich umblühen,
Und ew'ge Sonnen, ew'ge Sterne glühen.
Heut zeigt er dir die Ruh' als Arbeitslohn,
Setzt morgen dich regierend auf den Thron;
Oft spielt er auch mit deinem warmen Herzen,
Schafft Freuden bald, bald unnennbare Schmerzen.
Wohl nennt man Trug des Meisters Kunstgebilde,
Und Täuschung, sagt man, führt er nur im Schilde,
Doch, lügen auch die wechselnden Gestalten,
Oft liegt doch schöner Sinn in ihrem Walten.

5. Was du redest und schreibst, ich vernein' es.
Setz' ein Silbchen mir zu, nur ein kleines,
Reichst du der Artigen freundlich die Haud,
Denn nun ist sie dir nahe verwandt.

[Auflös. 1. Licht. Lichter. Lichtwer. 2. Gelb. Geduld. 3. Eis. Reis. Greis. 4. Orpheus. Morpheus. (Orpheus ist ein alter Barde, der durch die Töne seiner Lyra Alles bezauberte. Als seine Gemahlin Eurydice gestorben war, begab er sich in die Unterwelt, um von dem Fürsten des Schattenreichs sich dieselbe wieder zu erbitten. Orpheus stieg, die Saiten seiner Lyra schlagend, in die Unterwelt hinab, und zum ersten Male verbreitete sich Freude da, wo nur furchtbare Schrecknisse hausten, und die zu grausamen Strafen Verdammten fühlten die erste Linderung ihrer Qualen; selbst der sonst unerbittliche Gott der Unterwelt wurde gerührt und vermochte nicht dem Orpheus seine Bitte abzuschlagen. Morpheus ist der Sohn des Schlafgottes Hypnos, und selbst der Gott der Träume.) 5. Nicht. Nichte.]

§ 10. Die einzelnen Buchstaben des Wortes werden auf verschiedene Weise versetzt, entweder 1. auf beliebige Weise, der Logogryphe, oder 2. nach einer vorgeschriebenen Norm, die Quadratur.

1. Der Logogryphe*) besteht darin, daß man von einem Worte die Buchstaben auf verschiedene beliebige Weise versetzt, und dadurch andere Wörter bildet. Solche Versetzungen, auch ohne die Absicht gerade ein Räthsel zu bilden, hat man von jeher und in allen Sprachen getrieben**). Der griechische Grammatiker und Dichter Lykophron (um 280 v. Chr.) hat den Namen Πτολεμαιος in απο μελιτος (von Honig), und den Namen Αρσινοη

---
*) Von den Logogryphen der Perser ist eigends in § 58 die Rede.
**) Es ist dabei das unsinnigste Zeug vorgekommen. So steht bei Athanas. Kircher (oedipus aegyptiacus, Tom. II, Rom. 1653, Class. I, Cap. 4): „alpi pen ca ba tot habet ninas, quot habet gras", d. h. „alba pica pennas tot habet, quot habet nigras".

in ιον Ηρας (Veilchen der Here) versetzt. In Bezug auf die angebliche Blindheit Homer's haben deutelnde Grammatiker den Namen Ομηρος logogryphisch in Μηορος (Einer, der nicht sieht) verwandelt. Besonders reichhaltig ist die lateinische Sprache an Logogryphen*), und Friedrich David Stender (Stenderus) hat im Jahre 1665 eine ganze Sammlung von lateinischen Logogryphen herausgegeben, so daß Höpfner dessen Namen Stenderus in destruens umsetzte. Besonders hat man Namen versetzt; so hat Calvinus auf dem Titelblatte seiner 1539 zu Straßburg gedruckten Institutionen seinen Namen in Alcuinus versetzt, und so giebt es noch viele andere Logogryphen der Art, z. B. Aloisius, sis viola; Fortunatus, forto natus; Vates, vesta; Albertus, ter albus; Adulator, laudator; Carolus magnus, cumulans agros; Basilius, sibi laus; Dominatio, admonitio; Diabolus, abi dolus; Emanuel, levamen; Laurentius, in te laurus; Roma, amor; Sigismundus, musis dignus; Cartesius, sectarius; Aristoteles, sol erat iste; Ambrosius, orbis musa; Andreas, an ardes?; Camerarius, rare amicus; Galenus, angelus; Anselmus, En sum sal; Bartholomaeus, Ah sol beatorum; Maria Magdalena, grandia mala mea, Robertus, ter orbus; Simon, omnis; Saul Rex, lux eras; Severinus, verus in se; Sacramentum, mare sanctum; Terra, errat; Adolescentia, sola decentia; Carolus quintus, qui clarus notus; Civitas Norimbergensis, nescis urbium regina est, u. s. w. Als die Sekte der Illuminati entstanden war, so wurden auf deren Benennung, so wie auf die ihrer Antagonisten, Obscurati genannt, aus Spott mehrere Logogryphen gemacht; z. B. aus Illuminatus machte man ut limis luna (gleich dem schielenden Monde), at illuminus (selbst ohne Licht), saluti linum (des Heiles Fallstrick), lumina lusit (er heuchelt Aufklärung), illusit manu (er trieb mit Handschlag Gaukelspiel), mitia nullus (Keiner kennt Humanität), in tali mulus (in einem solchen steckt ein Maulesel), manus illuti (unreine Hände), luti salinum (des Kothes Gefäß); obscuratus versetzte man in tu obscuras (du verbreitest Finsterniß), bos curatus (ein wohlbeleibter Ochse), cur sus boat (warum brüllt das Schwein), ut sub sacro (unter dem Scheine der Heiligkeit), u. s. w. Als König Stanislaus Lescinsky in seiner Jugend von seinen Reisen zurückkehrte, gab ihm seine Familie in Lissa ein großes Fest, bei welcher Gelegenheit der berühmte Rektor Jablonsky ein Ballet angeordnet hatte, in welchem von dreizehn als Krieger verkleideten Tänzern jeder einen Schild vor der Brust trug, auf welchen einer der Buchstaben des Wortes Domus Lescinia mit

---

*) Von der Logogryphensammlung von Reusner ist in § 95 die Rede.

goldenen Zügen gemalt war; sich zusammen ordnend, bildeten sie zuerst
diese Inschrift, bei den einzelnen Pausen des Tanzes aber anders gestellt,
erschienen durch Versetzung der Buchstaben folgende sechs andere Inschriften:
Ados incolumis; Omnis es lucida; Omne sis lucida; Mane sidus loci;
Sis columna dei; I, scande solium. — So hat man nun auch diese
Versetzungen zu Räthseln benützt, und ihnen den Namen Logogryphen
gegeben, über welche Wieland Folgendes sagt: „Der Logogryph ist eine
Art von Witzspiel, wo es darum zu thun ist, ein Wort zu errathen, aus
welchem, durch dessen Zergliederung und Versetzung der Buchstaben, eine
Anzahl anderer Wörter herauskommt, die von allgemein bekannter Bedeutung
sind, oder doch unter die Anzahl derer gehören, die man als bekannt vor=
aussetzen darf; dergleichen z. B. die Namen mythologischer und historischer
Personen, und die der Länder, Gebirge, Flüsse, Städte u. s. w. sind.
Ordentlicher Weise nimmt man zu einem Logogryphen ein Wort aus der
Sprache, worin er geschrieben ist; es ist aber auch erlaubt, den Namen
einer Person oder Sache dazu zu nehmen, aus welcher Sprache er sein
mag, insofern man nur diese Person oder Sache als unter diesem Namen
bekannt voraussetzen kann. Der Logogryph ist also eine Art von Räthseln,
deren hauptsächlichstes Verdienst darin besteht, daß einiger Grad von Menschen=
verstand und Kenntnissen dazu gehört, um sie errathen zu können; und daß
man es dem Liebhaber, der sich daran versuchen will, weder zu leicht noch
zu schwer mache: das letzte geschieht, wenn die Umschreibungen, in welche
man die Namen der Worte, die man errathen soll, einhüllet, allzu dunkel,
das erste, wenn sie gar zu deutlich und handgreiflich gegeben sind. Feine,
scherzhafte oder satyrische Züge und Wendungen sind ein Salz, dessen diese
Art von Gerichten mehr als irgend eine andere bedarf; je mehr von dieser
Würze daran ist, desto besser. Der Gebrauch will, daß Logogryphen allzeit
in Versen abgefaßt werden, weil man mit gutem Fug geglaubt hat, daß
sie der Annehmlichkeit, die sie dadurch erhalten, nicht wohl entbehren könnten;
je ungezwungener, fließender, wohlklingender die Verse und Reime sind, desto
besser für den Logogryphen und den Leser." Beispiele von Logogryphen
(der erste ist von Körner):

 1. Wenn Frühlingswonne, neugeboren,
  Des Herzens tiefsten Sinn entzückt,
  Steh' ich im Wechseltanz der Horen
  Als Blumenkönigin geschmückt,
  Und schöne Mädchen winden mich zu Kränzen,
  Als Schmuck auf ihrer Locken Gold zu glänzen.
  Doch setzt du vor das letzte Zeichen,

Als Götterknabe schaust du mich,
Zeus muß sich meinem Willen beugen,
Ich quäle, ich beglücke dich.
Aus meinen Händen fallen dir die Loose,
Doch ohne Dornen reich' ich keine Rosen.

2. Mich liefert am Besten der Spieß,
Das ist gewiß.
Versetzet geschieht es beim Ritt,
Doch nie im Schritt.

3. Ich zier den wirkenden Mann und den reisenden Jüngling
Versetzt zier' ich den Mantel der finsteren Nacht.

4. Im Sommer nur
Keimt's in der Flur
Durch Arbeit und Beschwerde.
Versetzet trägt,
Wenn's Stündlein schlägt,
Es schweigend uns zur Erde.

5. Kein Mensch lebt ohne mich; ist das nicht klar genug?
Und sonderbar, in mir steckt „Erbgut" und „Betrug".

6. Merke, es ist ein Wort, das nur in Bewegung bestehet,
Willst du beginnen das Wort, sei nicht säumig und träg'.
Bist du träge darin, mit Recht man dich also benennet,
Wie es besagt, wenn der Kopf Platz hat getauscht mit dem Fuß.

[Auflös. 1. Rose. Eros. 2. Braten. Traben. 3. Ernst. Stern. 4. Haber. Bahre. 5. Geburt. 6. Lauf. Faul.]

2. Es wird eine bestimmte Form angegeben, nach welcher die Versetzung der einzelnen Buchstaben des Wortes geschehen soll; z. B. in ein Quadrat. Hierher die Räthselquadratur. Beispiele:

1. Der Zeichen fünf, ein M, ein E,
Nimm hin, dazu A, L und D,
Und setze sie so in's Quadrat,
Daß jede Seite vier Zeichen hat;
Sie geben dir vier Wörter denn.
Das Erste deutet Böses an,
Wenn der Lateiner es dir sagt,
Allein auf deutsch wird manche Magd,
Auch wohl von dem, der nah' verwandt,
Manch' Fräulein traulich so genannt.
Das zweite Wort hat guten Klang:
Wohl dem, der's durch Verdienst errang.

Des dritten Wortes Schlüpfrigkeit
Stammt aus der alten Fabelzeit,
Doch Dichters Mund und Malers Hand
Macht es dir ganz gewiß bekannt.
Die Pfingstepistel nennet dir
Die Leute, welche Nummer vier
Dereinst bewohnten, denn ein Land
Ward ehedem also benannt.

2. Zwei Wörter, die jedes vier Zeichen enthalten,
Die sollt ihr zu einem Quadrat mir gestalten.
Das Erste, auf dem sich Vulkane entladen,
Ist wohl die bekannteste aller Cykladen.
Auch ward's einst beschuldigt entsetzlicher That,
Erwählte den Cicero zum Advokat.
Verkehrt ist's lateinisch. Was mag es bedeuten?
So fragt ihr; vernehmt denn, es heißet „vor Zeiten".
Vom zweiten Worte ist wenig zu sagen.
Dort ward eine gräßliche Schlacht einst geschlagen;
Und gebt ihr das Wort zu verkehren euch Müh',
Habt ihr ein Gebilde der Phantasie.

Auflösungen.

1.
M	A	L	E	*)
A	D	E	L	
L	E	D	A	**)
E	L	A	M	***)

2.
M	J	L	O	†)
J	D	O	L	
L	O	D	J	††)
O	L	J	M	

———

*) Male heißt böse, übel. Male wird im Deutschen auch für Malchen, ein Frauenname, gebraucht.
**) Leda war die schöne Gemahlin des Königs Tyndareus, mit welcher Zeus sich in Gestalt eines Schwanes begattete, und den Pollux und die Helena zeugte.
***) Elam ist eine Völkerschaft in Asien, die in der Bibel bald neben Babylonien, bald in Verbindung mit Medien, bald als Bestandtheil des assyrischen Reichs, oder neben Assyrien genannt ist. Zur Zeit des Jeremias sah Elam der Unterjochung durch chaldäische Uebermacht entgegen.
†) Milo, eine der cykladischen Inseln. Milo (Annius Milo Papianus), römischer Volkstribun, wegen Parteisucht und Anstiften von Unruhen angeklagt, wurde von Cicero vertheidigt.
††) Lodi, Delegation in dem Gouvernement Mailand des lombardisch-venetianischen Königreiches, berühmt durch die Schlacht am 10. Mai 1796 zwischen den Oesterreichern unter Beaulieu und den Franzosen unter Napoleon.

§ 11. Eine fernere Variation des Worträthsels besteht darin, daß das Wort von vorwärts und rückwärts gelesen werden soll. Je nachdem sich nun dadurch entweder ein anderes Wort ergiebt, oder dasselbe Wort bleibt, haben wir zwei Arten dieser Variation des Worträthsels, nämlich 1. das Anagramm und 2. das Palindrom.

1. Das Anagramm (von ἀνά, rückwärts, und γράμμα, Buchstabe) giebt zur Aufgabe, daß das Wort von vorwärts und rückwärts gelesen werden soll, wobei sich aber durch das Rückwärtslesen ein anderes Wort ergiebt. Es lassen sich zwei Arten des Anagramm unterscheiden, je nachdem entweder a. das ganze Wort nach seinen einzelnen Buchstaben rückwärts gelesen werden soll, das Buchstabenanagramm, oder b. es sollen die einzelnen Silben des Wortes rückwärts gelesen werden, das Silbenanagramm.

a. Das Buchstabenanagramm ist jenes, wo die einzelnen Buchstaben des Wortes in der Reihenfolge, wie sie stehen, rückwärts gelesen werden. Beispiele von Th. Körner (Nr. 1), Th. Hell (Nr. 2) und J. A. Appel (Nr. 3).

 1. Still empfangen im zarten Keime
 Tritt es hervor in des Himmels Räume,
 Und es formt sich zur blühenden, schönen Gestalt;
 Und die Gottheit segnet's mit heiliger Weihe,
 Daß es im Drange der Zeiten gedeihe,
 Und es reist mit des Wesens dunkler Gewalt:
 Zwar muß es endlich vergehn und erkalten,
 Und sinken muß es zur gräulichen Nacht;
 Doch strahlt es verjüngt durch des Grabes Spalten
 Im neuen Frühling mit seliger Pracht.
 Liest du es rückwärts, ein Kind der Erde,
 Umarmt es die Mutter mit trüber Geberde,
 Still widerstrebend dem frühen Strahl;
 Und wie des Mädchens rosige Wangen
 Ein Schleier umflattert mit zartem Verlangen,
 So webt es sich innig um Berg und Thal;
 Doch glühender wächst die Flamme der Sonnen,
 Und es fliegt zerstreut durch das bläuliche Haus;
 So ist das Räthsel zur Klarheit zerronnen,
 Sprichst du der Deutung Zauberwort aus.

  2. Liebliche Gaben bring' ich dir,
  Nahest du dich von vorne mir.
   Aber von hinten gelesen,
   Bin ich ein wildes Wesen,
   Erst getödtet zu gebrauchen,
   Wenn die Schüsseln von mir rauchen.

3. Wenn froh die Mutter bricht des Todes Bande,
   Der sie mit kaltem Arm fest hielt umfangen;
   Wenn sie, befreit vom weißen Grabgewande,
   Liebend erglüht von sehnendem Verlangen;
   Wenn ihr der Bräut'gam naht vom fernen Laube,
   Und Rosen küßt auf die erblaßten Wangen;
   Dann ruft sie mich hervor, mit dichter Hülle
   Deckend zu schirmen ihres Busens Fülle.
   Und überall erglänzt das Prachtgeschmeide,
   Gleich der Gestirne namenlosen Zahlen,
   Auf ihrem bräutlich schön geschmückten Kleide;
   Buntglänzend mischen sich des Lichtes Strahlen,
   Mit Farben kann der Maler nicht, mit Seide
   Des Mädchens Hand, des Schmuckes Pracht nicht malen;
   So leuchtet nicht in goldnen Fürstensälen
   Der Perlen Thau, der Lichtglanz der Juwelen.
   Was Leben athmet, freut sich meiner Schöne,
   Die Mutter selbst kann nur durch mich beglücken;
   Kann liebevoll die lebensfrohen Söhne
   Nur an die Brust, die ich umhülle, drücken.
   Verlaß ich sie, dann flieh'n der Freude Töne,
   Und trauernd weicht frohsinn'ger Lust Entzücken;
   Erbleicht sind ihre blüthenvollen Wangen,
   In Fesseln liegt das Leben selbst gefangen.
   Doch wendet sich die Reihe meiner Zeichen,
   So steht vor dir ein düst'res Bild voll Grauen;
   Wo ich erscheine, muß die Freude weichen,
   Nie wird das Licht, wen ich umfange, schauen;
   Den ernsten Tempel will aus mir das Schweigen,
   Trophäen sich aus mir der Tod erbauen;
   Mich ruft der Schmerz, und muß mich, rufend, hassen,
   Doch steigt sein Leid, soll er mich von sich lassen.
   Wohl prang' ich oft im reichgeschmückten Kleide,
   Gleich nächtlicher Gestirne Silberstrahl,
   Wohl glänzt auf mir der stolzen Pracht Geschmeide,
   Wohl flammt um mich der Lichtglanz sonder Zahl:
   Doch nicht zur Lust, er glänzt umflortem Leibe,
   Es weckt die Pracht nur tiefen Kummers Qual;
   Entbehr' ich selbst des Schimmers von Juwelen,
   Wird mir der Thränen Perlenthau nicht fehlen.
   Doch ist Erinn'rung mir nicht ganz verloren,
   Wie aus der Mutter Leib ich einst entsproß,
   Und, wie aus ihrem Schooß ich dort geboren,
   Als sie zu kleiden ward mein schönstes Loos,
   So bring' ich jetzt, was sie sich auserkoren,

Zur stillen Ruh' zurück dem Mutterschooß;
Dann wenden sich von Neuem meine Zeichen,
Du siehst sie jung dem stillen Schooß entsteigen.
[Auflös. 1. Leben. Nebel. 2. Rebe. Eber. 3. Gras. Sarg.]

 b. Bei dem **Silbenanagramme** werden die einzelnen Silben des Wortes rückwärts gelesen.

  Ich lege des Abends mich nieder,
  Bleib' gewöhnlich des Nachts in der Ruh';
  Am Morgen erheb' ich mich wieder,
  Den Reisenden dien' ich im Nu:
  Ich trage die Farbe des Landes,
  Bin meines Königes Knecht,
  Und seist du weß' Ranges, weß' Standes,
  Du mußt mir geben mein Recht.
  Und machst du die Erste zur Zweiten,
  Die Zweite zur Ersten mir,
  Dann kannst du an mir dich weiden,
  Dann sprech' ich im Bilde zu dir;
  Bald drücket mich Sonnenschwüle,
  Bald glänz' ich in Frühlingspracht,
  Bald sind dir des Herbstes Gefühle
  Bei meinem Anblick erwacht.
[Auflös. Schlagbaum. Baumschlag.]

 2. Unter **Palindrom** (von παλιν, rückwärts, und δρομος, der Gang, der Lauf) versteht man ursprünglich diejenige Art von Sätzen oder Versen, welche, man mag sie von der rechten Seite zur linken, oder von der linken zur rechten lesen, immer dieselben bleiben. Die Franzosen nennen sie vers retrogrades oder reciproques. So z. B. folgender Hexameter:

  Signa te, signa, temere me tangis et angis
  Roma tibi subito motibus ibit amor.

 Man hat auch solche Palindrome, wo selbst die einzelnen Wörter vorwärts oder rückwärts gelesen sich gleich bleiben; z. B.

  Odo tenet mulum, madidam mappam tenet Anna,
  Anna tenet mappam madidam, mulum tenet Odo.

 Das Räthsel nun, welches gleichfalls Palindrom genannt wird, bezieht sich auf ein solches Wort, welches vorwärts und rückwärts gelesen immer gleichlautend ist, z. B.

 1. Nimmer verändert es sich, selbst rückwärts bleibt es ein vorwärts;
  Was man dem Worte verband, trotzet dem Sturme der Zeit.

2. Drei Zeichen stark wirst du mich oben,
   Auch laut' von vorn ich wie von hinten;
   Und was ich nenne, kommt wohl nicht
   Den Leuten häufig vor's Gesicht.

3. Lies mich von vorne, lies mich zurück, ich mahne dich immer
   An die Umgebung, an das, was an der Seite dir ist.

Oder auch so:
   Vorwärts wie rückwärts, beständig verfehlt es die Mitte der Sache,
   Nimmer erreichst du das Ziel, bleibst du dem Worte vereint.

[Auflös. 1. Stets. 2. Rar. 3. Neben.]

§ 12. Zuweilen ist bei dem Worträthsel der Laut und Ton des Wortes das Bestimmende; hieher 1. das Gleichlauträthsel, und 2. das Betonungs= oder Accenträthsel.

1. Das Gleichlauträthsel bezieht sich auf zwei oder mehrere Wörter, welche einen gleichen Laut, aber eine verschiedene Orthographie haben, wie z. B. folgendes Räthsel über die Wörter: Seide, Saite und Seite:

   Im ersten Sinn diene ich der Pracht,
   Es hat mich aber kein Mensch gemacht.
   Im zweiten bin ich ein Ohrenschmauß,
   Bei Tänzen bleibe ich niemals zu Haus.
   Hat man ein Liebchen, so sitzet man
   Im dritten Sinn sehr gerne b'ran.

2. Das Betonungsräthsel, oder Accenträthsel, giebt zur Aufgabe eine bestimmte Silbe des Wortes besonders zu betonen, wo sich dann eine andere Bedeutung des Wortes ergiebt.

   1. Ruht auf der ersten Silbe der Accent,
      So findet Ihr, was man verwesen nennt;
      Wenn der Accent doch auf der Zweiten ruht,
      So ist es neu, jedoch nicht immer gut.

   2. Schön ist das Wort, wenn auf geweihten Flügeln
      Ein Lichtgeist es hinan zum Himmel trägt!
      Zwei Silben sind's, die diesen Spruch besiegeln,
      Sobald den Ton ihr auf die Zweite legt.
      Wohlthätig ist's, wenn auf bedornten Bahnen
      Des Unglücks ihr der Thatkraft Fittig regt;
      Zwei Silben sind's, die Euch dazu ermahnen,
      Sobald den Ton ihr auf die Erste legt.

Dasselbe Räthsel kommt auch so vor:

Ihr, deren Reichthum Macht verlieh,
Zwei Silben, die vergesset nie;
Des Armen Dank sei euer Lohn,
Legt auf die Erste ihr den Ton.
Doch giebt's im Leben Noth und Pein,
Dafür ist Menschenmacht zu klein;
Wir nahen uns dem höchsten Thron,
Und auf der Zweiten ruht der Ton.

3. Ich bin auf dunklem Weg den Reisenden ein Führer.
Sprichst du mich anders aus, so thut's der Tapezierer.

[Auflös. 1. Modern. 2. Gebet. 3. Polstern.]

§ 13. Die Aufgabe besteht darin, daß einmal das Wort im Ganzen und dann nach seinen einzelnen Silben, von denen aber jede für sich wieder ein selbstständiges Wort bildet, genommen werden soll; man kann dieses das **Worttheilungsräthsel** nennen. Es ist sehr selten und mir nur folgendes bekannt:

Vereint abscheulich, getrennt mir heilig.
[Meineid. Mein Eid.]

§ 14. Das **Silbenräthsel** (die **Charade**) ist dasjenige, bei welchem das Wort, das man zu errathen aufgiebt, in seine einzelnen Silben zertheilt, diese nach einzelnen Merkmalen charakterisirt und zuletzt in eines zusammengefaßt werden. Die Charade ist also gewissermaßen ein mehrfaches, zusammengesetztes Räthsel; sie enthält in den einzelnen als selbstständige Worte genommenen Silben mehrere Räthsel, welche in gegenseitiger Beziehung stehen, und sich sinnreich zusammenschließen müssen. Zu den Charaden eignen sich daher besonders jene Sprachen, welche viele zusammengesetzte Wörter besitzen, z. B. die deutsche, französische, griechische. Der Name „Charade" wird abgeleitet von dem celtischen Worte Chwar, d. h. Spiel; nach Andern ist er französischen Ursprunges und wird abgeleitet von dem Worte Char, Leiterwagen, von der Analogie, weil ein solcher Wagen aus Leitern, und diese wieder aus Sprossen zusammengesetzt seien. Die Charaden kommen sehr häufig vor, und sind wohl die beliebteste Form. Folgende sind von F. Haug (Nr. 1), Th. Hell (Nr. 2), Fr. v. Maltitz (Nr. 3, 4), Th. Körner (Nr. 5—10) und Aloys Schreiber (Nr. 11):

1. Du fliehst erschreckt mein Erstes
Mit einem Hu! bei Nacht.
Mein Zweites ist's vor allem,
Was dich zum Manne macht.

Mein Ganzes ist ein Dichter,
Der lang' im Kerker saß,
Doch nie des Vaterlandes,
Nie des Gesangs vergaß.

2. Nimm mich, so ruft die erste Silbe zu,
Ich bin der Hebel aller Dinge,
Nichts ist, was nicht durch mich gewiß gelinge,
Ich mache dich mit Fürsten Du und Du,
Und Alles, was die Erdengötter haben,
Soll dich, du Glücklicher, durch mich auch laben.
Nimm mich, verlangt das zweite Silbenpaar,
Ich trug den Himmel oft auf meinem Rücken,
Auf mir erscheint, was edel ist und wahr,
Was Menschen kann erheben und entzücken,
Und weißt du mich gehörig zu behandeln,
Kannst du mich selbst in Nummer Eins verwandeln.
Der neue Herkules am Scheidewege
Stand ich. Doch als ich mir es überlege,
Da fällt mir ein, die Silben zu vereinen,
Das ganze Wort gilt alles, sollt' ich meinen.
Weg war der Zauber, nichts blieb beiden nun zusammen,
Als nur ein Flitterstaat an Pappen und Programmen.

3. Wißt, daß aus dunkler Höhe
Die erste Silbe blickt,
Jedoch in unsrer Nähe
Auch manchen Busen schmückt.
Die letzten Silben werden
Auf Bergen oft erbaut,
Wo von des Ganzen Gipfel
Ihr zu der ersten schaut.

4. Golden in des Lebens Lenze,
Silbern an des Grabes Rand,
Müssen bald der Blumen Kränze,
Bald der Trauer schwarzes Band
Meine erste Silbe schmücken.
In des Fleißes Hand erblicken
Wirst du meiner letzten Paar.
In der ersten Silbe Hülle
Stellt in ihrer reichen Fülle
Oft das Ganze sich dir dar.

5. Was grünend den ersten Silben entquillt,
Erquickt nur die gierige Heerde;
Die menschenernährende Wurzel verhüllt
Sich bescheiden im Schooße der Erde.

Doch was sieben und zwölf ist, was dreizehn und neun,
Das muß die dritte der Silben sein.
Einst hauste das Ganze mit Zaubergewalt
In unterirdischen Reichen,
Erschien den Menschen in mancher Gestalt,
Ein Schadenfroh sonder Gleichen.
Doch hat er sich längst von der Erde getrennt,
So daß ihn die Sage der Vorzeit nur kennt.

6. Die Ersten lenken die rüstige Fahrt;
Die Letzte schmückt sich mit stattlichem Bart.
Und geht's in die Brandung des Lebens hinein,
So mag die Liebe das Ganze sein.

7. In stiller Anmuth kommt's gezogen,
Wie Rosenhecken blüht es auf,
Und durch des Aethers blaue Wogen
Steigt es mit goldner Pracht herauf.
Kannst du des Räthsels Lösung finden?
Zwei Silben mögen dir's verkünden.
Wohl giebt es eine mächt'ge Heerde,
Von keinem Auge noch gezählt,
Sie wölbet herrlich fern der Erde
Vom Glanz des ew'gen Lichts beseelt;
Willst du der Lämmer Namen kennen,
Die dritte Silbe wird ihn nennen.
Am frühen Tag erscheint das Ganze
Und steigt empor mit heiterm Sinn,
Und in des Morgens jungem Glanze
Verkündet's die Gebieterin,
Und folgt ihr nach durch alle Weiten:
Sprich, kannst du mir das Räthsel deuten?

8. Die erste Silb', ein Gott, beherrscht des Landes Auen,
Die zweit' und dritte ist ein Name, oft belacht.
Das schwache Ganze wird in der Gewalt der Frauen
Der Donnerkeil des Zeus, und spottet aller Macht.

9. Was mit dem Körper eng verschwistert,
Sich treulos dann nur von ihm trennt,
Wenn Todesnacht den Blick umdüstert,
Ist, was die erste Silbe nennt.
Doch wo sich bei des Schicksals Walten
Ein Volk vereint zum ew'gen Bund,
Die eigne Kraft frei zu erhalten,
Macht dir die zweite Silbe kund.

Wohl kann die Schönheit schnell entzücken,
So daß man Welt und Zeit vergißt,
Doch ewig nie das Herz bestricken,
Wenn sie nicht auch das Ganze ist.

10. Begeist'rung donnert durch die Seele
Und Sphärenklang das Herz durchdringt,
Wenn mir das Mädchen, das ich wähle,
Als Erstes in die Arme sinkt.
Denn wie die Zweite auch erfreue,
Wie Diamant und Perle lacht,
Ein Herz voll Glauben, Muth und Treue
Ist mehr als diese eitle Pracht.
Die Erste strahlt im schönen Glanze
Durch all' der Zweiten Zauberband;
Die Liebe ist das höchste Ganze,
Weh' dem, der ihren Werth verkannt.

11. Was einst der Erde die Apostel waren,
Was in der Weisheit Schriften dich entzückt,
Und was des Pöbels ungeweihte Schaaren
Nur mit dem Auge sehen, doch geistig nie erblickt,
Was Allen fast bekannt, von Vielen unverstanden,
Der Menschheit werth ist, durch Natur und Kunst vorhanden,
Wird in der ersten Silbe ausgedrückt.
Zwei andre stehn (ein heiliges Exempel
Für manches Weltkind) täglich in dem Tempel.
Die Götter liebten sie, und immer noch, erneut,
Sind sie der Andacht Heiligthum geweiht.
Das Ganze wird kein Sterblicher je werden,
Die Erde schafft's in ihrem dunklen Reich;
Nur einmal war's ein Weib auf Erden,
Tod gab ihr's und Unsterblichkeit zugleich.

[Auflös. 1. Schubart. (Schu gleichbedeutend mit Uhu, Nachteule. Schubart, geb. 1739 in der Grafschaft Limburg, der bekannte unglückliche deutsche Volksdichter, welcher wegen seinen freisinnigen Dichtungen viele Jahre in Gefangenschaft saß, bis er, endlich befreit, als Theaterdirector in Stuttgart angestellt wurde, wo er 1791 starb.) 2. Goldpapier. 3. Sternwarte. 4. Haarnadel. 5. Rübezahl (der bekannte neckende Berggeist in deutschen Volkssagen). 6. Steuermann. 7. Morgenstern. 8. Pantoffel (Pan, der Wald- und Feldgott in der Mythologie der Römer). 9. Geistreich. 10. Brautschatz. 11. Salzsäule. (Das Salz ist Symbol des Witzes, Scharfsinnes und Verstandes. Das „Weib auf Erden" ist Lots Weib, die nach biblischer Mythe beim Untergange von Sodom und Gomorra in eine Salzsäule verwandelt wurde.)].

§ 15. Wenn nur ein einzelner Buchstabe Objekt der Aufgabe ist, so nennen wir es das **Buchstabenräthsel**, welches zweifach sein kann, nämlich 1. es bezieht sich auf den Buchstaben hinsichtlich seines Lautes, oder 2. hinsichtlich der ihm eigenen Figur.

1. Das Buchstabenräthsel in Bezug auf den Laut des Buchstabens geht gewöhnlich nur auf gewisse Wörter, in denen dieser Buchstabe vorhanden ist oder nicht.

 1. Groß und einsam schweb' ich in den Lüften,
  Doppelt lebe ich in Felsenklüften;
  Dieses Erdenrund berühr' ich nicht.
  Klein sieht man mich im blauen Himmel,
  Und eben so im Sterngewimmel,
  Doch groß wenn man von Liebe spricht.
  Unter Menschen sucht man mich vergebens,
  Weil ich nur der Anfang jedes Lebens,
  Und von jedem Ziel das letzte bin.
  Ohne mich wär Lalande*) voll Mängel,
  Und die Engel wären keine Engel,
  Und dies Räthsel hätte keinen Sinn.

 2. Ich schwimme auf Meeres Wogen,
  In Flüssen findest du mich nicht;
  Auf Masten komm' ich stolz gezogen,
  Doch in den Segeln bin ich nicht.
  Es hat der Vater mich verstoßen,
  Und auch der Bruder ist mir Feind,
  Ach! mit mir armen Heimathlosen
  Hat's nur die Mutter treu gemeint.
  Monarchen pflege ich zu krönen,
  Herrscht Milde am Thron', so fehl' ich nie,
  Und niemals kann ich mich versöhnen
  Mit Anarchie und Despotie.
  Den Mädchen bin ich stets gewogen,
  Doch bin ich nicht den Frauen hold;
  Es hat die Liebe mich betrogen,
  Und doch lieb' ich den Minnesold.

 3. Bei Vater, Mutter, Großpapa
  Bin ich zu allen Zeiten;
  Doch Onkel, Tante, Stiefmama,
  Die kann ich gar nicht leiden.
  Ein jedes Räthsel fang ich an
  Und jeden guten Rath;
  Ja, leider, bin ich stets beim Wort,
  Und nimmer bei der That.

---

*) Ein berühmter französischer Astronom, geb. 1732 zu Bourgen Bresse, gestorben 1807.

4. Es flüstert's der Himmel, es murrt es die Hölle,
Nur schwach klingt es nach in des Echo's Welle,
Und kommt es zur Fluth, so wird es stumm,
Auf den Höhen, da hörst du sein zwiefach Gesumm.
Das Schlachtengewühl liebt's, es fliehet den Frieden,
Es ist nicht Männern noch Frauen beschieden,
Doch jeglichem Thier, nur mußt du's seciren.
Nicht ist es in der Poesie zu erspüren,
Die Wissenschaft hat es, vor allem sie,
Der Gottesgelahrtheit und Philosophie.
Bei den Helden führt es den Vorsitz immer,
Doch mangelt's den Schwachen auch innerlich nimmer.
Es findet sich richtig in jedem Haus,
Denn ließ man's fehlen, so wäre es aus.
Im Schatten birgt sich's, im Blümchen auch,
Du hauchst es täglich, es ist nur ein Hauch*).

[Auflösungen. 1. Der Buchstabe L. 2. Der Buchstabe M. 3. Der Buchstabe R. 4. Der Buchstabe H.]

2. Eine andere Art des Buchstabenräthsels besteht darin, daß die Buchstaben eines Wortes nach ihrer **Figur** (Form) beschrieben werden, wo dann nach dieser Beschreibung das Wort errathen werden soll. Ein solches habe ich nur bei den Griechen aufgefunden, die es das **grammatische****) **Räthsel** nannten. In dieser Beziehung kommt der Name ΘΗΣΕΥΣ bei folgenden Schriftstellern vor***). — Bei Euripides beschreibt ein des Lesens Unkundiger diesen Namen so:

$Κυκλος$ $τις$, $ως$ $τορνοισιν$ $εκμετρουμενος$,
$ουτος$ $δ'εχει$ $σημειον$ $εν$ $μεσω$ $σαφες$ . . . . . . Θ
$το$ $δευτερον$ $δε$, $πρωτα$ $μεν$ $γραμμαι$ $δυο$,
$ταυτας$ $διειργει$ $δ'εν$ $μεσαις$ $αλλη$ $μια$ . . . . . Η
$τριτον$ $δε$ $βοστρυχος$ $τις$, $ως$ $ειλιγμενος$ . . . . Σ
$το$ $δ'αυ$ $τεταρτον$, $ην$ $μεν$ $εις$ $ορθον$ $μια$,
$λοξαι$ $δ'επ'αυτης$ $τρεις$ $κατεστηριγμεναι$ . . . . Ε
$εισιν$· $το$ $πεμπτον$ $δ'ουκ$ $εν$ $ευμαρει$ $φρασαι$,
$γραμμαι$ $γαρ$ $εισιν$ $εκ$ $διεστωτων$ $δυο$,

---

*) Dieses Räthsel (von Byron) ist für Gesang und Pianoforte von Robert Schumann in Musik gesetzt; s. dessen „Myrten", Liederkreis von Göthe, Rückert, Byron, Th. Moore, Heine, Burns und T. Mosen, 3s Heft.
**) Abzuleiten von $γραμμα$, der Buchstabe, das Schriftzeichen.
***) Athenaeus, deipnosoph. X, 74, 80, nach der Ausgabe von Schweighäuser.

αυται δε συντρεχουσιν εις μιαν βασιν· . . . . . Υ
το λοισθιον δε τω τριτω προσεμφερες*) . . . . Σ

Bei dem Tragiker Agathon wird derselbe Name so beschrieben:

Γραφης ο πρωτος ην μεσομφαλος κυκλος· . . . Θ
ορθοι τε κανονες εζυγωμενοι δυο, ... H
Σκυθικω τε τοξω το τριτον ην προσεμφερες· . Σ
επειτα τριοδους πλαγιος ην προσκειμενος· . . . E
εφ' ενος τε κανονος ησαν εζυγωμενοι δυο· . . . Y
οπερ δε τριτον ην και τελευταιον παλιν**) . . . Σ

Bei dem Tragiker Theodektes kommt die Beschreibung so vor:

Γραφης ο πρωτος ην μαλακοφθαλμος κυκλος . . . Θ
επειτα δισσοι κανονες ισομετροι πανυ,
τουτους δε πλαγιος δια μεσου συνδει κανων· . . . H
τριτον δ'ελικτω βοστρυχω προσεμφερες· . . . . . . Σ
επειτα τριοδους πλαγιος ως εφαινετο· . . . . E
πεμπται δ'ανωθεν ισομετροι ραβδοι δυο,
αυται δε συντεινουσιν εις βασιν μιαν· . . . . Υ
εκτον δ' οπερ και προσθεν εφ', ο βοστρυχος***) Σ.

§ 16. Wenn die verschiedenen Schreibzeichen †) (Interpunktions=
zeichen, Satztonzeichen u. dgl.) Objekt des Räthsels sind, so kann man

*) Ein Kreis, wie durch ein Dreheisen (Zirkel) gezogen,
Welcher in der Mitte ein deutliches Zeichen hat.
Das Zweite hat zwei Linien,
Welche durch eine andere in der Mitte auseinander gehalten sind.
Das Dritte ist etwas Geschlängeltes, wie gewunden.
Aber das Vierte ist wie eine gerade Linie,
Auf welche drei quere gestützt
Sind. Das Fünfte ist nicht leicht zu beschreiben,
Es sind zwei Linien, die auseinander stehen,
Diese aber laufen zusammen auf eine Basis.
Das Letzte aber ist dem Dritten gleichkommend.

**) Der Schrift erstes war ein einen Nabel in der Mitte habender Kreis,
Dann zwei gerade Stäbe mit einander vereinigt.
Einem scythischen Bogen ist das Dritte gleich.
Dann ein Dreizack quer hingelegt.
Und auf einen Stab waren zwei vereinigt.
Wie aber das Dritte war, so war auch das Letzte.

***) Der Schrift Erstes war ein weichäugiger Kreis,
Dann folgten zwei gleiche Linien,
Welche eine in der Mitte quer liegende Linie verbindet.
Das Dritte der gekräuselten Haarlocke ähnlich.
Dann ein Dreizack, welcher querliegend erscheint.
Das Fünfte von oben herab zwei gleiche Stäbe,
Welche sich auf eine Basis hinziehen.
Das Sechste aber ist, wie ich schon vorher sagte, die Haarlocke.

†) Der Gebrauch dieses Ausdruckes hier wird durch die von Heyse in seiner
deutschen Schulgrammatik gegebenen Definitionen gerechtfertigt sein.

dasselbe das Schreibzeichenräthsel nennen. Es gibt deren nur sehr wenige.

   1. Wie viel hatte, gib mir es an,
Finger und auch Zehen der Mann,
Der einmal schrieb an eine Wand:
„Zehn Finger hab' ich an jeder Hand
Fünf und zwanzig an Händen und Füßen".
Wie ist das zu verstehn? Das möcht' ich wissen.

   2. Karl schrieb an die Wand Hermann löschte es sogleich wieder aus, und doch war Karl nur ganz allein in der Stube. Wie ist dieses zu erklären?

   3. Ein kleines Neger-Zwillingspaar
Stell ich hier zum Errathen dar:
Ihm kommt im weiten Gnomenreich
Kein Kobold schier im Necken gleich.
Bald schwebt es auf den höchsten Höh'n,
Und wenn ihr's eben dort geseh'n,
Hats schon in Höhlen sich versteckt,
Wo es mit Hülferuf euch neckt.
Es hält in düstern Wäldern Haus,
Streckt sich auf dürre Blätter aus;
Ihr müßt, wollt ihr's vertrieben seh'n,
Mit Messern ihm zu Leibe geh'n.
Allein was hülf's. Da steht es schon
Und spricht kühn dem Verfolger Hohn,
Stellt sich im närr'schen Uebermuth
Dicht vor ihn, spottend seiner Wuth.
Und hielt er's auch in Händen, doch
Entwischt's ins nächste Mäuseloch,
Schaut aus der Oeffnung kühn ihn an,
Und weilet in den Gängen dann.
Bald seht ihr's auf den Füßen steh'n,
Bald auf den Köpfen; bald sich bläh'n
Bei Fürsten; bald kommts ins Verhör
Und steht mit Räubern im Verkehr.
Beim Freudenmahl, beim Hochzeitsfest
Es nimmermehr sich sehen läßt;
Es schwebt in Kümmerniß und Müh'
Und beim Begräbniß fehlt es nie.
Mit Türkenheeren zieht's zu Feld,
Ist bei dem Schützen angestellt,
Doch dient es nur im Monat März,
Und beim Gepäck und hinterwärts.
Nun rathet was das Ding mag sein;

Doch sucht es nicht im Sonnenschein;
In trüben Nächten seht ihr's gleich,
Das Räthsel selbst entdeckt es euch.

[Auflös. 1. Die Interpunktionen müssen so gesetzt werden: zehn Finger hab ich, an jeder Hand fünf, und zwanzig an Händen und Füßen. 2. Karl schrieb an die Wand (das Wort) „Hermann", löschte es aber gleich wieder aus. 3. Die Doppelstriche (") über den Vokalen.]

Das Schreibzeichenräthsel kann auch darin bestehen, daß es sich nicht auf die Stellung der Schreibzeichen, sondern auf das Schreibzeichen selbst, resp. seine Figur bezieht; m. s. das 26te Räthsel bei Mises in § 102.

§ 17. Das Bilderräthsel ist jene Art, wo nicht durch Buchstaben und Worte, sondern durch Zeichen und Bilder, eine Sentenz oder ein Sprichwort ausgedrückt wird. Daher der jetzt übliche Name Rebus, weil mit Sachen statt mit Worten oder Buchstaben die Aufgabe gestellt wird. Da der Zweck des Rebus nur Unterhaltung ist, so hat er weniger geistigen Gehalt und verlangt zu seiner Entzifferung weniger Scharfsinn und Urtheil, als das eigentliche Räthsel, und wenn man einen Vergleich anstellen will, so möchte zwischen dem Rebus und dem eigentlichen Räthsel sich derselbe Unterschied ergeben, als zwischen dem Calembourg und dem eigentlichen Witze. Die erste Analogie zu dieser Räthselbildnerei mag wohl in den s. g. metallenen Räthseln der Alten zu finden sein; man hatte nämlich auf Münzen bildliche Zeichen als Andeutung der Aehnlichkeit mit dem Namen der Stadt, welcher die Münze gehörte, geprägt*); so hatte z. B. die Stadt Aege in Macedonien auf ihren Münzen eine Ziege, weil αἴξ der Name dieses Thieres ist. Die Stadt Ancona hatte einen gekrümmten Arm auf ihren Münzen, denn αγκον, welches Wort den Ellenbogen oder einen gebogenen Arm, und beim Vitruvius einen rechten Winkel bedeutet, ist ein Bild der Lage dieser Stadt, welche jenem bildlichen Zeichen ähnlich ist, und eben daher ihren Namen bekommen hat. Die Stadt Apanca hieß ehemals κιστη, der Kasten, und daher ist das Bild dieser Stadt auf ihren Münzen ein Kasten, welcher auf dem Wasser schwimmt, weil diese Stadt von drei Flüssen beströmet war. Die Stadt Cardia in Thrazien hatte auf ihren Münzen ein Herz, welches καρδια heißt. Ein Delphin ist das Wappen der Stadt Delphos auf deren Münzen. Eine oder mehrere Melonen bedeuten auf Münzen der Insel Melos den Namen derselben. Die Stadt Patara in Lycien, an dem Flusse Xanthus, wo ein

---

*) Winkelmann's Werke, herausgegeb. von Fernow, 2 B. Dresden 1808, S. 582 u. f. (Ueber Allegorie, 5. Kap.)

Tempel und Orakel des Apollo war, bekam ihren Namen von einem Käst=
chen, welches in dortiger Mundart παταρη hieß, dieses Kästchen brachte ein
Mädchen voll von Spielzeug aus Mehl gemacht, in Form von Köchern,
Pfeilen und Leiern für den jungen Apollo, welcher in Lycien erzogen wurde,
und auch nachher die Hälfte vom Jahre hier seinen Sitz nahm; der Wind
führte dieses Kästchen dem Mädchen aus der Hand in das Meer, und
endlich trieb dasselbe an das Ufer, wo zum Gedächtniß dieser Begebenheit
die Stadt Patara gebaut wurde; dieses will der dem Apollo beigefügte
Rabe auf einem Kästchen stehend auf Münzen dieser Stadt anzeigen. Die
Insel Rhodus hat auf ihren Münzen eine Rose, ροδον, welche auf einer
französischen Denkmünze über die Eroberung von Rosas in Catalonien an=
gebracht ist. Eine Schildkröte, χελωνη, ist auf Münzen der Stadt Chelone
der Name der Stadt selbst. Die Stadt Side in Pamphilien hatte auf
Münzen einen Granatapfel, welcher Σιδη heißt. — Unser jetziger Re=
bus soll zuerst in Italien aufgetaucht sein, und sich von da über England,
Frankreich und dann nach Deutschland verbreitet haben. Es wird unnöthig
sein, Beispiele von Rebus hier mitzutheilen, da fast alle Unterhaltungs=
blätter derselben enthalten; Sammlungen geben die Rebusalmanache von
Wien 1837 und Leipzig 1845. Es kommen auch alte musikalische
Rebus vor*); der älteste kommt auf einem Holzschnitte vom Jahre 1598
vor, welcher „der lieben Jugent auch andern Personen so lust vnnd Lieb
zu lernung der loblichen Kunst Musica haben zu gutem an Tag geben"
ist; der Holzschnitt enthält, unter einem fliegenden Bande mit der eben
angeführten Inschrift und der Jahreszahl, einen Reichsadler, der als
„typus mvsicae" auf Brust, Schwingen, Schweif u. s. w. die verschie=
denen in der damaligen Musik geltenden Zeichen und Noten verzeichnet
trägt; zuunterst auf dem Blatte steht eine lange Reihe mit Noten, und
darüber auf zwei fliegenden Bändern die Inschrift:

„Wilt du wissen wer diß hat ordinirt,
Vnnd mit der Figur deß Adlers gezirt,
So mach diese Noten zu Buechstaben
Drauff kanstu Tauff vnd Zunam haben".

Ein anderer musikalischer Rebus ist enthalten in einem Quartbande,
betitelt: „Sertum spirituale musicale, Geistliches Musikalisches Kränzlein,
Das ist: Dreißig lieblicher Cantionen, mit drey Stimmen gesetzet vnnd

---

*) Anzeiger für Kunde der deutschen Vorzeit (Organ des germanischen Mu=
seums). 5 Bd. Jahrg. 1858, S. 256.

allen Liebhabern in Druck verfertiget, durch **Johannem Thüring Trebren-
sem Musicum zu Willenstedt. Erfurt bey Siegmund Hopffen 1634.**"

§ 18. Wenn zwei oder mehrere der bisher erwähnten Formen und
Arten des Räthsels mit einander verbunden zu einem und demselben Räthsel vorkommen, so erhalten wir ein **complicirtes Räthsel**. Hierher
gehörige Formen sind:

Worträthsel mit Elision und Homonyme.

1. Es segelt kühn zum Sternenheer,
   Zieht wogend über Land und Meer;
   Es zaubert wunderbar dem Ohr
   Gar schöne Harmonien vor.
   Doch wenn man ihm sein Haupt
   Und auch den Fuß noch raubt,
   So wisset, daß es Trug und List,
   Und niedrige Berückung ist.

Worträthsel mit Elision und Anagramm.

2. Ich bin ein zartes Ding aus Pflanzenstoff gewoben,
   Zwar Regel ist's, es soll sich Niemand selber loben,
   Doch kann ich, ohne viel zu wagen,
   In reinster Wahrheit von mir sagen,
   Ich bin zwar selbst ein schwaches armes Wesen,
   Und doch zum Schutze Andrer auserlesen;
   So manche schöne Knospe läg im Staube,
   Dem frühen Tod zum sichern Raube,
   Hätt' ich nicht liebevoll nach Oben
   Ihr sinkend Köpfchen aufgehoben,
   Bis sie, die sterbend schon darnieder sank,
   Des Lebens Thau in vollen Zügen wieder trank.
   Nun nimm, Leser, jetzt das erste Zeichen mir,
   So steh ich schon bedeutender vor dir,
   Du wirst mich Armen nehmen und verbrennen,
   Doch werde ich denselben Vater nie verkennen,
   Der liebend mich an sich gedrückt,
   Eh' mir ein Zeichen ward entrückt.
   Verändre nun den Kennerblick,
   Und gib das Köpfchen mir zurück,
   Dann schau mich einmal an von hinten,
   Was glaubst du, Bester, jetzt zu finden?
   Du wirst verwundernd mich betrachten,
   Wenn du mich siehst in heißen Schlachten,
   Im Weinberg, auf der Ofenbank,
   Wohin ein greiser Bettler sank.

Haſt du mich jetzt noch nicht, mein Lieber,
So geh' nach Haus und ſchlafe drüber,
Doch Eines will ich dir noch ſagen,
Du brauchſt dich dann nicht ſo zu plagen,
Ein Feldherr war's, ein großer Mann,
Der durch mich Wunder einſt gethan.

3. Vier Zeichen nur enthält mein kurzer Name,
Und mich umſchließet ein gebrechlich Haus;
Doch nur in mir gedeiht des Himmels Same,
Des Lebens warmer Strom geht bei mir ein und aus.
Obwohl ich eine Welt in meinem Schooß' verberge,
So ruhe ich, wenn mir mein Erſtes fehlt,
Im tiefen, düſtern Schooß der Berge,
Von ſchnöder Habſucht unterhöhlt.
Mein Letztes wird geraubt, und rückwärts mich geleſen,
Eil ich durch Wald und Flur ein niedlich, flüchtig Weſen.

Worträthſel mit Eliſion und Zuſatz.

4. Wenn dich, o Jüngling, ſtets vergebens
Zu rühren ſucht mein erſtes Wort,
Nicht findend einen guten Ort,
Und du fortwandelſt wüſten Lebens,
So regt (das erſte Zeichen ſchwindet)
In mir ſich dann ein Vorgefühl,
Weiſagend dein unſelig Ziel;
Und dieſe innre Stimm' verkündet:
Einſt wird, in dieß' mein Wort einbringend,
Ein drohend d in Mitte ſtehn,
Und in Erfüllung wird es gehn,
Strebſt du nicht auf, nach Beſſ'rung ringend.

5. Kennt ihr die Dame wohl? Sie iſt veränderlich,
Und, da ſie Dame iſt, wer wundert drüber ſich?
Die Dame ewig jung, und einem Phönix gleich,
Die ſtets Kunſtreiſen macht, und geht von Reich zu Reich;
Bewundrungswürdig ſehr ob ihrer großen Kraft,
Wohin ſie nur gelangt, da iſt ſie muſterhaft.
Doch nehmet ihr das Haupt auf eine kurze Zeit,
Und Feuerſchwung erhebt die Seel' euch hoch und weit.
Legts Haupt zu Füßen ihr, nach der Deſpoten Brauch,
Was bleibt ihr übrig dann? ſehr wenig, nur ein Hauch.

Charade und Homonyme.

6. Beſchützt das Ganze treu der Erſten Einen,
Wird ſich, wenn auch nicht hiebfeſt er erſcheinen.

Du wirst die Dritte wohl bei vielen Herrn und Frauen,
Jedoch das Ganze nur bei jenen schauen,
Bei denen sich die Ersten emsig regen.
Auch tritt als Blume dir das Ganze oft entgegen;
Bewundre deren Pracht, doch meide auch
Mit Vorsicht ihren gift'gen Hauch.

Logogryph und Worträthsel mit Elision.

7. Was Andern deine Augen sind,
Das bin ich dir, mein holdes Kind.
In meinem Namen wirst du finden,
Wenn dir's gelingt, ihn zu ergründen,
Der Stummen vier, der Lauten drei:
Auch bildet sich noch mancherlei,
In meinem Worte wirst du sehn
Noch andrer Worte sechs und zehn:
Was manch' Geheimniß pflegt zu wahren.
Was, wenn der Schiffer schnell will fahren,
Ihm immer unentbehrlich ist.
Ein Fluß, der nah bei Leipzig fließt.
Ein Thier, fast ganz bedeckt mit Waffen.
Was Kindern Freude pflegt zu schaffen,
Jedoch oft unheilbringend ist
Dem, der dabei das Maaß vergißt.
Ein Seher, der auf sich geladen
Den Fluch Jehova's; seine Thaten
Find'st du im alten Testament.
Ein nützliches Ackerinstrument.
Die Spur, die alle Wagen lassen.
Das Ding, das Jeder muß erfassen,
Der Dich zur Kirche rufen soll.
Die Geis geht drauf, ist ihr zu wohl.
Das, was die Tapferkeit errungen.
Ein holder Name, oft besungen.
Oft wird nach seines Hauptes Zier
Benennt ein anspruchsloses Thier.
Willst du zum Ziele schnell gelangen,
So thue es. Willst du etwas fangen,
So gehe so. Was in sich enthält
Den Keim zur Thier- und Menschenwelt.

8. In großen Städten hab' ich meinen Sitz,
Wer sich mir weiht, besitze wohl Talent und Witz,
Auch Jugendkraft, und äußre Anmuth muß er haben,
Denn nur durch diese schönen Gaben

Wirbst möglich, daß ich, wie ich soll, belehre,
Und auch zugleich Belustigung gewähre.
Willst du nun weiter mich ergründen,
Wirbst du zehn andere Worte finden.
Ein großes Meer, von keinem Sturm bewegt.
Ein Thier, das fliehst, und dem man Fallen legt.
Ein flüchtig Thier, gewandt auf Berg und Thal.
Dem Manne unschätzbar, dem Gecken leerer Schall.
Mit Waffen und Geschütz zieht es von Land zu Land.
Ein um die Liebenden geschlungenes Band.
Oft ist es Medicin, auch lieben es Gesunde.
Wer es besitzt, dem fließt es schön vom Munde.
So ruft man, wenn man will, daß Einer warten soll.
Geräth es gut, ist es des fleiß'gen Landmanns Wohl.

[Auflös. 1. Flügel. Lüge. 2. Bast. Ast. Stab. 3. Herz. Erz. Reh. 4. Mahnung. Ahnung. Ahndung. 5 Mode. Ode. Odem. 6. Fingerhut. 7. Spiegel. In diesem Worte sind folgende sechzehn andere Worte enthalten: Siegel, Segel, Pleiße, Igel, Spiel, Eli, Ege, Gleis, Seil, Eis, Sieg, Elise, Esel (Langohr genannt), Eile, Leise, Ei. 8. Theater. In diesem Worte sind folgende zehn Worte enthalten: Aether, Ratte, Reh, Ehre, Heer, Ehe, Thee, He! Aehre.]

§ 19. Wenn sich die Aufgabe des Räthsels auf Form und Stellung von Ziffern bezieht, so kann man dies das Zifferräthsel nennen. Beispiele:

1. Qui de quingentis, de quinque, decemque sit unus, ille meis precibus poterat dare manus*). 2. Welcher Name eines römischen Dichters ergibt sich, wenn man Nichts, Sechs und Fünfhundert zusammenstellt? 3. Wie kann man die Zahl 666 in eine Zahl verwandeln, die um ein Drittel größer ist, ohne daß man Etwas dazu thut? 4. Wie ist es möglich, daß, wenn man Eins von Neunzehn nimmt, Zwanzig übrig bleibt?

[Auflös. 1. DVX. 2. OVID. 3. Man dreht 666 um, dann wird sich die Figur 999 ergeben. 4. Man schreibt Neunzehn so XIX, nimmt nun das I heraus, so bleibt XX, d. i. Zwanzig, übrig.]

§ 20. Man hat auch mathematische Räthsel angeführt, das sind solche, deren Auflösung auf einer gewissen Berechnung beruht. Allein es sind dieses mathematische Probleme, und können daher nicht zu den eigentlichen Räthseln gerechnet werden. Einige sollen jedoch als Beispiele hier Platz finden**).

---

*) Es ist dieses eines der ältesten Räthsel, welches Kircher in s. Oedipus aegyptiacus T. II, P. I, Class. I. Cap. 4 aufbewahrt hat.
**) Viele sind gesammelt bei: Schäfer, die Wunder der Rechenkunst, 5. Aufl. Weimar 1841.

1. Zwei Freunde lassen sich acht Eimer in einem Achteimerfasse kommen. Nun soll der Wein getheilt werden, so daß jeder seinen gleichen Antheil von vier Eimern erhält; sie haben aber keine andern Gefäße als nur ein Fünfeimerfaß und ein Dreieimerfaß. Wie haben sie nun getheilt, so daß Jeder seinen gleichen Antheil von vier Eimern erhielt? 2. Ein Fleischer schlachtete von der ganzen Summe der gekauften Schafe die Hälfte und noch ein und ein halbes; das zweitemal schlachtete er von den übriggebliebenen wieder die Hälfte und ein und ein halbes; so auch das drittemal und viertemal. Nachdem er auf diese Weise viermal geschlachtet hatte, blieb noch ein einziges Schaf übrig. Wie viel Schafe hatte er gekauft, und wie viel Stücke hatte er jedesmal geschlachtet? 3. Eine Obsthändlerin hatte beim Verkaufe in fünf Körben eine gewisse Anzahl von Aepfeln. Wenn sie zu Zweien und Zweien verkaufte, blieb Einer übrig; verkaufte sie zu je Dreien, so blieben Zwei übrig; verkaufte sie zu je Fünfen, so blieben Vier übrig; verkaufte sie zu je Sieben, so blieben Sechs übrig, und verkaufte sie zu je Eilfen, so blieben Zehn übrig. Wie viel Aepfel waren in den fünf Körben? 4. Es fragte Jemand, wie viel Kinder in einer Schule seien, und äußerte, er glaube es seien deren Fünfzig. Da wurde ihm erwiedert: da müßten ihrer noch einmal so viel, halb so viel, ein Viertel so viel, ein Achtel so viel, ein Sechszehntel so viel, und noch drei sein. Wieviel Kinder waren in der Schule? 5. Ein bejahrter Mann wurde gefragt, wie alt er, sein Sohn und sein Enkel seien? Er erwiederte: „ich und mein Sohn sind zusammen hundert und neun Jahre alt; mein Sohn und mein Enkel sind zusammen sechs und fünfzig Jahre alt, und ich und mein Enkel sind zusammen fünf und achzig Jahre alt. Wie alt war Jeder? 6. Karl sagte zu Georg: wie viel hast du Schafe? Georg erwiederte: gibst du mir neun Stück von deinen Schafen, so habe ich gerade dreimal so viel als dir bleibt. Karl erwiederte: gibst du mir eilf Stück von deinen Schafen, so habe ich siebenmal so viel als dir bleibt. Wie viel hatte jeder Schafe?

[Auflösungen. 1. Sie füllten aus dem Achteimerfasse erst das Dreieimerfaß voll; diese drei Eimer füllten sie dann in das Fünfeimerfaß; hierauf füllten sie das Dreieimerfaß wieder, aus diesem wieder zu den drei Eimern im Fünfeimerfaß, wo folglich ein Eimer in dem Dreieimerfasse zurückblieb; die fünf Eimer in dem Fünfeimerfasse gossen sie in das leer gewordene Achteimerfaß, den einen Eimer in dem Dreieimerfasse gossen sie in das leer gewordene Fünfeimerfaß, und aus dem Achteimerfasse gossen sie das Dreieimerfaß voll, und diese drei Eimer wieder in das Fünfeimerfaß zu dem in demselben befindlichen einen Eimer. So sind nun in dem Achteimerfasse und in dem Fünfeimerfasse in jedem vier Eimer (das Dreieimerfaß bleibt leer), so daß nun Jeder seinen gleichen Antheil von vier Eimern erhalten hat. 2. Die Summe der gekauften Schafe zusammen ist ein und sechszig; das erstemal wurden zwei und dreißig, das zweitemal sechzehn, das drittemal acht, und das viertemal vier Stücke geschlachtet. 3. Zweitausend, drei hundert und neun Stück. 4. Sechszehn. 5. Der bejahrte Mann war neun und sechszig, der Sohn vierzig, und der Enkel sechszehn Jahre alt. 6. Georg hatte fünfzehn und Karl siebzehn Schafe.]

III.

§ 21. Hinsichtlich der Verwandtschaft und Beziehung des Räthsels zu Dichtungen anderer Art kommen in Betracht: die Gnome, das Epigramm, die Anecdote und das Mährchen, das Sprichwort, das Symbol, das Lehrgedicht, die Ballade und das Lustspiel. Von diesen nun insbesondere (§. 22—31).

§ 22. Die Frage: ob und in wiefern das Räthsel den Gnomen beigezählt werden kann, hat Rhode*) folgendermaßen beantwortet: „contorta ista et sedulo obsurata ingenii ludicra, quibus prisci omnes indulsere, penitius si lustraveris, ad duo genera referenda deprehendes: quorum alterum in eo maxime poni videtur, ut rem quandam notis describat, quae primo intuitu nulli rei, penitius perlustratae pluribus accomodandae videntur, manente vel sic inexplicabili aliquo, donec quis ipsissimam rem, quae isto involucro tegeretur, conjectando assecutus fuerit. Illud genus, quamquam ei et aetate, usurpato quippe apud vetustissimos, origine, innixo scilicet identidem experientiis, ornatu denique poetico cum gnomis, quodammodo conveniat, tamen cum nullam in mores vitamque utilem disciplinam contineat (qua in re vis gnomarum ponitur maxime), at natura rem qualemcumque ingeniose torqueat, et lucrum a victis aucupetur, non est cur quis cum gnomis confundat. Alterum est aenigmatum genus, gnomarum dictionem invadens, saltem forma sua et ornatu gnomas induens, ita tamen ut morale argumentum servari cernatur. Aenigmata hujus generis, ad gnomas utique referenda, haud pauca reperiuntur apud ipsos graecos gnomicos, et verum etiam apud Hebraeos, quippe quorum incalescens saepius et minime vulgaria crepans dictio in hujus generis delicias ceu in ornatum quemdam insignem nititur, propendente in hoc ipsum orientalium ingenio, quod severius et nugas prorsus spernens in lusu adeo seriis rebus occupari amet. Accedit apud hos moris fuisse ut difficilia, sed gravissimi momenti problemata sibi mutuo in concessibus sapientes proponerent; quorum vestigia ut in pluribus forsan S. C. libris legi poterant, ita in proprie dictis gnomicis admodum sunt conspicua".

---

*) De veterum poetarum sapientia gnomica, Hebraeorum et imprimis Graecorum; Havn. 1800, P. I. Cap. 1. §. 10.

§ 23. Mit dem Epigramme hat das Räthsel sehr viel Aehnlichkeit, denn es ist, wie Kurz richtig sagt, recht betrachtet, doch nichts Anderes als eine Inschrift auf irgend einen Gegenstand*), es stimmt mit der Art von Epigramm zusammen, in welchem ein bedeutendes Objekt durch Angabe seiner wesentlichsten Eigenschaften geschildert wird. Doch darin ist es vom Epigramm verschieden, daß dieses dahin strebt, den Gegenstand zur schnellsten Anschauung zu bringen, während das Räthsel ihn so darzustellen sucht, daß er dem Leser nicht sogleich, sondern erst nach größerer oder geringerer Bemühung anschaulich wird. Aus dieser Verwandtschaft ist es erklärlich, warum manche Epigramme als Räthsel gelten könnten, wenn man ihnen die Ueberschrift nimmt, oder wenn nur einzelne Bezeichnungen verwischt oder verändert werden, während wiederum Räthsel zu vollkommenen Epigrammen werden könnten, sobald nur das ganz Formelle der Räthsel, z. B. die Auffoderung zu errathen, getilgt würde. Betrachten wir z. B. folgende Epigramme, so wird man sie ohne Zweifel zu den Räthseln rechnen, wenn die Ueberschrift hinwegbleibt; so zwei Epigramme von Lauterbach**), das erste mit der Ueberschrift „de uxore Lothi in statuam salis conversa", und das zweite mit der Ueberschrift „Niobe in marmor mutata":

1. Quod spectas oculis, viator, hoc est
Sepulcrum, nec habet suum cadaver:
Quod spectas oculis, viator, hoc est
Cadaver, nec habet suum sepulcrum.
Sepulcrum tamen est, et est cadaver.

2. Est scelerum justus vindex, est ultor iniqui,
Ceu potes exemplo doctior esse meo.
Dum multo felix natorum sanguine vivo,
Offenso tamen numine fio lapis***).

Auch folgendes Epigramm von Owen auf den Seidenwurm (Bombyx) kann geradezu für ein Räthsel gelten, wenn man die Ueberschrift hinwegläßt:

---

*) Gervinus (Geschichte der deutschen Dichtung, 4. Aufl. 3 B. Leipz. 1853, S. 312) sagt: „in Lessing's Auffassung würde man sagen, die Räthsel seien Inschriften, die das Denkmal, dem sie gesetzt seien, zu rathen aufgäben".
**) Epigram. Francof. 1562. Lib. I. Derselbe hat auch eine Sammlung von Räthseln herausgegeben, die noch in § 96 erwähnt wird.
***) M. s. das Räthsel von Angelus Politianus, in der § 93 erwähnten aenigmatographia von Reusner, woselbst sich auch die Erklärung von der Sage der Niobe findet.

>Arte mea pereo, tumulum mihi fabricor ipse,
>Fila mei fati duco, necemque neo.

Auch in der Uebersetzung ist dieses Epigramm ohne Ueberschrift ein Räthsel; so in der deutschen Uebersetzung:

>Meine Kunst verdirbt mich, ich selber bereite das Grab mir,
>Spinne meines Geschick's Fäden, mir web' ich den Tod.

Eben so in der französischen Uebersetzung von Le Brun:

>Je construis mon tombeau, mon art finit mon sort,
>Je travaille sans cesse, et je file ma mort.

Man findet übrigens auch, daß alte Inschriften, besonders auf Büsten und Statuen, sich dem Räthsel nähern; so steht auf einer Büste des Alcibiades, welche Visconti*) beschrieben und abgebildet hat:

>Εισιν μοι δυ αδελφοι ομωνυμοι δυ ομοιοι
>Οι μεχρι μεν ζωυσι τον ηλιον ϰκ εσορωσι
>Αυταρ επην . . . . . **)

Visconti sagt darüber: „questi versi appartengono evidentemente ad alcuno di quegli enimmii o indovinelli, che i greci appellaron conproprio nome grifi, che furono molto in voga ne' primi periodi della lor cultura, comme lo erano gia da secoli antichissimi presso la sapienza orientale".

§ 24. Zur Anecbote und dem Mährchen steht das Räthsel in so ferne in einer gewissen Beziehung, als das Mährchen, sowie die Anecbote besonders geeignet sind, in Form eines Räthsels gegeben zu werden. Es scheint, so zu sagen, über das Räthsel die Anecbote oder das Mährchen gebaut, diese des Räthsels wegen geschaffen worden zu sein, so daß dann das Ganze ein Räthselmährchen oder eine Räthselanecbote genannt werden kann. Beispiele:

1. Ein reicher Mann hatte eine Tochter mit Namen Elisabeth. Ein junger Mann, der sein reichliches Auskommen hatte, bot ihr seine Hand, er war aber dem Vater nicht reich genug und erhielt einen abschlägigen Bescheid. Bald darauf verlor der reiche Mann sein Vermögen, und nun ließ er dem abgewiesenen Freier die Hand seiner Tochter anbieten; aber dieser erwiederte, er wolle ihm auf diesen Antrag mit zwei Worten antworten, und diese Worte

---

*) Il Museo Pio-Clementino; descritto da Ennio Quirino Visconti, fol. Rom. 192. Tom. VI, p. 46. Tab. 31.

**) Ich habe zwei Brüder gleichnamig zwei sich gleichsehend
Die so lange sie leben die Sonne nicht sehen
Dann aber . . . . . .

lägen in dem Namen seiner Tochter. Welche Worte waren das. 2. Ein Student zu Heidelberg, welcher, wie oft, kein Geld hatte, verlangte solches von seinem Vater, erhielt aber von diesem eine abschlägige Antwort mit dem Bemerken, er habe erst vor Kurzem Geld erhalten. Der Studiosus ließ aber von seinem Bitten nicht nach und machte seinem Vater den Vorschlag, er wolle ihm ein Räthsel aufgeben, wenn er (Vater) es errathe, so brauche er ihm kein Geld zu geben, errathe er es aber nicht, so müsse er ihm solches geben. Der Alte ging den Vorschlag ein, und der Studiosus gab ihm das Räthsel auf: „was wünscht ein Studiosus von Heidelberg? Die Antwort muß im Namen dieser Stadt liegen." 3. Ein Verbrecher wurde zum Galgen geführt, und, als er schon hinaufgezogen war, gab er ein Zeichen und bat, noch einmal sprechen zu dürfen, was ihm erlaubt wurde. Da sprach er folgendes Räthsel: „Hoch hing ich, sieben Lebendige fing ich; einen Todten sah ich dabei: ihr Herren, rathet was das sei; und könnt ihr es nicht erdenken, so wollt mir das Leben schenken*)." Die Richter besannen sich lange und konnten das Räthsel nicht lösen; da versprachen sie ihm, das Leben solle ihm geschenkt sein, wenn er ihnen die Auflösung sage. 4. Ein anderer zum Tode Verurtheilter, dem die Richter das Leben schenken wollten, wenn sie ein von ihm aufgegebenes Räthsel nicht errathen würden, gab ihnen folgendes Räthsel auf: „ich ging einmal aus, da fand ich einen Todten, in diesem Todten sieben Lebendige, und diese Lebendige machten Einen frei." Die Richter konnten dies Räthsel nicht auflösen, und gaben den Verurtheilten frei. 5. In England war eine Vermählung, welcher zwei Männer, zwei Weiber, zwei Brüder und zwei Schwestern, ein Vater, eine Mutter, ein Sohn, eine Tochter, und eine Tante beiwohnten, und in Allem waren doch nur vier Personen anwesend. Durch diese Vermählung mußte der Neuvermählte seinen Großvater für seinen Vater, seinen Vater für seinen Bruder, seine Mutter für seine Schwester anerkennen, und die Neuvermählte mußte ihre Schwester Mutter nennen. 6. Als du noch lebtest und auch ich, da hättest du gerne mich; nun bist du todt und hast mich, und ich muß sterben, was hilft es dir**)? 7. Ein Gensdarm hatte drei Personen zu transportiren, die A, B und C heißen sollen, und von denen A und C zwar einig waren, aber A und B, und auch wieder B und C gegen einander so erboßt waren, daß sie sich ohne Aufsicht getödtet hätten. Unterwegs kamen sie an einen Fluß, über welchen sie auf einem kleinen Kahne, der aber nur zwei Personen auf einmal aufnehmen konnte, fahren mußten. Der Gensdarm kam anfangs in Verlegenheit, wie er den Fluß wohl passiren könne, weil er die zwei Feinde A und B, oder B und C an einem Ufer des Flusses nicht

---

*) In der Mark heißt es so:
„Hange stont it,
Siewen lebändige fant it,
En Dauen was derby.
It Harren, könt it et nit benken,
Mäut it my et Liaewen schenken".

**) In der Mark heißt es: „Doa bün noch liäwedes un ok it, da häßtu gärne hat mi; niun büstu bant un bläs mi, un iek mot stiärwen; bat helpet et di?"

allein bei einander laſſen durfte; endlich aber verfiel er auf ein Mittel, wo er jederzeit zugegen war, wenn ſich zwei Mann von den genannten Feinden zuſammen befanden. Wie geſchah die Ueberfahrt? 8. In einer Geſellſchaft ſaßen beiſammen: ein Großvater, zwei Väter, zwei Mütter, vier Kinder, drei Enkel, ein Bruder, zwei Schweſtern, zwei Söhne, zwei Töchter, zwei verheirathete Männer, zwei verheirathete Frauen, ein Schwiegervater, eine Schwiegermutter und eine Schwiegertochter. Addirt man alle dieſe Perſonen zuſammen, ſo ergibt ſich zwar die Summe von ſechs und zwanzig, allein es waren im Ganzen doch nur ſieben Perſonen. Wie iſt das zu verſtehen? 9. Roſa, ein ſehr reiches Mädchen, hatte ſich vorgenommen, Niemanden zu heirathen, von dem ſie nicht ganz gewiß ſei, daß er ſie glücklich machen würde. Der arme Commis Edmund, ihr Anbeter im Stillen, hatte ſich vorgenommen, eine reiche Frau zu heirathen; er war feſt entſchloſſen, überall anzuklopfen, wo er Geld vermuthen könne, aber ſich nicht zu verlieben, bevor er die Ueberzeugung gewonnen hätte, glücklich, d. i. reich zu werden. Einſt war Johanna, Edmunds Schweſter, bei Roſa zum Thee geladen, und hier gelang es der Johanna ſich in den Buſen Roſa's als intime Freundin einzuniſten. Roſa erſchloß ihr Herz, ſie erzählte der Johanna, welchen Eindruck die Prinzeſſin Turandot auf ſie gemacht habe, und daß ſie gewillt ſei, in entgegengeſetzter Weiſe über ihre Hand zu verfügen: „nur derjenige, ſo erläuterte ſie ihrer Rede dunklen Sinn, nur derjenige ſoll meine Hand gewinnen, welcher mir ein Räthſel, oder, was jetzt modern iſt, einen Rebus aufgeben kann, deſſen Löſung einfach, mir aber unmöglich iſt; ein ſolcher Mann kann nicht anders als geiſtreich, ein geiſtreicher nur liebenswürdig par excellence, und wird vor Allen im Stande ſein, mich glücklich zu machen". Johanna verſchloß dieſes in ihrem Herzen, d. h. ſie erzählte es ihrem Bruder insgeheim. Aber es waren noch andere Zuhörerinnen bei dieſem Ausſpruche, die verſchloſſen ihn nicht in ihrem Herzen, ſondern erzählten ihn Jedermann. So kam es nun, daß Roſa mit Charaden, Logogryphen, Palindromen und Rebus ohne Zahl überſchüttet wurde; aber alle, noch ſo ſchwierigen Löſungen gelangen ihr. Aber ihre Stunde ſchlug. An ihrem Geburtstage erſchien Edmund, wünſchte ihr Glück und überreichte ihr einen Blumenſtrauß von eigenthümlicher Zuſammenſetzung mit den Worten: „dies iſt mein Rebus, oder mein Selam vielmehr; wann ſoll ich die Löſung von ihnen hören?" Roſa flüſterte „kommen Sie heute Abend zum Thee", in der Meinung ihn dann mit der Löſung überraſchen zu können. Der Strauß war ganz einfach eine Roſe mit Schierling umwunden. Die Theegeſellſchaft war verſammelt; nur Roſa fehlte; endlich erſchien ſie, bleich, zitternd, mit unſicherer Haltung. Edmund triumphirte; die Verlobung wurde noch an demſelben Abende gefeiert*).

[Auflöſ. 1. Durch Verſetzung der Buchſtaben in dem Worte Elſabeth erhält man die Worte „behalte ſie". 2. Wenn man die Buchſtaben des Wortes Heidelberg verſetzt, ſo erhält man die Worte „Geld herbei". 3. Der Verbrecher ſagte: „als ich hinaufgezogen wurde ſah ich auf dem Galgen ein Neſt

---

*) Münchner fliegende Blätter, 1858, Nr. 681.

mit sieben jungen Raben, welche von ihren Eltern mit dem Fleische des Todten gespeißt worden sind, der vor mir gehenkt worden ist". 4. Die sieben Lebendige sind junge Vögel, deren Nest in einem Gerippe war, und der Eine, der frei wurde, ist der Verurtheilte, weil man sein Räthsel nicht lösen konnte. 5. Es hatte Jemand seine Tante, Schwester seiner Mutter, geheirathet. Bei der Hochzeit waren Vater und Mutter des Bräutigams, ihr Sohn der Bräutigam, und die Braut, Schwester der Mutter. Also zwei Ehemänner (Vater und Sohn), zwei Ehefrauen (Mutter und Schwester), zwei Brüder (Vater und Sohn) als Schwäger*); zwei Schwestern (Mutter und Schwester), ein Vater, eine Mutter, ein Sohn, eine Tochter (Schwiegertochter), und eine Tante, und doch nur vier Personen. Durch diese Heirath erkennt der Ehemann seinen Großvater für seinen Vater (Schwiegervater), seinen Vater für seinen Bruder, seine Mutter für seine Schwester (Schwägerin), und wird die Ehefrau ihre Schwester nennen müssen. 6. Ein Jäger hatte lange nach einem Vogel getrachtet, konnte ihn aber nicht bekommen; nun verunglückte der Jäger im Walde und sein Leichnam verfaulte daselbst; in seinen Schädel sammelte sich Regenwasser, der Vogel flog auf den Rand desselben um zu trinken, da schlug der Schädel um, und der Vogel war gefangen, und sprach nun die Worte des Räthsels. 7. Der Gensdarm fuhr erst mit B über den Fluß und ließ A und C zurück; dann fuhr er allein wieder retour und führte A mit sich hinüber; hierauf nahm er B wieder mit zurück, ließ denselben nach der Ueberfahrt aussteigen, und nahm C hinein und mit über den Fluß, und zuletzt fuhr er noch einmal allein zurück und holte den B ab. 8. Es war ein alter Mann mit seiner Frau, und dessen Sohn mit seiner Frau und ihren drei Kindern; von diesen Kindern waren zwei Mädchen und ein Knabe. 9. Die Auflösung wurde von Edmund gegeben durch die Apostrophe an Rosa: „ich liebe Sie, darauf können Sie Gift nehmen". (Die Rose als Sinnbild der Liebe; der Schierling als Sinnbild des Giftes.)]

§ 25. Hier kann auch das tragisch-komische Mährchen Turandot von Schiller, nach Gozzi bearbeitet, angereiht werden, da es auf Aufgeben und Lösen von Räthseln basirt ist. Turandot, die schöne Tochter des Altoum, Kaisers von China, wird von ihrem alten Vater gedrängt, sich von den vielen, um sie werbenden Freiern endlich einen zum Gemahl auszuerwählen, sie aber widersetzte sich stets dem Willen ihres Vaters:

— — Oft schon wollte sie
Der Khan, als einz'ge Erbin seines Reichs,
Mit Söhnen großer Könige vermählen.
Stets widersetzte sich die stolze Tochter,
Und, ach, zu blind ist seine Vaterliebe,
Als daß er Zwang zu brauchen sich erkühnte.
Viel schwere Kriege schon erregte sie
Dem Vater, und, obgleich noch immer Sieger

---

*) In England, wohin diese Räthselanecdote versetzt ist, heißt der Schwager brother-in-law (Bruder nach dem Gesetze), so wie auch der Schwiegervater father in law heißt.

Friedreich, Gesch. d. Räthsels.

In jedem Kampf, so ist er doch ein Greis,
Und unbeerbt wankt er dem Grabe zu.
Drum sprach er einstmals ernst und wohlbedächtlich
Zu ihr die strengen Worte: Störrig Kind!
Entschließe dich einmal dich zu vermählen;
Wo nicht, so sinn' ein anber Mittel aus,
Dem Reich die ew'gen Kriege zu ersparen:
Denn ich bin alt; zu viele Könige schon
Hab' ich zu Feinden, die dein Stolz verschmähte.
Drum nenne mir ein Mittel, wie ich mich
Der wiederholten Werbungen erwehre,
Und leb' hernach und stirb, wie bir's gefällt.
Erschüttert ward von diesem ernsten Wort
Die Stolze, rang umsonst, sich loszuwinden.
Die Kunst der Thränen und der Bitten Macht
Erschöpfte sie, den Vater zu bewegen;
Doch unerbittlich blieb der Khan. Zuletzt
Verlangt sie von dem unglückfel'gen Vater,
Verlangt, hört! was die Furie verlangte.
Sie fordert ein Edict von ihrem Vater,
Daß jedem Prinzen königlichen Stamms
Vergönnt sein soll, um ihre Hand zu werben.
Doch dieses sollte die Bedingung sein:
Im öffentlichen Diwan, vor dem Kaiser
Und seinen Räthen allen, wollte sie
Drei Räthsel ihm vorlegen. Löste sie
Der Freier auf, so mög' er ihre Hand
Und mit derselben Kron' und Reich empfangen;
Löst er sie nicht, so soll der Kaiser sich
Durch einen heil'gen Schwur auf seine Götter
Verpflichten, den Unglücklichen enthaupten
Zu lassen.

Der Kaiser läßt sich endlich von seiner Tochter erbitten, und es wird dieses in allen Landen kund gegeben. Viele Freier erscheinen, können aber die aufgegebenen Räthsel nicht lösen, und werden enthauptet und ihre Köpfe auf das Stadtthor aufgesteckt. Da erscheint Kalaf, Prinz von Astrachan, als Freier; der Divan wird versammelt und Turandot gibt dem Kalaf folgende Räthsel auf, die er also beantwortet, und Turandot's Gemahl wird.

  Turandot. Der Baum, auf dem die Kinder
    Der Sterblichen verblühn,
    Steinalt, nichts besto minder
    Stets wieder jung und grün;

Er kehrt auf einer Seite
Die Blätter zu dem Licht;
Doch kohlschwarz ist die zweite
Und sieht die Sonne nicht.
Er setzet neue Ringe,
So oft er blühet, an.
Das Alter aller Dinge
Zeigt er den Menschen an.
In seine grünen Rinden
Drückt sich ein Name leicht,
Der nicht mehr ist zu finden,
Wenn sie verdorrt und bleicht.
So sprich, kannst du ergründen,
Was diesem Baume gleicht?

Kalaf. Zu glücklich, Königin, ist Euer Sklav',
Wenn keine dunklern Räthsel auf ihn warten.
Dieser alte Baum, der immer sich erneut,
Auf dem die Menschen wachsen und verblühen,
Und dessen Blätter auf der einen Seite
Die Sonne suchen, auf der andern fliehn,
In dessen Rinde sich so mancher Name schreibt,
Der nur, so lang sie grün ist, bleibt:
Er ist das Jahr mit seinen Tagen und Nächten.

Turandot. Kennst du das Bild auf zartem Grunde,
Es gibt sich selber Licht und Glanz.
Ein andres ist's zu jeder Stunde,
Und immer ist es frisch und ganz.
Im engsten Raum ist's ausgeführet,
Der kleinste Rahmen faßt es ein;
Doch alle Größe, die dich rühret,
Kennst du durch dieses Bild allein.
Und kannst du den Krystall mir nennen,
Ihm gleicht an Werth kein Edelstein;
Er leuchtet ohne je zu brennen,
Das ganze Weltall saugt er ein.
Der Himmel selbst ist abgemalet
In seinem wundervollen Ring;
Und doch ist, was er von sich strahlet,
Oft schöner, als was er empfing.

Kalaf. Zürnt nicht, erhabne Schöne, daß ich mich
Erdreiste, Eure Räthsel aufzulösen.
Dies zarte Bild, das in den kleinsten Rahmen
Gefaßt, das Unermeßliche uns zeigt,
Und der Krystall, in dem dies Bild sich malt,
Und der noch Schöneres von sich strahlt,

Es ist das Aug', in das die Welt sich drückt,
Dein Auge ist's, wenn es mir Liebe blickt.

Turandot. Wie heißt das Ding, das Wen'ge schätzen,
Doch zierts des größten Kaisers Hand;
Es ist gemacht, um zu verletzen;
Am Nächsten ists dem Schwert verwandt.
Kein Blut vergießt's und macht doch tausend Wunden,
Niemand beraubt's, und macht doch reich:
Es hat den Erdkreis überwunden,
Es macht das Leben sanft und gleich.
Die größten Reiche hat's gegründet,
Die ältsten Städte hat's erbaut;
Doch niemals hat es Krieg entzündet,
Und Heil dem Volk, das ihm vertraut.

Kalaf. Dies Ding von Eisen, das nur Wen'ge schätzen,
Das China's Kaiser selbst in seiner Hand
Zu Ehren bringt am ersten Tag des Jahrs,
Dies Werkzeug, das, unschuld'ger als das Schwert,
Dem frommen Fleiß den Erdkreis unterworfen,
Wer träte aus den öden, wüsten Steppen
Der Tartarei, wo nur der Jäger schwärmt,
Der Hirte weidet, in dies blühnde Land
Und sähe rings die Saatgefilde grünen
Und hundert vollbelebte Städte steigen,
Von friedlichen Gesetzen still beglückt,
Und ehrte nicht das köstliche Geräthe,
Das allen diesen Segen schuf, den Pflug.

Wahrscheinlich hat Schiller nebst aus Gozzi auch noch aus dem romantischen persischen Gedichte Heft peiger (die sieben Schönheiten) von Nisami*) aus Gendsch geschöpft, in welchem sieben Geschichten von sieben Prinzessinnen vorkommen. Die vierte Erzählung**) berichtet von der schönen Prinzessin Turandot, welche in einem mit Talismanen unzugänglich gemachten Schlosse eingesperrt war. Jeder Werber mußte vier Dinge leisten: ein rechtlicher Mann sein, die bezauberten Hüter besiegen, den schlangenförmigen Talisman wegnehmen, und vom Vater die Einwilligung erhalten. Viele hatten ihr Glück umsonst versucht, ihre Köpfe wurden auf die Zinnen des Schlosses gesteckt. Ein junger Prinz aber ließ sich durch

---
*) Er hieß Mohammed Ben Juffuf, und war der bedeutendste persische romantisch-epische Dichter. Er starb 1180. Seine gesammelten Schriften, der Fünfer genannt, sind Chosru und Schirin, Leila und Medschnun, die sieben Schönheiten, das Buch Alexanders, und das Magazin der Geheimnisse.
**) Hammer, Geschichte der schönen Redekünste Persiens, Wien 1818, S. 116.

ben Wall von Schädeln unglücklicher Werber nicht abschrecken, und fragte den weisen Vogel Simurg*) zuvor um Rath. Die drei Bedingnisse waren erfüllt, allein der Vater wollte die Einwilligung nicht geben, bis der Prinz nicht die Räthsel seiner Tochter aufgelöst haben würde. Man sieht, daß dies das Mährchen der Prinzessin Turandot ist, die ihren schönsten Schmuck zwar Gozzi und Schiller'n, ihre Geburt aber und ihren Namen dem Oriente verdankt. Bei dieser Gelegenheit kommt noch eine orientalische Symbolik vor, die, als an das Mystische des Räthsels gränzend, hier erwähnt werden soll. Die Prinzessin schickt dem Prinzen zwei Perlen aus ihrem Ohrgehänge. Der Prinz versteht sogleich die Lehre: „das Leben gleicht zwei Wassertropfen"**). Er schickte das Ohrgehänge mit drei Diamanten zurück, das heißt: „Freude (Glaube, Hoffnung und Liebe) kann es verlängern." Die Prinzessin legte diese Juwelen in eine Zuckerschachtel mit Zucker. Der Prinz fand sogleich den Sinn: „das Leben ist vermischt mit süßer Begierde der Sinnen." Er goß Milch darauf, die den Zucker auffraß, um dadurch zu sagen: „wie den Zucker ein Tropfen Milch verzehrt, wird die sinnliche Begierde von wahrer Liebe verzehrt." Die Prinzessin aß die Milch, um ihm zu verstehen zu geben, „daß sie mit ihm Milch essen und durch Liebe glücklich sein möchte"; ja sie sandte ihm sogar ihren Karfunkelring als das Symbol der Ehe. Er nahm denselben in die Hand, was nichts als ein Kompliment war: „solch' einen Karfunkel gibt es nur einen in der Welt", die Prinzessin nämlich. Sie band den Ring mit dem

---

*) Ein mythischer Vogel des Orients, welcher durch seine besondere Weisheit ausgezeichnet ist. Er wohnt auf dem Berge Kaf einsam, gibt jedoch Jedem, der zu ihm seine Zuflucht nimmt, den besten und weisesten Rath, und durch ihn begünstigt, haben Mehrere Wunder der Tapferkeit ausgeübt. Den Helden, denen er besonders gewogen ist, gibt er von seinen Federn, die sie, als einen Talisman gegen alle Gefahren, auf ihre Kopfbedeckung stecken.
**) Es erinnert dieses an folgendes Gedicht des Persers Feribebbin Attar (Mohammed Ben Ibrahim Attar) von Nischabur:
Ein Mann frug einmal einen Narren,
Was sind die beiden Welten wohl?
Sie sind, so sprach er, auf der Hand
Zwei Tropfen Wasser und nicht mehr.
Das Wasser formte sich zuerst
In mannigfaltige Gestalten.
Was sich im Wasser mahlt, wär's Eisen,
Vergeht zuletzt in seinen Kreisen.
Es gibt nichts Härteres als das Eisen,
Und dieses selbst vergeht im Wasser.
Wer sich dem Wasser anvertraut,
Der hat auf flüß'gem Grund gebaut:
Noch hielt das Wasser niemals Stand,
Wie hätte drauf ein Bau Bestand!

Ohrgehänge zusammen, um zu sagen: „ich bin sofort deine Gemahlin." Er band eine Glaskoralle dazu, um ihr zu antworten: „der Neid wird dieses Glück verkleinern." Sie hing den Schmuck um den Hals, die Koralle an die Brust, das ist: „umsonst verkleinert der Neid, er kann meiner Zärtlichkeit, die ich in der Brust trage, nichts anhaben, und Stolz auf den Schmuck eines solchen Ritters steift mir den Nacken." Hierauf wurde die Hochzeit gefeiert.

§ 26. Wird ein Sprichwort in der Form eines Räthsels gegeben, so gestaltet sich das Sprichworträthsel, an welchem die deutsche Räthselliteratur sehr reichhaltig ist. In den Jahrgängen 1820 und 1871 des Nürnberger Correspondenten von und für Deutschland finden sich deren über Hundert, von denen einige als Proben hier mitzutheilen genügen wird.

 1. Es geht toll her, es wird gestritten,
   Man lärmt und zankt, es hilft kein Bitten,
   Als wollt man greifen nach dem Stock;
   Warum? ob einem abgeschabten Rock.

 2. Der Amor ist ein arger Schalk;
   Zwei Herzen hat er ganz vereint,
   Und doch, er läßt die Tücken nicht,
   Oft lacht das Eine, wenn das Andre weint.

 3. Was tönet dem Trägen im schwellenden Flaum?
   Was nährt und belebet den irdischen Traum?
   Was schließt uns so manche Geheimnisse auf?
   Und öffnet der Weisheit und Thorheit den Lauf?
   Wenn Erstes das Letzte mit Zweitem erfüllt,
   So hast du des Sprichworts enträthseltes Bild.

 4. Seht doch diesen matten Greis
   Jünglingen gleich scherzen;
   Seine Haare silberweiß,
   Liebe noch im Herzen,
   Möchte dieser alte Mann
   Noch ein junges Weibchen han.

 5. Ein muntrer Knabe geht voran
   Und macht der Sprünge viel,
   Er bleibt auf der betretnen Bahn
   Und treibt so manches Spiel.
   Ihm folgt ein Mann, der akkurat
   Gleich diesem Knaben thut;
   Bleibt fest dabei trotz jedem Rath,
   Bis er im Grabe ruht.

6. Der Eine strebt nach einem Ideale,
   Der Andre bläst nur blauen Dampf hinaus;
   Der liebt den Wein und Freunde bei dem Mahle,
   Und der verändert stets an seinem Haus;
   Der hält Concerte, Jener Pferde,
   Der ist entzückt, wenn ihm ein Mädchen winkt.
   Und so wird's bleiben, bis die Erde
   Zurück einst wieder in ihr Nichts versinkt.

7. Eifriges Ringen und kräftiges Streben
   Haben am Ende noch immer behagt;
   Willst als vollendeter Künstler du leben,
   Folge dem, was die Auflösung dir sagt.

8. Wenn der Erde holde Freuden
   Dich umgeben, sei bescheiden,
   Denn was aus Fortuna's Hand
   Kommt, das hat nicht sichern Stand.

9. Euch, die der Geschäften Menge
   Treibt in eine bange Enge,
   Möcht' ich rathen
   Was sich hatten
   Schon vor Jahren,
   Wohlerfahren,
   Unsre Alten
   Aufbehalten,
   Daß man nie im vollen Trabe
   Allzuviel gefangen habe.

10. Gesetzt, es geht die Sonne auf
    Und es ist aus mein Lebenslauf,
    Ich geh' zur Ruhe ein.
    Jetzt hebt die Sonne sich auf's Neu,
    Nun kommt auch an dich die Reih';
    Was wird das Sprichwort sein?

11. Wie kommt es, daß mit wahrer Freude
    Ans Tagwerk gehn die Ackersleute?

12. Was heute wohl zum Sprichwort ich genommen?
    Nur Zeitungen frisch her! dies wird mir frommen.
    Hier wird die feinste Waare ausgeboten,
    Die schönsten Londner und Pariser Moden;
    Dort preiset ein Gelehrter seine Schrift,
    Ein Krämer seine Blei- und Röthelstift;
    Hier Einer den Cichorienkaffee,
    Ein Anderer ein Mittel für das Magenweh.

Noch Tausend Andres hört mit Lärm man preisen:
Nun sage mir: wie soll das Sprichwort heißen?

13. A. Der Herr, der da in Pomp stolzirt einher
 Muß ohne Zweifel sein ein Millionär?
 B. Im Gegentheil, trotz aller goldnen Ketten,
 Weiß er sich kaum vor Gläubigern zu retten.
 A. Doch Jener im geflickten Kleid', so so,
 Ist wohl ein armer Habenichts? ich wette.
 B. O fehlgeschossen, reich wär' ich und froh,
 Wenn ich zur Hälft' nur seine Schätze hätte.

14. A. Freund, siehe doch, mein Onkel hat mir da geschickt
 Zum Namenstag ein Kleid, und das ist schon geflickt.
 B. Ich will nicht hoffen, daß dich drob der Aerger plagt,
 Bedenk' nur, was das Sprichwort sagt.

15. Würd' dir vom Schicksal eine kleine Hütte,
 Entfernt vom Pomp der Städte, zugedacht,
 Dann sei genügsam, denn die Stille
 Ist's, die uns öfters glücklich macht.
 Laß in den Goldpalläsen Reiche schwelgen,
 Du schmiegst dich an den Busen der Natur,
 Und folgst, entfernt von Gram und Sorgen,
 Nur einzig ihrer heitern Spur.

16. Ein Blümchen, blau, durchwirkt mit Gold,
 Stand an des Ufers Grün;
 Wie dieses Blümchen zart und hold,
 Sah ich noch keines blüh'n:
 Da freut ich mich in stiller Lust,
 Mit diesem Blümchen schön
 Geschmückt Elisens treue Brust
 Am nächsten Tag zu sehn.
 Und als der nächste Morgen sich
 Dem Schooß' der Nacht entwand,
 Eilt' hin zu jener Stelle ich
 Wo Blümchen gestern stand:
 Doch, ach, da lag's an Ufers Grün
 Verwelkt und farbelos,
 Und meine Thräne rollte hin
 Auf Blümchens Mutter-Schooß.

17. Schon lag an Ida's Brust ein Knabe,
 Ein Mädchen wiegte sich auf Lina's Schooß;
 Nur Bertha ging vereinzelt noch durch's Leben,
 Denn ihr fiel nicht der Schwestern schönes Loos.
 Doch als zum drittenmal der Lenz erneute,

Da warb ein Jüngling um ihre Hand und Herz;
Erröthend stammelte sie die Gewährung,
Und Freude hat verdrängt nun ihren Schmerz.

18. Ganz erschöpft und müde von der Reise
Trat Arist bei einem Landmann ein,
Und er sah nach alter Väter Weise
Um das Mahl versammelt Groß und Klein.
Ach, da schwellt ein plötzliches Verlangen
Nach der Heimath ihm den Busen an,
Und er ruft mit hocherglühten Wangen:
„Wär' ich nicht ein hochbeglückter Mann,
Fesselten auch mich so sanfte Bande,
Und ein Häuschen, wär's auch noch so klein!
Wer nur unstät schweift von Land zu Lande,
Wird gewiß nie wahrhaft glücklich sein."

19. Wo mir des Lebens Sonne heiter lächelt,
Sei's auch entfernt wo meine Wiege stand;
Wo sanfter Zephyr meine Wangen fächelt,
Auch dort erkenne ich mein Jugendland.

20. Noch thronte Jugend auf den heitren Wangen,
Schön floß ein Bart ums jugendliche Kinn,
In üpp'gen Formen war das Bild gezeichnet,
Kurz, Karl war schön, wie einst Adonis war.
Die Fürstin sah ihn, und es schwoll ihr Busen,
Der Wollust Flamme hatte sie erfaßt,
Sie hat das Herz und Bett mit ihm getheilet,
Er flog vom niedrigen zum höchsten Grad.
Doch lange konnt' er nicht sein Glück genießen,
Der Neid und die Verläumdung wurden wach;
Bald mußt' der an der Wand des Kerkers liegen,
Der oftmals an der Brust der Fürstin lag.

21. Dich geleitet's freundlich durch das Leben,
Weicht von dir nicht auch bei aller Noth,
Auf dem Sterbbett wird es um dich schweben,
Steigt selbst mit Verbrechern auf's Schaffot.
Doch bei allen diesen guten Zeichen
Hat es auch sehr Viele oft bethört,
Manchen ließ vor Hunger es erbleichen,
Wie ein altes Sprichwort dies bewährt.

22. Was du gelernt, das treibe,
Bei deinem Leiste bleibe;
Fängst du bald Dies bald Jenes an,
Wird's um dich nicht zum Besten stahn.

23. Boshaft ist Frau Salome,
Wünscht den Andern Ach und Weh;
Deßhalb fliehen sie die Leute,
Ursel nur bleibt ihr zur Seite.

24. Dem Sokrates entdeckt ein Freund,
Daß ihn an einem dritten Orte
Gelästert und geschmäht ein Feind;
Drauf sprach der Weise nur die Worte:
"Was solche Leute von mir sagen
Gilt mir im Ganzen einerlei,
Mich mag man nach Belieben schlagen,
Ist nur mein Rücken nicht dabei."

25. Schon zwölf Uhr schlug's, und noch beim Sorgenbrecher
Saß Klaus, der lustige Kumpan,
Und mehr des Weins verlangte noch der Zecher.
Da sprach zu ihm der Wirth, ein Biedermann:
Zwar freut es mich, wenn gern' bei mir die Gäste bleiben,
Allein bis an den Morgen nicht,
Denn da erfordert meine Pflicht,
Die lieben Gäste anzutreiben,
Das alte Sprichwort sich wohl hinters Ohr zu schreiben.

[Die entsprechenden Sprichwörter sind: 1. Viel Geschrei und wenig Wolle. 2. Was sich liebt neckt sich. 3. Morgenstund hat Gold im Mund. 4. Alter schützt vor Thorheit nicht. 5. Was Hänschen gewohnt läßt Hans nimmer. 6. Jedem Narren gefällt seine Kappe. 7. Uebung macht den Meister. 8. Glück und Glas, wie bald bricht das. 9. Eile mit Weile. 10. Heute an mir, morgen an dir. 11. Lust baut das Land. 12. Klappern gehört zum Handwerk. 13. Der Schein trügt. 14. Einem geschenkten Gaul sieht man nicht ins Maul. 15. Wer zufrieden ist ist reich. 16. Heute roth, Morgen todt. 17. Wer warten kann bekommt auch noch einen Mann. 18. Eigner Heerd ist Goldes werth. 19. Ubi bene, ibi patria. 20. Wer schnell hoch steigt, der fällt schnell. 21. Wer nur von der Hoffnung lebt, stirbt zuletzt Hungers. 22. Neunerlei Handwerk, achtzehnerlei Unglück. 23. Eine Krähe sitzt gern bei der andern. 24. Was ich nicht weiß macht mir nicht heiß. 25. Alles Ding hat seine Zeit.]

§ 27. Am Meisten Verwandtschaft hat das Räthsel seinem Wesen nach mit der symbolischen Dichtung, daher wir jenes, wo die Aufgabe im Gewande eines großartigen Bildes gegeben ist, ein symbolisches Räthsel nennen können. Das älteste und blühendste ist folgendes aus der Bibel, woselbst der Prophet Ezechiel im siebzehnten Kapitel Folgendes sagt:

„Und es geschah das Wort Jehova's also zu mir: Menschensohn, enträthsele mir ein Räthsel, rede eine Gleichnißrede über das Haus Israel, und sprich, so spricht der Herr Jehova: der große Adler, groß von Flügeln, lang von Schwingen, voll des Gefieders, das bunt gestickt, kam zum Libanon und nahm den Wipfel der Ceder. Das Haupt seiner Reiser pflückt er, und bracht es ins Land Canaan, in der Stadt der Krämer legt er's nieder; und er nahm von dem Saamen des Landes und setzt ihn auf ein Saatfeld, an vielen Wassern nahm er ihn, als Weide setzt er ihn. Er sproßte auf und ward zu einem Rebstock, herabhängend, niedrig von Wuchs, daß seine Ranken sich zu ihm bogen, und seine Wurzeln unter ihm waren; und er ward zum Rebstock, der Zweige trieb und Laub ausbreitete. Es war aber ein anderer großer Adler, groß von Flügeln und reich an Gefieder, und siehe! dieser Rebstock lechzte mit seinen Wurzeln nach ihm und sandte seine Zweige zu ihm, zu tränken ihn von den Beeten aus, wo er gepflanzt war. Auf gutes Feld, an vielen Wassern war er gepflanzt, um Gezweig zu treiben und Frucht zu bringen, zu werden zu einem herrlichen Weinstock. Sprich: so spricht der Herr Jehova: wird er gedeihen? wird jener nicht seine Wurzeln losreißen, und seine Frucht abschneiden, daß er verdorrt, und alle seines Gewächses Blätter verdorren? und nicht durch großen Arm und vieles Volk wird er ihn heben aus seinen Wurzeln? Sieh! er ist gepflanzt; doch wird er auch gedeihen? wird er nicht, wenn ihn der Ost anrührt, verdorren? auf den Beeten, wo er sproßt, wird er verdorren! Und es geschah das Wort Jehova's zu mir also: Sprich doch zum Haus der Widerspenstigkeit: wißt ihr, was dieß bedeutet? Sprich: sieh! es kam der König von Babel nach Jerusalem, und nahm seinen König und seine Fürsten, und brachte sie zu sich nach Babel. Und er nahm einen vom königlichen Saamen, und schloß einen Bund mit ihm, und ließ zum Eid ihn kommen; aber die Gewaltigen des Landes nahm er weg, damit das Königreich erniedrigt würde, sich nicht erhebe, damit er seinen Bund bewahrte und fest ihn stellte. Aber er fiel ab von ihm, indem er seine Boten nach Egypten sandte, daß es ihm Rosse gebe und viel Volks: wird der gedeihen? wird der entkommen, der solches thut? Er brach den Bund, und sollt entkommen? So wahr ich lebe, spricht der Herr Jehova, am Ort des Königs, der ihn zum König machte, dessen Eid er hat verachtet und dessen Bund er hat gebrochen, bei ihm, in Mitten Babels, soll er sterben! Und nicht mit großem Heer und vieler Versammlung wird ihm Pharao im Kampfe nützen, wenn man einen Wall aufschüttet und Belagerungsthürme baut, auszurotten viele Seelen. Er hat den Eid verachtet, den Bund zu brechen, und sieh! er hatte seine Hand darauf gegeben, und thut doch alles dieses; er kann nicht entkommen! Darum spricht so der Herr Jehova: so wahr ich lebe, gewißlich meinen Eid, den er verachtet, und meinen Bund, den er gebrochen, den bring ich auf sein Haupt! Und ich breite über ihn mein Netz, und er soll in meinem Garn gefangen werden, und ich will ihn bringen nach Babel, und daselbst rechten mit ihm ob des Treubruchs, den er an mir begangen; und alle seine Flüchtigen in seinen Schaaren sollen durch Schwert fallen, und die Uebriggebliebenen in alle Winde zerstreut werden; auf daß ihr wißt, daß ich Jehova hab geredet. So spricht der Herr Jehova:

Nehmen will ich von dem Wipfel der hohen Ceder und es setzen, von dem Haupte seiner Reiser ein zartes will ich pflücken, und ich pflanze es auf hohen und erhabenen Berg. Auf dem Berg der Höhe Israels will ich es pflanzen, und es treibt Zweige und bringt Frucht, und wird zur herrlichen Ceder, und es wohnen darunter alle Vögel jeglichen Flügels, in dem Schatten seiner Aeste wohnen sie: auf daß erkennen alle Bäume des Feldes, daß ich Jehova erniedrige den hohen Baum, erhöhe den niedrigen Baum, vertrockne den frischen Baum, und sprossen lasse den trocknen Baum: ich Jehova rede und thue."

[Auflösung*). Der Prophet stellt uns ein symbolisches Räthsel auf, damit er auf die Ergründung der verschleierten Wahrheit desto stärker den Sinn lenke**). Auf einem großartig angelegtem Bilde sehen wir einen gewaltigen Adler mit mächtigen Flügeln und langen Schwingen, voll prächtigen bunten Gefieders, das der herrlichsten Stickerei vergleichbar, nach dem Libanon schweben und den Wipfel der Ceder hinwegnehmen. Er pflückt die höchste und erhabenste seiner Pflanzengestalten, und legt sie nieder in der Stadt des lebendigsten Handels und Verkehrs der Völker. Aber er ergreift auch einen Schößling von der Saat des Landes, wo er die hervorragendste der Cedern genommen, und pflanzt ihn wie eine Weide auf reichbewässerten Boden. Da sproßt er auf und wird zu einem Rebstock, der sich üppig ausbreitet, aber niedrigen Ansehns, mit zu ihm hingebogenen Ranken und unter ihm festgehaltenen Wurzeln, doch Laub und Zweige treibend. Aber wir gewahren noch einen andern großen Adler, auch von mächtigen Flügeln und reichem Gefieder; nach diesem streckt sehnsüchtig der Rebstock Wurzeln und Zweige, daß er ihm erquickende Nahrung gebe von dem Boden aus, wo er gepflanzt war; und doch stand er auf gutem Felde, an vielen Wassern, Gezweig zu treiben, Frucht zu bringen und zu einem herrlichen Rebstock zu werden. Aber so kann er in dieser Hinneigung zum zweiten Adler nicht gedeihen, und der erste, der ihn gepflanzt und von dem er sich abgewandt, wird ihn aus seinen Wurzeln mit leichter Mühe heben und verdorren lassen. Der Prophet löst nun das Räthsel und giebt folgende Deutung. Der König von Babel ist der große Adler***), der die höchste Ceder des Libanon raubt; Jerusalem ist der herrliche Libanon, und die Ceder der König Jochakin, der mit seinen Fürsten nach Chaldäa in die Gefangenschaft wandern mußte. Da sollte er in einem andern Canaan weilen, in dem Canaan der großen Völkerstadt Babel. Der Sprößling, welchen der Adler von dem Saamen des Landes nahm und ihn als Weide an vielen Wassern†) auf ein Saatfeld

---

*) Von Umbreit, prakt. Commentar über den Hesekiel; Hamb. 1843, S. 93 u. f.
**) Vrgl. Janus van Gilse, specimen exegeticum et criticum exhibens commentarium in caput XVII vaticiniorum Ezechielis; Amstelod. 1836.
***) Der Adler ist Sinnbild der königlichen Gewalt, und bezeichnet hier den Nebukadnezar, der unter demselben Bilde bei Jeremias XLVIII, 40 und XLIX, 22 erscheint.
†) Die Weide liebt besonders nasse Standorte. Einige (z. B. Wittstein, etymologisch-botanisch. Wörterb. Art. Salix) haben daher den lateinischen Namen der Weide, Salix, von dem celtischen Sal, nahe, und lis, Wasser, abgeleitet. Daher ist auch die Weide Symbol des Wassers s. meine Symbolik und Mythologie der Natur, Würzb. 1859, § 162.

pflanzte, ist Zedekia, den Nebukadnezar als Eingebornen in dem fruchtbaren Palästina zum Vasallenkönig machte. Er ragte freilich nicht als Ceder mehr empor, sondern war nur wie eine Weide gesetzt, sproßte jedoch zu einem Rebstock auf, der aber, obgleich er Zweige trieb und Laub ausbreitete, doch niedrigen gedrückten Wuchses blieb, und von seinen Früchten wird gar nicht geredet. Der andere große Adler, zu dem Zedekia sich neigt, und so bundbrüchig gegen Nebukadnezar wird, ist der König von Egypten, durch den die Vernichtung des Rebstocks, die Aufhebung des Vasallenkönigthums in Jerusalem herbeigeführt wird. Der Prophet hebt die Thorheit und Treulosigkeit Zedekia's als Grund seines Falles hervor: Er sieht voraus, daß ihn, wenn es zur Belagerung Jerusalems kommt, selbst Pharao mit seiner großen Macht nicht retten könne; der mit dem Verbrechen des Treubruches befleckte wird, seiner Freiheit gänzlich beraubt, als Gefangener nach Babel geführt, und daselbst in einem fremden Lande seinen Tod finden. Seine flüchtigen Schaaren sollen theils getödtet, theils in alle Winde zerstreut werden, damit sie zur Erkenntniß Gottes kommen. Nun kommt ein Anderer und Größerer, als jener gewaltige Adler Nebukadnezar, der starke Held, Jehova selbst, und nimmt wieder von dem Wipfel der hohen Ceder, die gefällt worden, ein zartes Reis und pflanzt es auf einen hohen und erhabenen Berg. Es ist der Sprosse aus dem Stamme Isai's, der auf dem Zion sich erheben soll zur herrlichsten Ceder, unter deren reichen Zweigen alle Vögel Schutz und Obdach finden werden; siehe da, die hehre Gestalt des Messias, der in sein Reich sammelt alle Völker ohne Unterschied. Denn es soll durch ihn an den Tag kommen der Rathschluß Gottes, den Hohen zu erniedrigen, den Niedrigen zu erheben. Alle Reiche der Welt sinken zusammen vor dem Reiche Gottes.]

Von symbolischen Räthseln neuerer Zeit verdienen folgende hier erwähnt zu werden:

1. Es schläft ein Kind auf Blumenmatten,
Süßlächelnd, wie ein Engelbild
In stiller Palmen kühlem Schatten
Ein Guido's*) Phantasie erfüllt.
Es schläft, und Blüthenknospen schwellen
Und öffnen sich dem Tageslicht;
Wie auch der Sturm des Sees Wellen
Zu Bergen hebt, er weckt es nicht.
Doch weh'! ein Weib mit wilden Blicken
Ersieht das Kind, ein schöner Fund!
Und drückt mit schrecklichem Entzücken
Den Kuß auf seinen Rosenmund.
Da flieht der Schlaf, die Glieder strecken
Sich gräßlich aus, die Anmuth weicht,

---

*) Guido Reni, der berühmte italienische Maler, geboren zu Bologna 1575, gestorben daselbst 1642.

Und angethan mit allen Schrecken
Ein Riesenhaupt sich endlich zeigt.
So nenne mir das Kind voll Milde,
Und auch das Weib mit wildem Blick:
Und naht es sich dem zarten Bilde,
So rufe ernst: zurück! zurück!

2. In schönster Bäume Schatten
Da sitzen drei Schwestern hold;
Vom blauen Himmel kommt ein Wind,
Der schüttelt von dem Baum' geschwind
Einen Apfel schön wie Gold.
Der Apfel fällt der Jüngsten
Grad' in den Schooß hinein;
Wie süß er duftet, wie er lacht;
Sie freut sich an des Apfels Pracht,
An seines Goldes Schein.
Sie spielet mit dem Apfel,
Bis ihr das Spiel dünkt lang;
Wirft dann der Zweiten von den Drei'n
Ihn zu, die zieht ein Messerlein
Aus ihrem Busen blank.
Sie schneidet mit dem Messer
Den Apfel gar entzwei;
Nichts kümmert sie die äußre Pracht,
Nur auf das Innre hat sie Acht,
Wie es beschaffen sei;
Sie sieht nach seinen Kernen,
Sie wägt ihn mit der Hand,
Beschaut den ganzen innern Bau,
Und ruht nicht eh', bis sie genau
Das Kleinste drin erkannt.
Nun hat sie es ergründet,
Da spricht sie allerletzt:
Hab jetzt nichts mehr damit zu schaffen,
Was hülf's, ihn müßig zu begaffen,
Nimm du ihn, Schwester, jetzt.
Die Dritte nimmt den Apfel,
Sie löst die Kerne aus,
Und steckt sie in das Gartenland,
Wohl manches Unkraut, das da stand,
Zieht sie zuvor heraus.
Da lüstern naht ein Knabe,
Dem reicht die Frucht sie hin,
Und spricht: theil' sie mit deinen Brüdern,

Der Kerne Saat wird dir's erwiedern
Einst reichlich mit Gewinn.*)

3. Ich weiß ein hohes, schönes Schloß,
Drin wohnt ein mächtiger König,
Der hat ein schnelles Flügelroß,
Das kümmert die Weite wenig;
Bald brauft es hin wie Wetterstrahl,
Bald geht es langsam am Zügel.
Fünf Thore führen zum Königssaal,
Davon hat jedes zwei Flügel.
Durchs erste Thor bringt man hinein
Dem König die köstlichsten Gaben,
Was schön von Formen oder Schein,
Das will der König haben.
Durchs zweite Thor ziehn ein ins Schloß
Der Sänger und Spieler gar viele,
Wenn ab der König stieg vom Roß,
So freut er sich am Spiele.
Durchs dritte Thor hinaus man sieht
In einen schönen Garten,
Wo manche Blume duftend blüht,
Dem König aufzuwarten.
Ein zweiter Garten ist noch nah,
Wo süße Früchte hangen;
Das vierte Thor ist dazu da,
Daß sie ins Schloß gelangen.
Zehn Ritter stehn am fünften Thor,
Je fünf auf jeder Seite,
Die schickt der König oft hervor,
Bald friedlich, bald zum Streite;
Die Ritter zu der rechten Hand
Sind tapfrer als die linken,
Die werden meistens nur gesandt,
Wenn jene etwa hinken.
Geöffnet sind den ganzen Tag
Die Thore all des Schlosses,
Bis Abends müd' darnieder lag
Der Herr des Flügelrosses.

4. Wer nennt das liebliche Kind,
Geboren taub und blind
Und des Verstandes baar;
Sieht nicht den Weg vor sich,

---

*) Dieses und die folgenden zwei Räthsel sind von Mises, aus dessen § 102 erwähnten Räthselbüchlein.

Und führet dennoch dich
Zur Heimath wunderbar.
Wer nennt mir, deren Speer
Schlägt Wunden tief und schwer,
Von Wonnen schwer statt Pein;
Nicht Streiten hilft, nicht Fliehn;
Seht ihre Sklaven ziehn
Gekettet je zu Zwei'n.
Wer nennt das schöne Weib
Mit Flügeln an dem Leib,
Mit grünem Kranz geschmückt;
Mit Augen, leuchtend ganz;
Ein Regenbogenglanz
Steht dort, wohin sie blickt.

5. Von zwei Worten will ich ein Sinnbild euch geben,
Sie sind das Höchste und Schönste im Leben.
Das Erste, es ist ein gewichtiges Wort,
Es deutet das schaffende Leben,
Nicht rastet und ruht es, es treibt sich fort,
Will Alles erkämpfen, erstreben,
Es denkt und handelt bis an das Grab,
Nie legt es nieder den Wanderstab.
Des Geistes Schwingen, es wagt sie keck,
Dringt hoch zu der Wissenschaft Sphären,
Nichts hält es, kühn schreitet's darüber weg,
Das Weltall will es erklären;
Es schafft und zerstört, zerstört und schafft,
Und nimmer ruhet die mächtige Kraft.
Und was es gedacht, und was es erschafft,
Das will es auch führen ins Leben,
Nicht eitel verzehren soll sich die Kraft,
Sie soll sich zu Thaten erheben,
Zur Frucht soll sie reifen, zur nährenden Frucht,
Das ist's, was kämpfend der Wille versucht.
Nach Außen will weit es, will immer es hin,
Die Welt, die ist ihm das Leben,
Im All' zu leben ist sein Bemühn,
Mit dem Ganzen will sich's verweben.
So ruht es nimmer und rastet nicht,
Bis endlich am Tode die Kraft sich bricht. —
Das Zweite ist ein schönes, ein liebliches Wort,
Es deutet das bildende Leben,
Es liebt sich gern an gewohntem Ort;
Es will nicht Alles erstreben,

Es denkt und dichtet bis an das Grab,
Nie legt es nieder den Zauberstab.
Das stille Gemüth, es weilet gern
In der Liebe geheiligten Sphären,
Und scheuet was weit, und scheuet was fern,
Das Nahe nur will es verklären.
Es liebt so lang's lebt, und lebt so lang's liebt,
Das ist sein mächtiger Zauber, den's übt.
Und was ihm an äußerer Kraft verwehrt,
Das kann in dem Innern es finden,
Nicht Thaten will es, des Ruhmes werth,
Es will nur fühlen, empfinden,
Und wenn die Knospe, die liebliche, blüht,
Genügt sich bescheiden das stille Gemüth.
Nach innen, nach innen nur will es hin,
Ein Mensch, der ist ihm das Leben,
In Einem zu leben ist sein Bemühn,
Mit dem Einen sich innig verweben.
So treibt es holdselig das fromme Gemüth,
Bis welk die Blume des Lebens verblüht.

[Auflös. 1. Das Gewissen; die Schuld*). 2. Schönheit, Wahrheit und Güte. 3. Der Geist und die fünf Sinne. 4. Glaube, Liebe, Hoffnung. 5. Der Mann; das Weib.]

§ 28. In einem Lehrgedichte einverwebt findet sich das Räthsel in dem aus zwei Gesängen bestehenden alten Lehrgedichte aus dem zwölften Jahrhunderte: „König Tyro von Schotten und Fridebraut sein Sohn**)".

---

*) Das Kind, im Blumenthal gebettet,
Wo kein Orkan die Knospe knickt,
Wohin der Friede sich gerettet,
Von wo der Lenz herüberrückt;
Gewissen heißt's: in süßen Träumen
Schläft lächelnd es in reiner Brust,
Spielt in den lenzgeschmückten Räumen,
Des stillen Friedens sich bewußt.
Da naht die Schuld dem schönen Thale,
Ersieht das Kind, ein edler Fund!
Und weh', des Giftzahns grause Male
Drückt sie auf seinen Rosenmund.
O! hegt das Kind mit Muttertreue,
Laßt seinem Bett' die Schuld nicht nahn!
Denn selbst die Thräne bitterer Reue
Erneuet nicht die Rosenbahn.

**) Das Original in: Von der Hagen's Minnesänger, 1. Thl. Leipz. 1839, S. 5. Die Uebersetzung von Böckh in: Bragur, ein litterarisches Magazin der deutschen und nordischen Vorzeit, herausg. v. Böckh und Gräter, 1. B. Leipz. 1791. S. 223.

Im ersten Gesange legt Thro seinem Sohne religiöse Räthsel vor, die von letzterem aufgelöst werden:

Thro. 1. Gott hat der Wunder mannichfalt:
Damit zeigt er einen Wald,
Der gedieh in vollem Lobesan*);
Zween Bäume traf man drinnen an;
Der Wipfel Höh man also pries,
Daß sie sich weit und breit ob allen Bäumen sehen ließ.

2. Als nun die Morgenzeit begann,
Da brach ein Balsamdüftchen an,
Daraus ein starkes Wehen ging,
Daß jeder Baum den Duft empfing:
Der eine wurde breit und grün,
Der andre faul und ausgedorrt; so wie das Düftchen wehte hin.

3. Der grüne und der dürre Baum,
Jeder giebt einem Böglein Raum;
So tönt im Wald all überall
Von jedem Reis der Böglein Schall;
Vom Dufte nehmen sie die Kraft.
Der dürre Baum nur und sein Vogel mit stetem Jammer sind behaft.

4. Damit hat uns ausgespäht,
Wie's um die beiden Bäume steht.
Auch that des weisen Mannes Mund
Des Walds, der Böglein Deutung kund.
Errathest du sie, Fridebrant,
Mit schlichtem Sinne, lieber Sohn, so ist mein Lehr wohl angewandt.

Fridebrant. 5. Da sprach der junge König weis:
Mein lieber Herr, gönnt mir den Preis.
Den grünen Baum will ich euch deuten.
Mit Recht blüht er im Schmuck der Freuden;
Er deutet einen Priester an,
Der würdig Gott empfäht, weil er nie eine Hauptsünd hat gethan.

6. Vor Schaam wird mir die Wange roth;
Wenn ich das heilge Himmelsbrod
Vergleiche mit des Balsams Ziel**),
Da mag ich, Laie, wohl zu viel.
Denn wenn der Priester Messe hält,
Kömmt Gottes Gnad wie Balsamduft; Brod wird mit Fleisch und
 Blut vermählt.

---

*) D. i. in voller Pracht.
**) D. i. worauf der Balsam in dem Gleichnisse in der zweiten Strophe zielt.

7. Fragt ihr, wie's um den dürren steht:
Der Afterpriester auch empfäht
Den süßen Gott; doch wirft der Thor
Sich selbst den spitz'gen Angel vor;
Er hat mit Juda gleiche Pein.
Der falsche Priester ist der Baum, und seine Seel das Vögelein.

8. Die Christenheit ist mir der Wald,
Ihr Seel ich für die Vöglein halt,
Wenn sie bei Afterpriestern stehn,
Und doch auf Gott im Glauben sehn,
Wie er sich birget in ein Brod.
Mit Recht ihr' Vögel singen müssen: ihr Seel' entgeht der Höllen Noth!

9. Ihr Laienfrauen, wo ihr steht,
Und auf zu Gott festgläubig seht,
Der Afterpriester schad't euch nicht,
Soviel man Schändliches von ihm spricht;
Er selbst tritt sich in Jappes Stift*);
Wenn er den süßen Gott empfäht, verschlingt er Vippern-Nattern-Gift.

10. Welch Priester würdig Gott empfäht,
Vor seiner Pfarr-Gemein hergeht,
Der ist für sie ein Himmelreich;
Nichts kömmt an Würde beiden gleich.
Sie singen alle: Wohl uns dein!
Du hältst uns in so treuer Hut, daß wir entfliehn der Höllenpein.

11. Trag ich die Krone auf dem Haupt;
Der Vorgang Priestern sei erlaubt,
Den Rang hat ihnen Gott gegeben.
Zwar schwächen sie ihr eignes Leben
Mit Geiz und mit unrechten Sitten,
Und füllen selbst mit dem sich an, was sie den Laien scharf verbieten.

12. Doch alle Priester sind nicht so.
Zeigt sich ein reiner irgendwo,
Deß Stimme lehrt uns Gottes Wort,
Er ist ein wahrer Himmelshort:

---

*) D. i. Spitze, Stachel, und ein Wurfeisen, das man zur Falle legt. Was Jappe andeuten soll, läßt sich schwer errathen; vielleicht ist es der Name entweder eines Verfertigers oder Legers solcher Falleisen, oder der Name eines, der in ein solches Falleisen getreten und sich dadurch verletzt hat. Eigentlich will es so viel sagen als: „er verletzt sich selbst", wie oben in der siebenten Strophe: „der Thor wirft sich selbst den spitzigen Angel vor", d. h. der Thor läuft selbst in den Angel, er verletzt sich selbst.

Dem Sünden-See zum Damm ist Er.
Nun lohn dir Gott, viel lieber Sohn; weißt du soviel, so weißt
du mehr*).

13. Euch römschen Pabste hochgenannt
Der edle König Fribebrant
Legt dieses heilge Gleichniß vor,
Dem römschen Vogt, vom Fürsten-Chor
Erwählt; was krumme Stäbe trägt
Und wem man eine Platte scheert, sei dieses Beispiel vorgelegt**).

Tyro. 14. Dem Daniel Wunders mehr geschah,
Ein starkes Mühlenwerk er sah,
Das lag an einem Flusse tief;
Der untre Stein sehr stark umlief,
Der obre konnte stille liegen:
Was mit der Mühle sich begab, das wär mir leid, blieb dir's
verschwiegen.

15. Am Mühlenwerke geht ein Rad,
Das zwei und fletzig Kämme hat,
Die sind von mannigfaltger Art;
Der Einen man daran gewahrt,
Der ist vom Holze Aloe.
Nie reiner Holz auf Erden ward. Nun weißt's, wie's um das
Mühlwerk steh.

16. Dies Mühlenwerk besorgt ein Mann,
Der nahm nie Fleisch noch Beine an;
Der hatt ein Kind, das fuhr hinein,
Und drückt den untern Mühlenstein,
Da stund er still; und schnell begann
Durch eines kleinen Wassers Trieb der obre Stein zu laufen an.

17. Das Kind, das hatte Knappen zart,
Da der Oberstein kam an die Fahrt,
Sprach es: ihr sollet euch bewegen,
Des obern Steines wohl zu pflegen.
Will sich der untre wieder heben,
So drückt ihn, wie ich hab gethan; ich will dafür den Lohn euch
geben.

Fribebrant. 18. Herr, ihr habt sonderbaren Muth,
Daß ihr an mich die Frage thut.

---

*) Nach dieser Zeile wäre anzunehmen, daß jetzt König Tyro das Wort wieder genommen habe; allein nach dem Originale kommt Tyro erst in der vierzehnten Strophe wieder redend vor.

**) In dieser Strophe dedicirt Fribebrant seine Auslegung dem Pabste, den Bischöfen und der ganzen Klerisei.

Mehr wüßte ich vom Ritterspiel,
Wo jener siegte, dieser fiel;
Wo Splitter aus den Helmen klangen,
Von Schwertern über die Schilde her, darunter sich die Helden
    schwangen.

19. Doch wollt ihr dessen nicht entbehren,
So will ich euch die Müh' erklären:
Der alte Bund*) ist der untre Stein,
Der stellt sich forthin nicht mehr ein.
Den hat der Jungfrau Sohn**) verdrungen,
Der obre Stein, der ist die Tauf, mit der der neue Bund ent-
    sprungen.

20. Wie's mit den Kämmen sich verhält,
Wißt, zwoundsiebzig Sprachen hat die Welt.
Der Eine Kamm am Mühlenrad,
Der so besondre Schönheit hat,
Ist die Jungfrau, von Jesse her geboren***),
Die Gott, der Herr der Welt, zur Mutter hat erkoren.

21. Die Knappen, die der Mühle pflegen,
Das sind die Priester, die den Segen
Erheben zu der Taufe Ziel;
Den Pfaffen, ich sag nicht zu viel,
Macht's Gott zur Pflicht auf ihren Eid,
Unglauben daß sie unterdrückten, und förderten die Christenheit.

22. Wollt ihr dann wissen um den Mann,
Der niemals Fleisch noch Bein nahm an,
Deß Rumpf trug einer Jungfrau Leib;
Die Juden sagen, sie wär' ein Weib.
Daniel beschwur es: Ganz gewiß
Geht's ihrem Irrwahn, wie's erging dem Adam mit dem Apfelbiß.

23. Der Strafe peinigt sie noch viel,
Gott für uns nicht mehr sterben will,
Sein Tod vertilgte ganz den Zorn.
Er sprach: Wer künftig wird geboren,
Der nehme an der Taufe Theil,
Und folge nur der Klerisei; ich sterbe nicht mehr für euer Heil†).

---

*) D. i. das alte Testament.
**) D. i. Jesus, der Sohn der Jungfrau Maria.
***) Maria war aus dem Stamme Davids, und Davids Vater hieß Jesse.
†) Damit soll die Klage der Juden über die Strafe ausgesprochen sein, die noch auf ihnen liegt, wegen der Aeußerung Jesus, daß, wer sich nicht taufen lasse, keinen Theil an der Gnade Gottes habe, und daß Gottes Sohn nicht mehr für sie sterben würde.

24. Da Gott der Welt entnommen war,
   Empfahl er uns der Priester Schaar.
   Mit Ehrfurcht nenn ich euch mit Namen!
   Und darf sich wohl ein König schamen,
   Daß er sein edles Haupt euch beugt,
   Und gegen Euch, bei meiner Treu! die Krone und den Scepter
   neigt? —

Der zweite Gesang enthält nun die Lehren, die Tyro seinem Sohne, den er nun mit den ihm aufgegebenen religiösen Räthseln geprüft hat, ertheilt, und den wir hier, da er selbst nichts mehr auf das Räthsel Bezügliches enthält, umgehen können.

§ 29. Die altenglische Ballade von Thomas Percy unter dem Titel: „King John and the Abbot of Canterbury*)" hat zum Hauptthema eine Aufgabe von Räthseln; wir lassen sie hier folgen:

An ancient story I'll tell you anon
Of a notable prince, that was called King John;
And he ruled England with main and with might,
For he did great wrong, and maintain'd little right.
And I'll tell you a story, a storry so merry,
Concerning the Abbot of Canterbury;
How for his house-keeping, and high renown,
They rode post for him to fair London town.
An hundred men, the King did hear say,
The abbot kept in his house every day;
And fifty gold chains, without any doubt,
In velvet coats waited the abbot about.
"How now, father abbot, I hear it of thee,
Thou keepest a far better house than me,
And for thy house-keeping and high renown,
I fear thou work'st treason against my crown."
"'My liege', quo' the abbot, I would it were known,
I never spend nothing, but what is my own;
And I trust, your grace will do me no dear,
For spending of my own true-gotten gear.'"
"Yes, yes, father abbot, thy fault it is high,
And now for the same thou needest must die;
For except thou canst answer me questions
Thy head shall be smitten from the body.
And first', quo' the King, when I'm in this stead,
With my crown of gold so fair on my head,

---

*) Die neueste Mittheilung steht in Herrig's Handb. der englischen National-literatur (auch unter dem Titel: the british classical authors, by Herrig) Braunschweig. 1850, S. 397.

Among all my liege-men so noble of birth,
Thou must tell me to one penny what I am worth
Secondly, tell me, without any doubt,
How soon I may ride the whole world about*);
And at the third question thou must not
But tell me here truly what I do think."
"'O, these are hard questions for my shallow wit,
Nor I cannot answer your grace as yet:
But if you will give me but three weeks space,
I'll do my endeavour to answer your grace.'"
"Now three weeks space to thee will I give,
And that is the longest time thou hast to live;
For if thou dost not answer my questions
Thy lands and thy livings are forfeit to me."
Away rode the abbot all sad at that word,
And he rode to Cambridge and Oxenford;
But never a doctor there was so wise,
That could with his learning an answer devise.
Then home rode the abbot of comfort so cold,
And he met his shepherd a going to fold:
"How now, my lord abbot, you are welcome home;
What news do you bring us from good King John?"
"'Sad news, sad news, Shepherd, I must give;
That I have but three days more to live:
For if I do not answer him questions three,
My head will be smitten from my body.
The first is to tell him there in that stead,
With his crown of gold so fair on his head,
Among all his liege-men so noble of birth,
To within one penny of what he is worth.
The second, to tell him, without any doubt,
How soon he may ride this whole world about:
And the third question I must not shrink,
But tell him there truly what he does think.'"
"Now cheer up, sir abbot, did you never hear yet,
That a fool he may learn a wise man wit?
Lend me horses, and serving-men, and your apparel,
And I'll ride to London to answer your quarrel.
Nay frown not, if it hath been told unto me,
I am like your lordship, as ever may be:
And if you will but lend me your gown,
There is none shall know us in fair London town."
"'Now horses, and serving-men thou shalt have,
With sumptuous array most gallant and brave,

---

*) S. das 20. Räthsel in §. 89.

With crozier, and mitre, and rochet, and cope,
Fit to appear fore our father the pope.""
"Now welcome, sir abbot, the King he did say,
Tis well thou'rt come back to keep thy day;
For an if thou canst answer my questions three,
Thy life and thy living both saved shall be.
And first, when thou seest me here in this stead,
With my crown of gold so fair on my head,
Among all my liege-men so noble of birth,
Tell me to one penny what I am worth."
"""For thirty pence our Saviour was sold
Among the false Jews, as I have been told:
And twenty-nine is the worth of thee,
For I think, thou art one penny worser than he."""
The King he laughed, and swore by St. Bittel,
"I did not think I had been worth so little!
Now secondly tell me, without any doubt,
How soon I may ride this whole world about."
"""You must rise with the sun, and ride with the same,
Until the next morning he riseth again;
And then your grace need not make any doubt,
But in twenty-four hours you'll ride it about."""
The King he laughed, and swore by St. John,
"I did not think, il could be done so soon!
Now from the third question thou must not shrink,
But tell me truly what I do think."
"""Yea, that shall I do, and make your grace merry:
You think, I'm the abbot of Canterbury;
But I'm his poor shepherd, as plain you may see,
That am come to beg pardon for him and for me."""
The King he laughed and swore by the mass,
"I'll make thee lord abbot this day in his place."
"""Now nay, my liege, be not in such speed,
For alack I can neither write, nor read."""
"Four nobles a week, then I will give thee,
For this merry jest thou hast shown unto me;
And tell the old abbot when thou comest home,
Thou hast brought him a pardon from good King John."

Bürger hat diese Ballade in seiner „der Kaiser und der Abt" vollständig nachgebildet*), die des Vergleiches halber auch hier Platz finden soll:

Ich will euch erzählen ein Mährchen, gar schnurrig:
Es war 'mal ein Kaiser; der Kaiser war kurrig;

---

*) Göttinger Musenalmanach für 1785, S. 177.

Auch war 'mal ein Abt, ein gar stattlicher Herr;
Nur Schade! sein Schäfer war klüger als Er.
Dem Kaiser ward's sauer in Hitz' und in Kälte:
Oft schlief er bepanzert im Kriegesgezelte;
Oft hatt' er kaum Wasser zu Schwarzbrot und Wurst,
Und öfter noch litt er gar Hunger und Durst.
Das Pfäfflein, das wußte sich besser zu hegen,
Und weidlich am Tisch und im Bette zu pflegen;
Wie Vollmond glänzte sein feistes Gesicht,
Drei Männer umspannten den Schmerbauch ihm nicht.
Drob suchte der Kaiser am Pfäfflein oft Haber.
Einst ritt er mit reisigem Kriegesgeschwader
In brennender Hitze des Sommers vorbei.
Das Pfäfflein spazierte vor seiner Abtei.
„Ha, dachte der Kaiser, zur glücklichen Stunde!"
Und grüßte das Pfäfflein mit höhnischem Munde:
„Knecht Gottes, wie geht's dir? Mir däucht wohl ganz recht,
Das Beten und Fasten bekomme nicht schlecht.
Doch däucht mir daneben, euch plage viel Weile;
Ihr dankt mirs wohl, wenn ich euch Arbeit ertheile;
Man rühmet, ihr wäret der pfiffigste Mann,
Ihr hörtet das Gräschen fast wachsen, sagt man.
So geb ich denn euren zwei tüchtigen Backen
Zur Kurzweil drei artige Nüsse zu knacken.
Drei Monden von nun an bestimm' ich zur Zeit,
Dann will ich auf diese drei Räthseln Bescheid.
Zum ersten: Wann hoch ich im fürstlichen Rathe
Zu Throne mich zeige im Kaiser-Ornate,
Dann sollt ihr mir sagen, ein treuer Wardein,
Wie viel ich wohl werth bis zum Heller mag sein?
Zum Zweiten sollt ihr mir berechnen und sagen:
Wie bald ich zu Rosse die Welt mag umjagen?
Um keine Minute zu wenig und viel!
Ich weiß, der Bescheid darauf ist euch nur Spiel.
Zum Dritten noch sollst du, o Preis der Prälaten,
Aufs Härchen mir meine Gedanken errathen;
Die will ich dann treulich bekennen: allein
Es soll auch kein Titelchen Wahres dran sein.
Und könnt ihr mir diese drei Räthsel nicht lösen,
So seid ihr die längste Zeit Abt hier gewesen;
So laß ich euch führen zu Esel durchs Land,
Verkehrt, statt des Zaumes den Schwanz in der Hand." —
Drauf trabte der Kaiser mit Lachen von hinnen.
Das Pfäfflein zerriß und zersplitz sich mit Sinnen.
Kein armer Verbrecher fühlt mehr Schwulität,

Der vor dem hochnothpeinlichen Halsgericht steht.
Er schickte nach ein, zwei, drei, vier Universitäten,
Er fragte bei ein, zwei, drei, vier Fakultäten,
Er zahlte Gebühren und Sporteln vollauf:
Doch löste kein Doctor die Räthseln ihm auf.
Schnell wuchsen, bei herzlichem Zagen und Pochen
Die Stunden zu Tagen, die Tage zu Wochen,
Die Wochen zu Monden; schon kam der Termin!
Ihm wards vor den Augen bald gelb und bald grün.
Nun sucht er, ein bleicher hohlwangiger Werther,
In Wäldern und Feldern die einsamsten Oerter;
Da traf ihn, auf selten betretener Bahn,
Hans Bendix, sein Schäfer, am Felsenhang an.
„Herr Abt, sprach Hans Bendix, was mögt ihr euch grämen?
Ihr schwindet ja wahrlich dahin, wie ein Schemen;
Maria und Joseph! wie hohelt ihr ein!
Mein Sirchen! es muß euch was angethan sein."
„„Ach, guter Hans Bendix, so muß sichs wohl schicken:
Der Kaiser will gern mir am Zeuge was flicken,
Und hat mir drei Nüff' auf die Zähne gepackt,
Die schwerlich Beelzebub selber wohl knackt.
Zum Ersten: wann hoch er, im fürstlichen Rathe,
Zu Throne sich zeiget, im Kaiser-Ornate,
Dann soll ich ihm sagen: ein treuer Warbein,
Wie viel er wohl werth bis zum Heller mag sein.
Zum Zweiten soll ich ihm berechnen und sagen:
Wie bald er zu Rosse die Welt mag umjagen,
Um keine Minute zu wenig und viel;
Er meint, der Bescheid darauf wäre nur Spiel.
Zum Dritten, ich Aermster von allen Prälaten,
Soll ich ihm gar seine Gedanken errathen:
Die will er mir treulich bekennen; allein
Es soll auch kein Titelchen Wahres dran sein.
Und kann ich ihm diese drei Räthsel nicht lösen,
So bin ich die längste Zeit Abt hier gewesen;
So läßt er mich führen zu Esel durchs Land,
Verkehrt, statt des Zaumes den Schwanz in der Hand.""
„Nichts weiter? erwiedert Hans Bendix mit Lachen,
Herr, gebt euch zufrieden, das will ich schon machen;
Nur borgt mir eur Käppchen, eur Kreuzchen und Kleid,
So will ich schon geben den rechten Bescheid.
Versteh ich gleich nichts von lateinischen Brocken,
So weiß ich den Hund doch vom Ofen zu locken;
Was ihr euch, Gelehrte, für Geld nicht erwerbt,
Das hab ich von meiner Frau Mutter geerbt."

Da sprang, wie ein Böcklein, der Abt vor Behagen.
Mit Käppchen und Kränzchen, mit Mantel und Kragen
Wird stattlich Hans Bendix zum Abte geschmückt,
Und hurtig zum Kaiser nach Hofe geschickt.
Hier thronte der Kaiser im fürstlichen Rathe,
Hoch prangt er, mit Zepter und Kron' im Ornate:
„Nun sagt mir, Herr Abt, als ein treuer Wardein,
Wie viel ich itzt werth bis zum Heller mag sein?"
„„Für dreißig Reichsgulden ward Christus verschachert;
Drum gäb ich, so sehr ihr auch pochert und prachert,
Für euch keinen Deut mehr als zwanzig und neun,
Denn Einen müßt ihr doch wohl minder werth sein.""
„Hm, sagte der Kaiser, der Grund läßt sich hören,
Und mag den durchlauchtigen Stolz wohl belehren;
Nie hätt ich, bei meiner hochfürstlichen Ehr,
Geglaubet, daß so spottwohlfeil ich wär.
Nun aber sollst du mir berechnen und sagen:
Wie bald ich zu Rosse die Welt mag umjagen,
Um keine Minute zu wenig und viel,
Ist dir der Bescheid darauf auch nur ein Spiel?"
„„Herr, wenn mit der Sonn' ihr früh sattelt und reitet,
Und stets sie in einerlei Tempo begleitet,
So setz ich mein Kreuz und mein Käppchen daran,
In zweimal zwölf Stunden ist Alles gethan.""
„Ha, lachte der Kaiser, vortrefflicher Haber!
Ihr füttert die Pferde mit Wenn und mit Aber;
Der Mann, der das Wenn und das Aber erdacht,
Hat sicher aus Häckerling Gold schon gemacht.
Nun aber zum Dritten, nun nimm dich zusammen,
Sonst muß ich dich dennoch zum Esel verdammen,
Was denk' ich, das falsch ist? das bringe heraus,
Nur bleib mir mit Wenn und mit Aber zu Haus."
„„Ihr denket, ich sei der Herr Abt von St. Gallen;
Ganz recht, und das kann von der Wahrheit nicht fallen.
Seht, Dieser, Herr Kaiser, euch trügt euer Sinn,
Denn, wißt, daß ich Bendix, sein Schäfer, nur bin.""
„Was Henker! du bist nicht der Abt von St. Gallen?
Rief hurtig, als wär' er vom Himmel gefallen,
Der Kaiser mit größtem Erstaunen darein;
Wohlan denn, so sollst du ihn nun an es sein;
Ich will dich belohnen mit Ring und mit Stabe,
Dein Vorfahr bekleide den Esel und trabe,
Und lerne fortan erst quid Juris verstehn,
Denn wenn man sein Latein, so muß man auch gehn."
„„Mit Gunsten, Herr Kaiser, das laßt nur hübsch bleiben,

Ich kann ja nicht lesen, noch rechnen und schreiben,
Auch weiß ich kein einziges Wörtchen Latein;
Was Hänschen versäumet, holt Hans nicht mehr ein.""
„Ach, guter Hans Bendix, das ist ja recht Schade,
Erbitte demnach dir eine andere Gnade;
Sehr hat mich ergetzet dein lustiger Schwank,
Drum soll dich auch wieder ergetzen mein Dank."
„"Herr Kaiser, groß hab ich so eben nichts nöthig:
Doch, seid ihr im Ernst mir zu Gnaden erbötig,
So will ich mir bitten, zum ehrlichen Lohn,
Für meinen hochwürdigen Herren Pardon.""
„Ha bravo, du trägst, wie ich merke, Geselle,
Das Herz wie den Kopf auf der richtigen Stelle,
Drum sei der Pardon ihm in Gnaden gewährt,
Und obendrein dir ein Panis-Brief beschert:
Wir lassen dem Abt von St. Gallen entbieten:
Hans Bendix soll ihm nicht die Schafe mehr hüten,
Der Abt soll sein pflegen, nach unserm Gebot,
Umsonst bis an seinen sanftseligen Tod."

§ 30. Den Stoff zu diesen eben erwähnten beiden Balladen von Percy und Bürger finden wir schon in folgenden drei älteren Schriften, nämlich 1. in einem Fastnachtspiele, wahrscheinlich von Hans Folz, 2. in Pauly's Schimpf und Ernst und 3. in dem Esopus von Waldis, in welchen gleichfalls ein Abt die ihm aufgegebenen Räthsel nicht errathen kann, und die statt seiner von einem Müller und einem Schweinehirten aufgelöst werden.

1. Das Fastnachtspiel, wahrscheinlich von Hans Folz, aus der zweiten Hälfte des fünfzehnten Jahrhunderts, ist betitelt: „ein Spil von einem Keiser und eim Apt." Adelbert Keller hat es aus einer Papierhandschrift der Bibliothek zu Wolfenbüttel herausgegeben*). — Der Kaiser ist von seinen Räthen, unter denen sich der Abt befindet, umgeben, und verlangt von ihnen einen Rath, wie dem überhandnehmenden Rauben und Morden abzustellen sei. Der Abt aber vermag keinen Rath zu ertheilen, und wird auch von den Andern angefeindet, wie denn der Herr von Meichssen sagt:

Der apt hât euch je wol gerâten
Zu gutem trank und feisten prâten.
Sô es nû zû den streichen gêt,
Sô secht ir wol, wie er dort stet
Und sorgt, wir reiten im ins fûter.

---

*) EIN SPIL VON EINEM KEISER UND EIM APT. Herausgegeben von Adelbert Keller. Tübingen 1850. 23 Seit. in II. 8. Meine Mittheilung ist aus dieser Schrift.

Nun giebt der Kaiser dem Abte drei Räthsel zu rathen auf:

    Drei sach müest ir uns räten schón:
    Das érst, wie vil wassers im mer sei,
    Und wem das geluck auf néchst wonet bei,
    Das dritt, was ein keiser wert wér,
    Was man solt fur in zalen ángevér.

Der Abt bittet sich acht Tage Bedenkzeit aus, fragt seinen Prior um Rath, der aber auch nicht die Aufgaben lösen kann, und den Müller empfiehlt, der als ein gewandter Kopf gewiß im Stande sei, die drei Räthsel zu beantworten. Der Müller wird zum Abte berufen, welcher ihm die drei Räthsel vorlegt, die der Müller vor dem Kaiser zu beantworten verspricht. Nun wird der Müller in die Kutte des Abtes gesteckt und vor den Kaiser gebracht, worauf sich folgendes Gespräch zwischen Beiden erhebt:

Der keiser.	Herr apt, herr apt, nû rátent an,
	Wie vil ist wassers in dem mer?
Der neu apt.	Das sag ich euch, genédiger herr,
	Das solt ir mir gelauben wol,
	Das mer ist neur drei küfen vol.
Der keiser.	Herr apt, sagt wie mag das gesein?
	Tet man all küfen darauz und drein,
	Só kunt man es umb ein tropfen nit sehen.
	Wie tort ir dann ein solches jehen,
	Des meres sei nuer drei küfen vol?
Der neu apt.	Des wil ich euch bescheiden wol.
	Wenn gróz genúc wéren die zuber,
	So belieb des mers nit ein tropf uber.
Der keiser.	Ir herrn, wie gefelt euch die sach?
	Was sol ich thůn, dan das ich lach?
	Mûz mich dar an benügen lân.
	Das ander můz er mich auch lássen verstàn,
	Was sei wir keiser an gelt wol wert
Der neu apt.	Herr, gilt der grosch heur als fert?
Der keiser.	Herr ápt, er gilt der pfennig siben.
Der neu apt.	Ich find in mein páchern geschriben,
	Das eur genáde gult vier groschen.
Der keiser.	Maint ir, wir sein als gar erloschen
	Oder wir sein auz taig gemacht?
Der neu apt.	Genédiger keiser, habt selbs acht!
	Cristus der ward umb dreissig geben,
	Ir gelt kaum achtundzweinzig darneben.
Der keiser.	Herr apt, herr apt, ich stráf euch nit.
	Nû rátend uns hie auch das dritt,
	Wer je das geluck am néchsten gewan.

Der neu apt.	Genêdiger keiser, sô hôrt an!
	Ich bin der herr, des gelauben habt!
	Vor was ich ein mutner, jez ein apt,
	Und kunt ich lesen, singen und schreiben,
	Man mûest mich lân im clôster bleiben.
Der keiser.	Nû tret zů uns, ir alter apt!
	Seit ir mit im gewechselt habt
	Und er fur euch die dinc erriet,
	Darumb solt ir eur lebtag niet
	Mêr apt sein und gebt im das regiment!
	Mulner, die schlussel nim in die hent
	Und nim von im weis und lêr!
Der neu apt.	Euren keiserlichen genâden dank ich sêr.
	Ich bit euch, erlaubt mir acht tag,
	Pis ich mein mül verkaufen mag,
	Das ich sag meiner mulnerin,
	Wie si nû sei ein eptissin,
	Und meinen tochtern und knaben.
	Das sie ein munch zů eim vater haben,
	Im klôster sei ich das hôchste haupt.
Der keiser.	Jâ, mulner, das sei dir erlaupt!
Der neu apt.	Ir edeln fursten und herrn, seit gewert,
	Wer fur mein klôster reit, gêt oder fert,
	Dem wil ich gûten willen beweisen
	Mit kost, mit fûter, nagel und eisen,
	Und tût mich darumb nit versmêhen,
	Das man mich ein mulner hât gesehen.

2. In Johannes Pauli's „Schimpf und Ernst*)" aus dem sechs=
zehnten Jahrhunderte findet sich unter der Aufschrift: „Ein Schmidt wird
Apt" folgende Erzählung:

Zur zeyt was ein Apt der hat einen Edelman zu einem Kastenvogt**).
Der Edelman was dem Apt nit holb vnd kunt doch kein vrsach wider jn
finden, beschickt den apt vnd sprach zu jm, Münch du solt mir drey fragen
verantworten in dreien tagen. Zu dem ersten soltu mir sagen, was du von
mir haltest. Zu dem andern, wo es mitten vff dem erbtrich sey. Zu dem
britten, wie weit glück vnd vnglück von einander sey. Verantwurtest du die

---

*) Der vollständige Titel ist: „Schimpf vnd Ernst heisset das Buch mit name
durchlaufft es der welt handlung mit ernstlichen vnd kurtzweiligen exempeln, para-
bolen vnd hystorien nützlich vnd gut zu besserung der menschen". Die erste Ausgabe
ist zu Straßburg 1522 erschienen. S. Jg. Hub's komische und humoristische Literatur der deutschen Prosaisten, 1 B. Nürnb. 1856.

**) Benennung eines Vogtes, Advokaten oder Schutzherrn eines Klosters oder
Stiftes, dessen besondere Pflicht darin bestand, den Kasten, d. i. die Einkünfte des
Klosters oder Stiftes zu schützen und zu vertheidigen.

drey fragen nit, so soltu kein apt mer sein. Der apt was traurig, vnd kam heym, vnd gieng auff das selb spacieren, vnd kam zu einem saw hirten, der sprach. Herr jr seind gar traurig, was brist euch? Der apt sprach, das mir anligt, da kanstu mir nit helfen. Der saw hirt sprach, wer weist es, sagen mirs. Der apt sagt es jm, die drey fragen muß ich verantwurten. Der hirt sprach, herr seind guter ding vnd frölich, die fragen will ich wol verantworten, wann der tag kompt, so legen mir ein kutten an. Der tag kam, vnd der apt mit seinem Bruder kam, oder er schicket jn dar in seinem namen. Der edelmann sprach, äptlin bistu hin? Ja iunker sprach der apt. Wolan was sagstu auff die erst frag, was haltestu von mir? Der apt sprach, iunker ich schetz euch für XXVIII pfenning. Der iunker sprach, nit besser? Der apt hirt sprach, nein. Der iunker sprach warumb? Der apt sprach, darumb. Christus ward für XXX pfenning geben, so achte ich den kaiser für XXIX pfenning vnd euch für XXVIII pfenning, das ist wol verantwurt. Auf die ander frag, wa ist es mitten auf dem erdtreich? Der apt sprach, mein gotshauß ist mitten off dem erdtreich, wöllen ir es nit glauben, so messen es auß. Auff die britt frag, wie weit ist glück und vnglück von einander? Der apt sprach, nit weiter dann ober nacht, wann gestern was ich ein sawhirt heut bin ich ein apt. Der iunker sprach: by meinem eyd, so mustu apt bleiben vnd blib auch also apt.

3. Der humoristische Fabeldichter Burcard Waldis hat in seinem Werke „Esopus*)" ein Gedicht „wie ein Sewhirt zum Apte wird" mitgetheilt, aus dem ich Folgendes entnehme**):

Da war ein Fürst im selben Landt
Dem stieß ein vnfall an die handt
Daß er bedorfft einr großen Summen
Doch wißt ers nit all zu bekummen
Wiewol ers weit zusamen schrabt***),
Er het im Land ein reichen Apt,
Der het gantz ruhig lang gehauset
Den langt er an vmb etlich tausent,
Des weigert sich der Münch zum theyl
Zeigt an den gbrechen vnd den seybl†),
Hoch allegiert des Klosters not,
Zum halben theyl sich doch erbot,
Da sprach der Fürst, hör was ich sag
Wil dir fürlegen etlich Frag,
So du mich kanst in dreien tagen
Wol berichten derselben fragen,

---
*) Esopus gantz new gemacht, durch Burcardum Walbis. Franks. 1548.
*) Die deutsche komische und humoristische Dichtung, von Ignaz Hub, 1 B. Nürnb. 1855, S. 123 u. f.
***) D. i. zusammen scharrt.
†) D. i. Fehler oder Mangel des Klosters.

Erlaß ich bir der bstimpten schulden
Für jede frage tausend gulden,
Erstlich sag mir on arge list
Wie weit hinauff ghen Himmel ist,
Zum andern sag mir auch gut rundt
Wie tieff da sey des Meeres grundt,
Auch wie viel küssen*) muß machen lassen
Das grosse Meer darinn zu fassen
Vnd diß soll sein das vierdte stück,
Wie weit vom vnglück sei das glück.
Nun war dem Fürsten wol bewust
Das doch der Apt (wiewol er sust
Reich war, vnd grosser Prelatur)
An weißheit war ein grober Bur
(Wie sie auch jetz zu vnsern zeiten
Künnen nur schlemmen, jagen, reiten)
Solch hohe frag nicht wurd auff lösen
Drumb wolt er jn also bebösen**),
Der Apt (wiewol ers thet nit gern)
Doch mußt zu gfallen seinem Herrn
Annemen die bstimpten rabtzol***)
Welch jm nit bhagten allzu wol,
Vnd machten jm ein groß beschwern
Wust sich derhalb auch nit zu kern†)
Bey seinen Brüdern suchen rath
Da war keiner in höherm grad,
Gelerter denn der Apt daselb
Zu seiner Axt fandt er kein Halb††),
Für grossem leydt ins Beldt spaciert
On gfehr wirdts gwar der Sewehirt,
Er kam vnd neigt sich gegen jm,
Sprach, gnediger Herr, wie ich vernim
Seit jr nit frölich wie jr pflegen
Sagt mir, woran ists euch gelegen,
Der Apt sprach, wenn ich dirs schon klagt
Danon lang schwatzet vnd viel sagt
So bistu doch der Mann zwar nit
Der mir köndt rathen etwan nit,
Wenn ich zu Cölln jetzt wer am Rhein

---

*) Eine Kufe, ein großes Faß.
**) D. i. betäuben, berücken, verwirrt machen.
***) D. i. Räthsel.
†) D. h. zu helfen; wußte nicht wohin er sich wenden sollte.
††) D. i. Stiel, Handhabe; er fand nichts was paßte.

Da die Magistri nostri*) sein
Tausent gülden ließ ichs mich kosten
Weyß aber jetzt kein solchen Posten,
Der mir die sach so baldt bestellt
Das vnglück für der Thür da helt
Wo ich morgen nit antwort breng
Werden mir alle löcher zeng,
Beschetzt**) werd vmb viel tausend Thaler
So wirb mein statt vnd herrschafft schmaler,
Derhalben mag ich jetzt wol trawren
Ich stieß den Kopff schier an die Mauren,
Der Sewhirt sprach, damit fahr schon***)
Wer weyß, ob ich euch helffen kan,
Da sprach der Apt, schweig du des nun
Solch ding ist nit von deinem thun,
Er sprach, Herr seit nit so verrucht†)
Was thet ein ding doch vnuersucht?
Bitt, wölt der demut euch erwegen
Mir etwas von der sach fürlegen,
Es sein wol ehe (ob ichs nit rieth)
Vergebens so viel wort verschütt,
Der Apt hub an, verzelt jms gar
Wies jm beim Fürsten gangen war,
Vnd wie die fragen warn gerüst††)
Drauff er gar nit z antworten wißt,
Er sprach, wenn jr mir folgen wolt
Der sorg jr baldt loß werden solt,
Vnd euch eins gringen vnderwinden
Ließt euch in meinen Kleidern finden,
Mich wider in die ewr verfaßt
So wolt ich morgen wie ein Apt
Bor dem Fürsten von ewrentwegen
Antwort geben, er solt sich segnen
Vnd solt leicht wenn jr das jetzt thetet
Etlich tausend damit erretten,
Vnd geben mir ein klein geschenck,
Da sprach der Apt, kum baldt und henck
Mein Kappen†††), laß ein blatten scher

---

*) Das sind auf den Akademien diejenigen, die auf der Akademie selbst, nicht anderswo Magister geworden sind.
**) D. h. geschätzt, mit der Auflage beschwert.
***) D. h. seid darum unbesorgt.
†) D. h. hartnäckig, widerspenstig.
††) D. h. eingerichtet, beschaffen.
†††) Kappe, ein Kleid sowohl über den Kopf als über den Leib; Mantel (die spanische capa, davon capilla und capote).

Friedreich, Gesch. d. Räthsels.

Vnd thu recht wie ein Apt gebern,
Vnd antwort, wie du weyßt zun sachen
Ich weyß jetzt besser nit zu machen,
Richtstus wol auß will dich begaben
Das du dein lebtag gnug solt haben,
Ich hab michs doch wol halb getröst
Vnd würd ich so durch dich erlöst,
Es wer fürwar ein grosses wunder,
Er sprach, folgt mir in dem jetzunder,
Wie ich gesagt hab also thut
Vnd habt derhalb ein guten muth.
Des morgens legt die Kappen an
Vnd trat her in des Apts person
Fürn Fürsten, das er antwort geb,
Sprach, gnediger Herr, das ich anheb
Wie mir ewr gnad hat auffgelegt,
Weil sich's denn jetzt also zutregt,
Die erst frag, die mir für gestellt
Sich der gestalt vnd massen helt,
Der Himmel ist nit (wie man meynt)
So hoch, wie er dafür vns scheint,
Ein kleine tagreyß, auch nit mehr,
Mit gmeynem spruch ich das bewer,
Da Christus seinen Jüngern schwur
Darnach hinauff zum Vater fuhr,
Gschahs vor Mittag am heilgen ort,
Denselben abent war er dort.
Das Meer dadurch lauffen die Schiff
Ist auch nit (wie man meint) so tieff
Das man sich drumb bekümmern darff
Ist nit mehr denn ein ebner Steinworff,
Vnd wie viel luffen oder Töpffen
Man dörfft, das Meer darin zu schöpffen,
Wo man ein het die groß gnug wer
So dörfft man sonst kein machen mehr.
Das vierdte stück merckt auch dabey
Wie weit glück von dem vnglück sey,
Das ist, wie ich mich hab bedacht
Nit weiter denn ein tag vnd nacht,
Recht*) mußt ich hintern Sewen traben
Jetzt bin ich zu eim Apt erhaben,
Vnd der Apt ist auß seinem Orden
Kummen vnd zu eim Sewhirt worden,

---

*) D. h. gestern Abends.

> So kurtz sich das glückradt vmbwendt.
> Der Fürst bald mercket all' vmbstendt
> Vhagt jm wol des Gesellen red
> Das er so weißlich gantwort het,
> Vnd sprach, für dein geschicklichkeit
> Soltu bey all der herrligkeit
> Dazu bey all den gütern bleiben
> Vnd laß den Münch die Sew heim treiben.

§ 31. Als Thema eines Lustspiels hat Contessa das Räthsel benützt, und im Jahre 1805 ein kleines Lustspiel unter dem Titel „das Räthsel" herausgegeben. Es spielen drei Personen: Elise, Karl und dessen Oheim. Elise und Karl sind Verlobte, aber auch der Oheim ist in Elise verliebt. Nun erhält Karl von seinem Freunde Wilhelm einen Brief mit einem Räthsel zugeschickt, welches Elise, welche sich gerne und mit Glück mit Aufgeben und Lösen von Räthseln abgibt, auflösen soll; die Auflösung des Räthsels ist in einem versiegelten Zettel beigelegt, mit der Bedingung, daß derselbe nicht eher geöffnet werden darf, als bis Wilhelm, der auf den folgenden Tag dem Onkel einen Besuch zugesagt hat, selbst angekommen sei. Elise, aus Besorgniß, das Räthsel bis zur Ankunft Wilhelms vielleicht nicht gelöst zu haben und so an ihrem Ruhme als scharfsinnige Räthsellöserin zu verlieren, verlangt von Karl den verschlossenen Zettel, welcher sich aber fest an die von Wilhelm gemachte Bedingung hält, und ihn nicht hergibt, wodurch Elise sich sehr gekränkt fühlt, an Karl's Liebe zweifelt und mit ihm schmollt. Da muß nun der Oheim den Vermittler zwischen Beiden machen, und, als er Elise mit Karl auszusöhnen sucht, ergibt sich das komische Mißverständniß, daß er, der bei dieser Gelegenheit Elisen einen verblümten Liebesantrag macht, glaubt, in Elisens Aeußerungen, die sich natürlich nur auf Karl bezogen, Erhörung seines Antrages zu finden. Da erscheint Karl, der Oheim theilt ihm sein Glück mit, Karl kann ihn nicht begreifen, auch Elise erkennt ein Mißverständniß an, und der Onkel fühlt sich beschämt; an dieser Verwirrung trägt das Räthsel Schuld und es wird beschlossen, den Zettel zu öffnen, in welchem steht: „das Räthsel ist das Weib." Das Räthsel hieß so:

> Den höchsten Reiz, das süßeste Vergnügen
> Mit Einer Silbe hast du sie genannt,
> Es ist gemacht, um überall zu siegen,
> Doch unbewehrt, den Palmzweig in der Hand.
> Das Schönste, was des Künstlers Phantasie
> Sich je erflog auf ihren kühnsten Flügeln,
> Es mußte sich in seine Formen schmiegen,

Und es entzückt das Auge nur durch sie.
Und eine Blume reicht es dir allein,
Aus Himmelsgärten trug ein Gott sie nieder;
Im dunklen Thal erwachsen süße Lieder,
Vom Himmel schaute Morgenroth herein.
Dein Führer durch der Kindheit Dämm'rungsauen,
Begleiter in der Jugend goldnem Licht,
Und dich erquickend, wenn der Mittag sticht,
Kann dir's allein den Erdenhimmel bauen.
Doch ist, wenn wir den bösen Zungen trauen,
Der Himmel auch ohn' Ungewitter nicht.

IV.

§ 32. Da das Aufgeben und Lösen von Räthseln einen bestimmten Grad von Wissen, von Verstand und Scharfsinn voraussetzt, so erscheint das Räthsel nicht allein als ein Sinnbild der Weisheit selbst, und ist auch selbstbelehrend, sondern es kann auch dazu dienen, um die geistigen Fähigkeiten eines Andern zu prüfen.

§ 33. Als **Sinnbild der Weisheit** erscheint das Räthsel in der griechischen Mythe von der **Sphynx** (auch Phix genannt), welche Folgendes erzählt*). Here, die Gemahlin des Zeus, über die Thebaner erzürnt, hatte ihnen die verderbenbringende Sphynx als Strafe zugesendet, ein Ungeheuer mit einem Mädchenkopfe, weiblichen Brüsten, dem Körper eines Löwen oder einer Hündin, mit einem Drachenschwanze und Flügeln**),

---

*) Es ist hier nicht der Ort diese Mythe ausführlich darzustellen; zu unserem Zwecke genügt das Angegebene. Wer Mehreres über die Sphynx und die mit ihr verbundene Oedipussage lesen will, wird auf folgende Schriften verwiesen: Pauly, Realencyclopädie der klassisch. Alterthumswissensch. VI. B. S. 1377, V. Bb. S. 873, woselbst auch die hierher gehörige alte Literatur angegeben ist. Richter, Phantasien des Alterthums, I. Thl. Dessau 1808, S. 193. Schwenk, Mythologie der Griechen, Frankf. 1843. S. 532. Meine Realien in der Iliade und Odyssee, 2. Aufl. Erlang. 1856, S. 485. Nork, etymologisch-symbolisch-mythologisches Realwörterb. IV. Bd. Stuttg. 1845, S. 305.

**) Es gab auch noch andere Zusammensetzungen: vorne ein Löwe, hinten ein Mensch, mit Greifsklauen und Adlersflügeln. Auf einer Münze des Kaisers Hadrian sieht man die Sphynx mit weiblichen Brüsten vorne, und mit Thierbrüsten unter dem Bauche, sitzend, mit dem Vorderfuße ein Rad haltend, und auf dem Kopfe ein Kornmaaß tragend.

welches mit menschlicher Stimme redete, seinen Aufenthalt auf einem Berge bei Theben hatte, den Vorübergehenden ein Räthsel vorlegte*), und den, der es nicht lösen konnte, tödtete. Dieses Räthsel, welches sie aufgab, hieß:

„Welches Thier geht Morgens auf vier, Mittags auf zwei, und Abends auf drei Füßen."

Niemand konnte dieses Räthsel lösen, und da bereits schon mehrere Thebaner von der Sphynx getödtet worden waren, so setzte König Kreon, als auch sein Sohn Hämon ein Opfer der Sphynx geworden, Herrschaft und Hand seiner Schwester Jokaste auf die Lösung. Da erschien Oedipus und löste das Räthsel**) folgendermaßen:

„Es ist der Mensch, der als Kind auf Händen und Füßen kriecht, als Mann gerade auf zwei Füßen geht, und als Greis den stützenden Stab zu Hülfe nehmen muß."

So wie das Räthsel gelöst war, stürzte sich die Sphynx vom Berge herab, war todt***), Theben war von diesem Ungeheuer für immer befreit, und Oedipus erhielt das Reich und die Jokaste zur Gemahlin. — Erwähnenswerth dürfte noch sein, daß diese Sphynxsage öfters von der Kunst bildlich dargestellt ist †), wobei wir aber wohl unterscheiden müssen, ob sich die Kunstdarstellung auf die Zusammenkunft des Oedipus mit der Sphynx, oder darauf bezieht, wie die Sphynx die Thebaner, welche das

---

*) Daher das Sprichwort Βοιωτικα αινιγματα, worunter man dunkle, unverständliche Reden verstand.
**) Daher wird Oedipus sprichwortweise von einem Manne gesagt, der schwierige Aufgaben enträthseln kann; so heißt es bei Plautus Poen. I, 3, 34:
   Nam isti quidem, hercle orationi Oedipo
   Opus est conjectore, qui Sphingi interpres fuit.
Bei Terentius Andr. I, 2, 24 sagt der Sclave Davus zu seinem Herrn: „non intellego, Davus sum non Oedipus", d. h. ich bin viel zu einfältig als daß ich den Sinn dieser dunklen Rede errathen könnte. Prof. Taubmann in Wittenberg hat in Reusner's aenigmatographia (von welcher § 93 die Rede ist) Folgendes an den Verf. gerichtet:
   „Tunc etiam gryphos et caeca aenigmata vulgas?
   At quotus haec quisque est qui legat aut capiat?
   Namque opus his non lector homo, sed Apollo tenebris,
   Aut quibus abstrusas prodit Apollo notas.
   Qui lubet, vel Sphinx, vel Apollo vel Oedipus esto:
   In me Taubmanni simplicitasque Davi est."
***) Wenn ein Räthsel aufgelöst ist, so hört es auf ein Räthsel zu sein, es ist als solches getödtet.
†) Jahn hat in seinen archäologischen Beiträgen, Berl. 1847, S. 112 diese Darstellungen beschrieben. Auch bei Millin, mythologische Gallerie, Taf. 137, Nr. 504. Taf. 138, Nr. 505. Taf. 142, Nr. 502. 503 befinden sich hierher gehörige Abbildungen nach alten geschnittenen Steinen.

Räthsel nicht lösen konnten, hinweggrafft. Jahn hat sich besonders bemüht, diesen Unterschied festzustellen. Auf Oedipus werden am sichersten jene Kunstwerke bezogen, wo der auf einem Felsen, seltener auf einer Säule oder einem Altare sitzenden Sphynx ein ruhig stehender oder sitzender Mann gegenüber sich befindet, der durch Haltung und Geberde zu erkennen gibt, daß er das Räthsel zu errathen beschäftigt sei; Oedipus ist meistens jugendlich, nur einmal bärtig, bekleidet oder auch nackt dargestellt, gewöhnlich mit einer oder zwei Lanzen oder mit einer Keule bewaffnet, oder stützt sich auf einen Stab; er ist nicht immer allein, sondern zuweilen von einem Genossen begleitet. Zweifelhaft wird die Deutung auf Oedipus bei einem Vasenbilde, wo vor der Sphynx ein Jüngling sitzt, und außerdem auf der einen Seite zwei Epheben, auf der andern ein bärtiger Mann und ein Jüngling stehen, alle mit der Lösung des Räthsels beschäftigt, was sie theils durch stilles Nachsinnen, theils durch lebhafte Geberden kund thun; hier führt theils die zahlreiche Versammlung, theils der Umstand, daß die Sphynx dem vor ihr sitzenden Jünglinge die Klaue auf das Knie legt, zu der Ansicht, daß Thebaner vorgestellt sind, welche vergeblich das Räthsel zu lösen versuchen, ehe Oedipus zu ihnen kam; dieselbe Deutung gilt auch noch für andere vorhandene Kunstdarstellungen, wo die Sphynx einen Fuß nach den bei ihr stehenden Figuren entweder ausstreckt, oder ihn auf dieselben legt. Auf andern Kunstwerken sehen wir es zu einem Kampfe kommen: auf einem Vasenbilde sehen wir die Sphynx hinter einer Säule lauernd, mit erhobenem Fuße zum Ansprunge bereit, und auf einer Gemme, wie sie mit einem großen Satze auf einen Jüngling zuspringt, und sich an dessen vorgehaltenen Schild anklammert, er aber von Entsetzen ergriffen, kaum noch Kraft zu haben scheint das Schwert gegen sie zu gebrauchen. Auf einem Vasenbilde bekämpft ein Jüngling die vor ihm lauernde Sphynx mit einer Keule; diese Darstellung hat man mit Unrecht auf Oedipus bezogen, denn Oedipus besiegt die Sphynx nicht im Kampfe, sondern dadurch, daß er ihr Räthsel löst, und dies ist der charakteristische Zug der Sage: erst nachdem sie von ihm auf diese Weise besiegt worden ist, wie sie besiegt werden konnte, tödtet sie sich selbst oder bietet sich dem Oedipus zum Tode an, und so sehen wir auch den Oedipus auf Gemmen im Begriffe die Sphynx mit dem Schwerte zu tödten, aber hier ist keine Spur von einem Widerstande von ihrer Seite, nichts deutet auf einen vorausgegangenen Kampf, vielmehr gleicht die Handlung einem Opfer. Sieht man aber, wie der Kampf mit der Sphynx zum Verderben des mit ihr Kämpfenden ausgeht, so ist nicht zu zweifeln, daß nicht Oedipus, sondern thebanische

Jünglinge, die den Kampf mit ihr wagen, dargestellt sind. — Mehrfach hat sich noch das Räthsel der Sphynx verbreitet. Von dem Tragiker Asclepiades aus Tragilum in Thracien, wird ein aus sechs Büchern bestehendes, in Prosa geschriebenes Werk (τα τραγωδουμενα) angeführt, in welchem Alles, was auf die Dramen, deren Stoffe und Behandlung, die zu Grunde liegenden Mythen u. s. w. sich bezog, zusammengestellt ist, und in welchem sich auch das Räthsel der Sphynx folgendermaßen aufgezeichnet befindet*).

 Εστι διπου επι γης και τετραπον, ου μια φωνη,
 και τριπον, αλλασσει δε φυσιν μονον οσσ' επι γαιαν
 ερπετα γεινονται και κατ' αιθερα και κατα ποντον.
 αλλ' οποταν πλειστοισιν ερειδομενον ποσι βαινη,
 ενθα ταχος γυιοισιν αφαυροτατον πελει αυτου.

Schweighäuser hat es in seiner Ausgabe von Athenaeus so übertragen:

 Unum nomen habens quadrupesque bipesque tripesque
 naturam pariter mutato tempore mutat
 de maris et terrae coelique animantibus unum:
 mirarique licet, pedibus cum pluribus instat,
 tum magis atque magis celerandi amittere vires.

Es kommt auch folgende lateinische Uebersetzung vor:

 Est bipes, est quadrupes in terris (solaque vox huic)
 Atque tripes: mutat speciem solum, omnia campis
 Inter quae serpunt, quae coelo et fluctibus errant.
 Ast ubi contendit pedibus jam pluribus; illi
 Deficiunt vires et lentis robora nervis.

Gleich ist das deutsche Räthsel:

„was ist das, was zweifüßig, dreifüßig und vierfüßig ist, und die Gestalt allein von allen auf Erden, in Luft und Meer Wandelnden wechselt, und, wenn es sich mit den meisten Füßen auf die Erde stützt, am schwächsten ist."

In der § 98 erwähnten Räthselsammlung von Pincierus heißt es:

 Sum primum gradiendi impos, quadrupesque deinde,
 Tum bipes, inde tripes; gressus videt ultima meta
 Expertem, primus qualem quoque viderat ortus.

Pincierus setzt folgende „Solutio" bei:

 De homine hoc aenigma interpretare. Is enim cum primum ex uteri materni hospitio extrusus, lucis hujus usuram auspiciatur, gradiendi facultate prorsus destituitur. Postmodum paulo firmior factus, innititur ma-

---

 *) Athen. Deipsnos. X, 83. S. auch Brunck, analect. veter. poetar. graecor. T. III, p. 321.

nibus atque pedibus, quadrupedique similis incedit*). Mox erigit sese, et bipes gressum. Ingravescente aetate scipionis adminiculo pedes firmat, atque tum fit tripes. Tandem vel morbo vel extrema senectute, quae et ipsa morbus est, fractus, ad incessum prorsus redditur ineptus, qualis et in ipso ortu fuerat, atque tunc denuo fit quadrupes."

In einer alten deutschen Handschrift zu Karlsruhe fand Mone**) dasselbe Räthsel so:

> Wenn es an dem Morgen auf stät,
> vier füß es an im hat;
> so es mitten tag wirt,
> so sind im zwen füß bescheert;
> so die nacht her gat,
> uf brien füssen es stat.

Wollen wir nun die griechische Sphynxmythe deuten, so müssen wir uns vorerst die egyptische Sphynx vorführen. Kolossale Steinbilder, gewöhnlich aus Granit oder Porphyr, mit dem Gesichte und der Brust eines Weibes, im Uebrigen ein liegender Löwe, manchmal mit einem Bärtchen am Kinn, oder auch mit Widder= oder Sperberköpfen; solche phantastische Gebilde standen in Egypten am Eingange der Tempel, und wohl auch in denselben, als hätten sie die Wache in Beziehung auf Geheimdienst; man betrachtete sie im Allgemeinen als die mystischen Hüter und Schutzgeister der Tempel und als Symbole der Priesterweisheit. Bei den Egyptiern war also Sphynx das Sinnbild der Stärke mit Weisheit verbunden; die Griechen nun erhielten von den Egyptiern, wahrscheinlich durch die Phönizier, Begriff und Figur, nur wurde beides von den Griechen etwas modificirt; der Begriff der Stärke wurde mit der Grausamkeit vergesellschaftet, und die Weisheit wurde durch die Räthselsprache dargestellt. Nun gelangen wir zu den Sinn, welcher dem Räthsel der griechischen Sphynx zu Grunde liegt und den Lasaulx***) folgendermaßen entwickelt hat. „Daß Oedipus das Räthsel der Sphynx gelöst habe, heißt objective nichts anderes, als daß die in sich abgeschlossene und verschlossene Natur des egyptischen Wesens durch und in dem griechischen Geist aufgeschlossen sei. Es ist also in diesem Zuge des sinnreichen Mythus das Verhältniß des Griechenthums zu Egypten ausgedrückt. Das alte an Räthseln reiche Wunderland Egypten bildet im Zusammenhang der weltgeschichtlichen Bewegung der Menschheit,

---

*) Derselbe Ausdruck kommt bei Ovid, metam. XV, 3 vor:
 Editas in lucem jacuit sine viribus infans;
 Mox quadrupes, rituque tulit sua membra ferarum.
**) Anzeiger für Kunde der teutschen Vorzeit, Jahrg. 1838.
***) Ueber den Sinn der Oedipussage; Würzburg, 1841.

deren Ziel Freiheit ist, die nächste Vorstufe für Hellas. Das Griechenthum hat das egyptische Wesen zu seiner Vergangenheit; was dieses verschlossen in sich hatte, ist in jenem offenbar geworden, sowohl in Theologie, Philosophie und Kunst, als im Staatsleben. Das höchste Resultat der egyptischen Theologie ist in der berühmten Inschrift des verschleierten Bildes der Neith zu Sais ausgesprochen: „Ich bin was war, was ist, was sein wird, und meinen Schleier hat kein Sterblicher gelüftet; die Frucht aber, die ich gebar, ward Helios." Der lichte Gott der Hellenen dagegen, Apollon, begrüßte Jeden, der zu ihm kam, mit dem Spruche: „Mensch erkenne dich selbst", der im Pronaon des Delphischen Tempels in goldener Schrift gelesen wurde. Während dieses Fundamentalgebot echter Philosophie, γνῶθι σαυτον, den Griechen als Basis jeder Erkenntniß sowohl als Thatkraft galt; indem ein Leben ohne Selbsterforschung, wie Socrates lehrt, gar nicht gelebt zu werden verdiene, und nur die Selbsterkenntniß den Weg zur Vergötterung bahnt, wird uns von den Egyptern ausdrücklich bezeugt, daß ihre Philosophie größtentheils in Mythen und Sagen verhüllt war, die nur ein schwaches Abbild der Wahrheit durchblicken ließen, und daß ihre Theologie, wie auch die vor den Tempeln aufgestellten Sphynxe andeuten, nur räthselhafte Weisheit enthielt. In dem Räthsel der griechischen Sphynx wird aber deutlich als Inhalt desselben der Mensch ausgesprochen; was aber der Mensch sei, haben die Egyptier nicht hinreichend durchforscht, sondern erst die Griechen haben es erkannt. Sie waren ein echt menschliches Volk, menschlich aber mit allen Schwächen und Sünden des natürlichen Menschen, und die daraus hervorgehende Unseligkeit des Lebens hat kein Volk tiefer empfunden, als sie. Denn mitten durch die äußere Herrlichkeit und Freude des hellenischen Lebens zieht vom Anbeginn bis zum Untergang desselben ein tiefer Klagelaut: ihre größten Weisen und Dichter haben es wiederholt ausgesprochen, daß man keinen Sterblichen glücklich preisen solle vor seinem Ende*), und haben es bitter beklagt, daß er sterben müsse**).

---

*) Lasaulx, de mortis dominatu in veteres p. 51. Herodot I, 32.
**) Dies ist besonders bei Homer öfters ausgesprochen, und selbst von den tapfersten Helden wird es beklagt, daß der Mensch ein jammervolles und unbeständiges Geschöpf sei, Jl. XVII, 446. Odyss. XVIII, 130, und das Jammerloos, das ihm beschieden ist, liege vorzugsweise darin, daß er sterben müsse, und das sind die ὀιζυροι βροτοι (unglücklichen Sterblichen) Odyss. IV, 197. Jl. XIII, 569. Die Vergänglichkeit des Lebens wird Jl. VI, 146 mit den Blättern verglichen, die vom Baume fallen und vom Winde verweht werden. Daher wird vom Tode nur mit Unmuth und Furcht gesprochen, und eben so vom Aufenthaltsorte der Abgeschiedenen, dem Hades, und Achilles sagt Odyss. XI, 489, er wolle lieber bei einem Armen Knecht als König des Schattenreiches sein; selbst den olympischen Göttern erscheint, nach Jl. XX, 64 der Aufenthaltsort der Todten verhaßt.

§ 34. Das Räthsel kann belehren, und somit ein **didaktisches Räthsel** genannt werden, welches auch, wahrscheinlich seines größeren Umfanges wegen, unter dem Namen **Streckräthsel** vorkommt.

1. Das Erste ist eine Gegend der Welt, von welcher wir noch nicht recht wissen, ob und von wem sie bewohnt ist, und die noch niemals der Fuß eines Europäers betreten hat; gleichwohl verkauft man in Europa topographische Karten, die ungefähr die Hälfte desselben weit specieller darstellen, als die gewöhnlichen Karten europäischer Länder. Der Umstand, daß wir die Bewohner dieser Gegend nicht kennen, ist schon von mehreren Dichtern dazu benutzt worden, dieselbe mit den Geschöpfen ihrer Phantasie zu bevölkern. Der französische Hofpoet Alphonse de Lamartine hat sogar die dichterische Hypothese aufgestellt, daß daselbst gar keine wirklichen Wesen lebten, sondern bloß mögliche, und daß der liebe Gott dort gleichsam eine Plankammer, oder ein Kabinet von Zeichnungen solcher Geschöpfe angelegt habe, die er schaffen könnte, wenn er wollte. Der Flächeninhalt ist ziemlich sicheren Berechnungen nach so groß, daß, wenn Philipp der Zweite von Spanien König davon gewesen wäre, er mit noch weit mehr Rechte hätte sagen können: „die Sonne geht in meinem Staat nicht unter;" ja er hätte sogar hinzusetzen können: „und der Mond nicht auf." Bei den alten Römern war es der Name einer Gottheit, und auch die chinesischen Mongolen, die der Religion des Fo zugethan sind, scheinen es für eine Art von Gottheit zu halten; denn sie glauben, daß es die Macht habe, durch die verschiedenen Veränderungen seines Gesichtes die verschiedenen Lebensalter ihres Katuchta's oder unsterblichen Oberpriesters zu bestimmen, und dieselben zu Kindern, Jünglingen, Männern, Greisen, und dann wieder rückwärts zu Männern, Jünglingen und Kindern zu machen, woraus sich denn allerdings deren Unsterblichkeit leicht erklären lassen würde. Nach den Gesetzen der Optik oder Sehwissenschaft erscheinen uns bekanntlich die Gegenstände um so kleiner, je entfernter wir davon sind. Dieses Ding macht eine Ausnahme von der Regel: es läßt sich mathematisch beweisen, daß wir weiter davon sind, wenn es uns größer, und näher dabei, wenn es uns kleiner vorkommt. — Das Zweite. Ein Wild erzeugt im Walde das Zweite, und es wird nichts destoweniger im Stalle geboren. Widernatürlich ist diese Herkunft keineswegs, aber für illegitim könnte man sie halten; denn nach einem alten deutschen Gewohnheitsrechte wird es weder unter des Vaters noch unter der Mutter Namen in die Geburtslisten eingetragen, und muß sich dessen erst würdig machen durch die Erlangung der elterlichen Eigenschaften und Fähigkeiten. Sein eigner Name ist zwar an und für sich eben nicht zu poetischem Gebrauche geeignet; aber er hat doch die Eigenheit, daß er sich mit jedem Dinge in der Welt reimen läßt durch einen sehr einfachen rhetorischen Kunstgriff, welcher darin besteht, daß man partem pro toto, d. h. einen Theil für das Ganze setzt. Es liefert den Resonanzboden eines musikalischen Instrumentes, dessen Wirkung stärker ist, als die von Oberon's Horn, indem es die Leute zwingt, nicht nur nach fremder Pfeife zu tanzen, sondern auch unter dem fürchterlichsten Blitz-, Donner- und Hagelwetter gewissermaßen im Takte zu bleiben. Im Kriege

gebraucht man dies Instrument unter andern auch dazu, die Soldaten vor den ersten Wirkungen der feindlichen Kugeln zu schützen. Es liefert einen schmackhaften Braten in die Küche, aber ich halte es für abgeschmackt, ihn nach der von Jean Paul erfundenen, neuen Orthographie der Stamm-Wörter zu schreiben, die durch Weglassung des bindenden Halbvocales e alle Landsleute in Landleute zu verwandeln, und die Wassersnoth, d. i. die Ueberschwemmung, mit der Wassernoth, d. i. dem Wassermangel, zu verwechseln droht. Auf Schwein darfst du also nicht rathen, denn dessen Braten kann gar füglich ohne e geschrieben werden, wenn schon nicht ohne S. — Das Ganze. Vom Manne wird es erzeugt und vom Weibe geboren, und doch ist es kein Menschenkind und kein Thier, sondern eine Erscheinung in der Natur, welche ihren Namen erhalten zu haben scheint von einem Aberglauben, der dieselbe für eine Wirkung des Ersten hält. Also eine Ausgeburt der Phantasie? Ich glaube kaum, obschon es bildlich auch im Reiche der Dichtkunst vorkommt, besonders als Trauerspiel.

[Auflösung. Das Erste ist Mond. Die Mondkarten sind insoferne speciellar als die Erdlandkarten, inwiefern sie alle dem bewaffneten Auge unterscheidbaren Erhöhungen und Vertiefungen zeigen, und gleichsam ein Porträt der Mondoberfläche sind; aber nur von der Hälfte, weil der Mond uns immer die nämliche Seite zukehrt. De Lamartine schildert*) die Mondbewohner unter andern so:

> Sortis demi-formés des mains du Tout-Puissant,
> Ils tiennent à la fois de l'etre et du neant. —
> Mais ils sont aux regards de Dieu qui les fit naitre,
> L'image du possible et les ombres de l'être.
> Tous les êtres futurs, au neant arrachés,
> Apparoissent d'avance en leurs yeux ébauches.

Der Mond geht natürlich im Monde nie auf. Den erwähnten Aberglauben der Mongolen erzählt Timkowski**). Bei Auf- und Untergange sieht der Mond weit größer aus, als wenn er culminirt (durch den Meridian geht, vulgo: hoch am Himmel steht), er ist aber dem Beschauer auf der Erde im letzteren Falle ungefähr um den Halbmesser der Erde näher, als im ersteren; denn vom Erdcentrum steht er in beiden Fällen gleich weit ab, aber da der Beschauer um die Erdaxe sich drehet, so kommt er dem Monde bald mehr bald weniger nahe, und ist ihm nun desto näher, je näher der Mond dem Scheitelpunkte sich befindet. Am allernächsten natürlich, wenn er ganz im Scheitelpunkte steht, wo die Entfernung des Beschauers vom Monde netto um den Erdhalbmesser kleiner ist, als die Entfernung des Mondes vom Erdcentrum; denn die letztere ist aus der ersteren, und aus der Entfernung des Beschauers vom Erdencentrum zusammengesetzt. Man hat diese Erscheinung, daß der Mond am Horizonte größer aussieht, als in der Nähe des Zenith,

---

*) In dem Fragment L'ange, Meditation 14me. W. f. Med. poet. Tom. II, p. 90 der Berliner Ausgabe von 1824.
**) In Müllner's Mitternachtblatt, 1826, Nr. 44, S. 175.

aus einer Täuschung der Urtheilskraft entstehend erklären wollen. Sehen wir den Mond am Horizonte, so sehen wir zugleich Gegenstände zwischen uns und ihm; steht er hoch am Himmel, so sehen wir keine oder weniger. Die Urtheilskraft, sagt man, schätzt ihn daher im ersteren Falle entfernter als im letzteren, und da er gleichwohl in beiden Fällen auf das Auge gleichmäßig wirken (auf der Netzhaut ein gleichgroßes Bild geben) muß, so macht sie der Seele weiß, er sei im ersten Falle größer als im zweiten. Das will mir nicht recht in den Kopf. Alle Gegenstände erscheinen kleiner, je näher sie dem Zenith kommen. Man pflanze eine Scheibe auf einen hohen und steilen Berg, eine gleichgroße in gleicher Entfernung in die Ebene. Die erhöhte erscheint immer kleiner, schmäler als die andere, und gleichwohl sieht man in letzterem Falle die Reihe der Zwischen-Gegenstände verkürzt, im ersteren überschaut man den Weg unter größeren Winkeln, man sieht mehr Zwischengegenstände: wie sollte die Urtheilskraft hier in den Irrthum verfallen können, der horizontale Weg sei länger als der aufsteigende? Ich bin auf einen andern Einfall gekommen. Warum lies't man liegend, und das Buch über sich haltend, nicht so bequem als sitzend und das Buch vor sich? Warum erscheint in jenem Falle die Schrift unerkennbarer, kleiner? Ich denke, weil die Luftsäule um so stärker auf den Mittelpunkt des Auges drückt, je mehr sich dieselbe nach dem Zenith hinrichtet. Dieser Druck verändert vielleicht die Distanz der Gläser, woraus der Opernguder unseres Auges zusammengesetzt ist, und dadurch würde sich die Vergrößerung und Verkleinerung quaestionis leicht erklären lassen. Man wird, in Bezug auf den Mond namentlich, einwenden: „die Täuschung verschwindet ja im Fernrohre, selbst im Rohre ohne Gläser; der scheinbare Monddiameter behält immer gleiches Maaß, er stehe am Horizont oder hoch am Himmel." Gleiches Maaß, allerdings; aber Maaß und Schätzung der Sensation sind verschiedene Dinge. Messe ich den Mond im Horizont, so finde ich zwar, daß sein scheinbarer Diameter nicht größer ist, als im Zenith; aber seh ich ihn bloß an, so sieht er mir größer aus. Ja, ich glaube, das ganze Sehfeld des Rohres sieht mir größer aus, obschon es das nämliche ist. Man schaue durch ein Blaserohr, erst horizontal, dann gerad aufwärts, und frage die Sensation, ob ihr nicht im letzteren Falle der Kaliber kleiner vorkommt, obschon die Urtheilskraft ihr siegreich widerspricht, weil sie weiß, es ist dasselbe Rohr. — Die zweite Silbe ist Kalb. Die Hirschkuh bringt ein Kalb, die Stallkuh auch. Das Gewohnheitsrecht ist die Sprache. Man nehme „halb", was man will, so läßt sich Kalb darauf reimen. Das musikalische Instrument ist die mit dem Kalbsfell überzogene Trommel. Kalbbraten für Kalbsbraten klingt abgeschmackt. — Das Ganze ist Mondkalb, gleichbedeutend mit Mole (Mondkind, Windei, Mutterkalb). Die Mole ist eine unförmige, häutige, fleischartige Masse, welche in der Gebärmutter gebildet wird, daselbst während ihres Aufenthaltes eine der Schwangerschaft ähnliche Auftreibung des Unterleibes hervorbringt, und unter wehenartigen Schmerzen durch die äußeren Geburtstheile ausgestoßen wird, jedoch ohne alle Fähigkeit sich zu einem außerhalb der Mutter fortzusetzenden selbstständigen Leben auszubilden. Man unterscheidet wahre und falsche Molen. Die wahren sind wirklich befruchtete Eier, die Folge eines Beischlafes und einer unregelmäßigen Empfängniß, und gewöhnlich ist eine krankhaft wuchernde Bildung des Eies und des Mutterkuchens bei gehemmter Ausbildung des Fötus die Ursache dieser Afterbildung, in welcher man übrigens einzelne deutlich gebildete Theile einer Frucht findet. Die falsche Mole setzt keinen Beischlaf und keine Empfängniß voraus, sondern ist nur das Produkt einer krankhaften Thätigkeit der Gebärmutter, einer krankhaft gesteigerten Plastizität ihrer innern Haut, Ausschwitzung von Faserstoff, geronnenes Blut, und man findet in ihr keine ausgebildeten Theile einer Frucht.*)]

2. Ich stamme gleich dem Menschengeschlechte aus Asien, und bin der kolossalste Riese und zugleich ein kaum bemerkbarer Zwerg. Ich wohne zu ebener Erde, im mittlern Stock und unterm Dache. Meine Wohnung ist durch Grauen erregende Namen bezeichnet. Ich bin halb todt und halb lebendig. Menschen und Thiere verstehen mich sehr gut anzuwenden; doch bedürfen sie meiner nicht zum Leben. Vor mir kann sich Dummheit nicht verbergen, und die Verachtung, welche ich gegen andere Geschöpfe kundgebe, sieht man mir vom Fuß bis zum Scheitel an. Wenn ich einen Schlag oder Stoß erhalte, reiß ich oft zur Bewunderung hin. Mein Auftreten erregt überall einen gewissen Schrecken; nur einzelne Menschen hegen keine Furcht vor mir. Der Grund und Boden, auf welchem ich stehe, besitzt die Eigenthümlichkeit, daß er von dem Gerüste, auf welchem meine Wohnung erbaut ist, vollständig unabhängig ist. Wenn ich mich ergehe, richte ich mich in meinen Kreuz- und Querzügen je nach der Laune, die ich eben besitze. Ich gehe auf glatten und gebahnten Wegen, oft aber auch über gefährliche Abgründe, lege bisweilen zu besonderen Zwecken einen Harnisch an, und trete nicht selten als ein kampfgeübter Held auf. Meine kriegerischen Eigenschaften sind durch die Aussprüche der größten Männer des Erdenrundes documentirt. Doch werde ich auch gefürchtet als ein ruchloser, hinterlistiger Todtschläger. Ich bin für den Selbstmord das imposanteste Tödtungsmittel, welches Gift und Dolch, Strick und Kugel, Wasserfluth und Locomotivenräder übertrifft, indem Jeder mich stets zur Hand hat, während aber nur die schwärzesten Seelen sich meiner bedienen. Vor einem unter meinem Einflusse verlaufenden Rigorosum müssen die tüchtigsten Geister erzittern. Der strengste Examinator, fühle ich Jedem, mit nur ganz besonderen Ausnahmen, scharf auf den Zahn und scheue mich hierin selbst vor den höchsten und angesehensten Personen nicht. Vor meiner examinatorischen Strenge haben nur diejenigen Ruhe, denen ich nicht gewachsen bin. In den Tiefen der Erde, wie in den Höhen des Himmels, auf den Schollen des Landes, wie auf den Wogen des Meeres, in allen Zweigen der Wissenschaft und Kunst, wie bei den einfachsten Gewerben bin ich zu finden. Als Einsiedler bin ich in der Barbarei zu Hause, halte mich häufig an den Küsten des Meeres auf, und schaue von den Masten der Schiffe, wie von den Dächern der Häuser herab. Kurz, ich lebe auf dem ganzen Erdenrunde, besitze aber in jedem Lande eine andere Gestalt und einen andern Geist. Ich werde von fremden Nationen oft bekämpft, bin

---

*) Räthsel und Auflösung sind von Müllner, in s. Mitternachtsblatt, 1827. Nr. 174 und 192.

dann stets ein hartnäckiger Gegner, doch nicht unüberwindlich. Auch findet man mich häufig in der Bibel und in der Kirche, die ich nie verlasse, bilde ich eine ganze Gesellschaft. Im Kirchthurme weile ich ebenfalls, doch in so eigenthümlich versteckter Weise, daß mich schwerlich eines Menschen Auge entdecken wird. Ohne mich müßte oft die Monate lange Arbeit des Bergmanns als vollständig verfehlt eingestellt werden; der Jäger braucht mich, um den Fuchs zu fangen, und im Kriege würden ohne mich die Minen dem Feinde keinen Schaden bringen. Wäre ich nicht vorhanden, so würden Bälle und Conzerte veröden, der Lampenputzer beim Theater würde seine Funktionen nicht verrichten können, die Pferde würden in ihren Ställen revoltiren, die Ochsen würden den Pflug stehen lassen, die Türken würden in ihrer Religion erkalten, die Gefechte mit den Wilden würden an Gefährlichkeit gewinnen, die Zahl der alten Jungfern würde sich mehren, Krähwinkel und Schöppenstädt würden in besserem Ansehen stehen, und das ganze Erdenrund würde von Sansculotten wimmeln. Durch eine von mir erlassene Generalbestimmung sorge ich in Handel und Wandel für die Wohlfahrt des Publikums. Man findet mich beim Töpfer, beim Tuchmacher, an Schornsteinen, und ein als gefährliches Raubthier bekanntes Individuum soll mich sogar tausendmal besitzen. In der Naturgeschichte hänge ich an einer Menge von Pflanzen und Thieren. Die Psychologie, die Pädagogik, die Medicin lehrt mich kennen, der Physiker weiß mich bei der Lehre vom Galvanismus zu schätzen, ohne mich würde die Hebelkraft in Nichts zusammensinken. Der Raucher liebt mich, wenn ich mit dem Tabak verbunden bin. Ich werde als Speise genossen. Mancher nimmt mich bei einer einzigen Mahlzeit in großen Massen zu sich, während ich sonst in einem einzigen Exemplar zur Sättigung einer ganzen Familie beitrage. Man bezahlt mich mit hohen Preisen, und gibt auch nur wenige Thaler für mich aus. Je theurer aber ich bin, desto weniger bin ich gewöhnlich werth. Manchen Menschen habe ich dahin gebracht, daß er mit Selbstmordgedanken umging. Mir dient eine Legion von Narren, die ich so weit verwirre, daß sie in ihrem perplexen Zustande sich mit Thieren verwechseln. Bei all' dieser so vielfältigen Thätigkeit endlich besitze ich eine so fabelhafte und merkwürdige Ausdauer, daß bei der größten Anstrengung nie ich selbst, sondern nur diejenigen ermüden, welche mir zur Hülfe beigegeben sind.

[Auflösung. Die Zunge. Die Zunge stammt mit dem Menschengeschlechte aus Asien. Als Landzunge ist sie der kolossalste Riese, als Zunge der kleinsten Thiere ein kaum bemerkbarer Zwerg. Die Zunge wohnt mit dem Menschen zu ebener Erde, im mittleren Stocke und unter dem Dache. Ihre Wohnung ist durch Grauen erregende Namen, als: Schlund, Rüssel, Rachen, Schnauze ꝛc. bezeichnet. Sie ist todt als Erbzunge, lebendig als Zunge in thierischen Körpern. Menschen und Thiere verstehen die Zunge gut anzuwenden, doch bedürfen sie ihrer nicht zum Leben, da weder Menschen noch Thiere mit dem Verluste der Zunge auch das Leben einbüßen. Vor der Zunge (Fragen) kann sich die Dummheit nicht verbergen. Die in ihrer ganzen Länge herausgereckte Zunge ist ein vulgäres Zeichen der Verachtung. Wenn das Wort Zunge mit „Schlag" oder „Stoß" in Verbindung tritt, so entsteht der „Zungenschlag" oder „Zungenfloß", wodurch auf Blasinstrumenten der Hörer oft zur Bewunderung hingerissen wird. Eine herausgestreckte Zunge ist den Meisten unangenehm; nur einzelne Menschen, die Aerzte, scheuen die Betrachtung derselben nicht. Der Grund und Boden der Zunge, das Zungenbein, ist der einzige Knochen am ganzen Körper, der mit dem Knochensysteme nicht zusammenhängt. Beim Reden macht die Zunge alle möglichen Wendungen, Kreuz- und Querzüge. Auf glatten und gebahnten Wegen geht sie, wenn sie über gewöhnliche Dinge spricht, über Abgründe, wenn sie gefährliche Dinge unvorsichtig berührt. Im Eifer und im Zorne legt sie einen Harnisch an (geharnischte Zunge), bei Disputationen bewährt sie sich als kampfgeübter Held. Ihre kriegerischen Eigenschaften sind durch die Aussprüche großer Männer documentirt; wir lesen z. B. im Propheten Jeremias: „sie schießen mit ihren Zungen eitel Lügen"; in dem Psalmisten: „deine Zunge trachtet nach Schaden und schneidet mit Lügen wie ein scharfes Scheermesser" und „ihre Zungen sind scharfe Schwerter"*); bei Jeremias: „kommt her, laßt uns ihn mit den Zungen todtschlagen"**). Durch das Letztere, den durch sie oft herbeigeführten moralischen Todtschlag, ist sie zugleich als hinterlistiger und ruchloser Todtschläger bezeichnet. Für den Selbstmord ist die Zunge ein unfehlbares Tödtungsmittel, die s. g. Zungenverschluckung, ein Erstickungstod, durch welchen sich oft Negersclaven der Grausamkeit ihrer Herren entziehen***). Ein Rigorosum unter dem Einflusse der Zunge (Sprache) macht oft die tüchtigsten Geister erzittern. Die Zunge fühlt, wörtlich genommen, Jedem scharf auf den Zahn, resp. auf die Zähne, nur denen nicht, welche keine mehr haben. Vor ihrer examinatorischen Strenge haben nur diejenigen Ruhe, denen die Zunge noch nicht (groß) gewachsen ist, d. i. Kinder, die noch keinen Examen zu bestehen haben. In den Tiefen der Erde (bei Bergleuten und in der Erde lebenden Thieren), in den Höhen des Himmels (Vögel), auf den Schollen des Landes, wie auf den Wogen des Meeres (bei lebenden Geschöpfen auf dem Lande und im Wasser), in allen Zweigen der Wissenschaft und Kunst (als Sprache), wie bei den einfachsten Gewerben (als technischer Ausdruck) ist die Zunge zu finden. Als Einsiedler ist sie in der Barbarei zu Hause, indem dort ein von den Armen des Senegal umschlossenes Stück Land den Namen „Zunge der Barbarei" führt; als Erdzunge ist sie an den Küsten des Meeres; sie schaut von den Masten der Schiffe herab, da beim Schiffbau der mittlere Theil des aus verschiedenen Stücken zusammengesetzten Mastes Zunge genannt wird; von den Dächern der Häuser schaut sie als Ochsenzunge (eine Art Dachziegel) herab. Sie lebt als Sprache auf dem ganzen Erdenrunde, besitzt als solche aber überall eine andere Gestalt und einen anderen Geist.

---

*) Ein polnisches Sprichwort heißt: »Bardziej boli od jezyka niz od miecza« (die Zunge macht oft schmerzlichere Ritze, als eines Schwertes Spitze).
**) Jeremias IX, 3. Psalm LII, 4. LVII, 5. LXIV, 4. Jeremias XVIII, 18.
***) Zucchelli (relazioni del viaggio e missione di Congo etc. Venez. 1712, p. 356) berichtet, daß bei seiner Reise von Afrika nach Brasilien sich mehrere auf dem Schiffe eingelebene Neger dadurch erstickten, daß sie die Zunge zurückschlugen, worauf sie todt niederfielen.

Das Erlernen einer fremden Sprache gleicht einem Kampfe mit derselben, der gewöhnlich hartnäckig ist, während jedoch keine fremde Sprache als unüberwindlich gelten kann. Man findet die Zunge häufig in der Bibel*) (Aussprüche der Bibel, die von der Zunge handeln), und in der Kirche, die sie niemals verläßt, bildet sie eine ganze Gesellschaft als „Zungenwerk" in der Orgel. Im Kirchthurme weilt sie in allegorischem Sinne als „eherne Zunge". Ohne die Zunge würde die Arbeit des Bergmannes oft verfehlt sein, da im Bergbau die Zunge eine Art Zange ist, womit das abgebrochene Stück des Bohrers aus dem Bohrloche gezogen wird; der Jäger braucht sie, um den Fuchs zu fangen, da sich am Fuchseisen eine Zunge befindet; im Kriegswesen führt das Stück Schwamm, mit welchem die Minen angezündet werden, den Namen Zunge, ohne welches die Minen also keinen Schaden thun könnten. Ohne die Zunge in manchen Blasinstrumenten und die Sprache der Unterhaltung würden Bälle und Concerte veröden; der Lampenputzer im Theater würde keine Funktionen haben, wenn Schauspieler und Sänger nicht durch die Zunge zu wirken vermöchten; die Pferde würden in Ställen revoltiren, wenn in den Schnallen der Pferdehalfter der Dorn (auch Zunge genannt) fehlte; die Ochsen würden den Pflug stehen lassen müssen, wenn die den Namen „Zunge" führende kurze Deichsel, daran die Wage hängt, nicht vorhanden wäre; die Türken würden ohne den Munzzim vom Minaret nicht zum Gebete eilen; die Gefechte mit den Wilden würden gefährlicher sein, wenn letztere nicht durch das Geschrei, mit welchem sie ihre Angriffe begleiten, den Gegnern die Gefahr verkündeten. Die Zahl der alten Jungfern würde sich mehren, da viele Heirathen, welche durch Ueberredung gestiftet werden, ohne die Zunge unterbleiben würden; Krähwinkel und Schoppenstedt würden in besserem Ansehen stehen, da von ihnen ohne die bekannte Geschichte, in welcher der auf die Stadtmauer gezogene Ochse im Sterben die Zunge herausstreckte**), ein dummer Streich weniger

---

*) 1. B. Mos. XI, 1. 2. B. Mos. IV, 10. B. der Richter VII, 5. 2. B. Samuel XXIII, 2. Hiob XXVII, 4. Psalm V, 10. X, 7. XII, 4. XV, 3. XXXIV, 14. XXXV, 28. XXXIX, 2. L, 19. LII, 6. LV, 10. LXIV, 9. LXXI, 24. CIX, 172. CXX, 2. CXXVI, 2. CXXXVII, 6. CXXXIX, 4. Sprichwört. VI, 17. X, 20. XII, 18. 19. XV, 4. XVI, 1. XVII, 4. 20. XVIII, 21. XXI, 23. XXV, 15. XXVI, 28. Micha VI, 12. Zephanja III, 13. Lucas XVI, 24. Apostelgesch. II, 26. Offenbar. V, 9. XVI, 10. Marcus XVI, 17. u. m. andere Stellen.

**) Auf der Stadtmauer war viel Gras gewachsen, über dessen Verwendung der wohlweise Magistrat eine Berathung pflog, und endlich nach vielem Nachdenken zu dem wichtigen Resultate gelangte, daß dieses Gras Communalgut, und folglich für den Gemeindeochsen zu verwenden sei. Um die Kosten des Abmähens und Herabschaffens des Grases zu ersparen, wurde beschlossen, dasselbe vom Ochsen selbst abfressen zu lassen. Aber wie den Ochsen auf die Stadtmauer bringen? Da verordnete der weiseste vom löblichen Rathe, und das war, wie überall, der Bürgermeister, dem Ochsen einen Strick um den Hals zu binden, und auf die Mauer hinaufzuziehen. Der Weg war lang, der Strick legte sich sehr fest um den Hals des Ochsen, und dieser starb unterwegs den Erstickungstod, wobei sich seine Zunge aus dem Munde hervordrängte. Da rief der diesen Ochsenakt durch seine Gegenwart verherrlichende Bürgermeister aus: „seht! wie sich der Ochse auf das Gras freut, er reckt schon die Zunge darnach heraus."

erzählt werden würde; das ganze Erdenrund endlich würde von Sansculotten
wimmeln, wenn in der Hosenschnalle die Zunge fehlte. Die Zunge der Wage
sorgt für richtiges Gewicht im Handel und Wandel. Ein Theil der Töpfer-
scheibe heißt Zunge; beim Tuchmacher ist die Zunge ein schmaler Streifen, wo
die Haare aus Versehen stehen geblieben sind; Zunge heißt auch die zwischen
zwei laufenden Schornsteinen befindliche Scheidewand; das als gefährliches
Raubthier bekannte Individuum ist die tausendzüngige Fama, das Raubthier
des guten Rufes.*) In der Naturgeschichte hängt das Wort Zunge an mehreren Pflanzen und Thieren, z. B. Zungenaloë, Zungenbutterblume, Zungenmausdorn, Zungenfledermäuse, Zungenaffen u. s. w.**) Die Psychologie und
Pädagogik lehren die Sprache, die Medicin lehrt die Zunge und deren Krank-
heiten kennen. Der Physiker weiß sie bei der Lehre vom Galvanismus zu
schätzen, da der galvanische Strom, wenn man die Zunge zwischen ein galva-
nisches Plattenpaar bringt, sich durch einen säuerlichen Geschmack äußert; der
kurze Theil des ungleicharmigen Hebels führt den Namen Zunge, deren Weg-
nahme die Existenz des Hebels vernichten würde; der Zungentabak, ein virgi-
nischer Tabak, dessen Blätter zungenförmig sind, wird von Vielen gern geraucht.
Die Zunge dient als Speise. Heliogabalus und Lucullus genossen in Massen
Nachtigallen- und Pfauenzungen***); an einer Rindszunge labt sich eine ganze
Familie. Dem reichen Schlemmer kostet seine Zunge jährlich Tausende; dem
Armen nur wenige Thaler. Je mehr Aufwand aber die Zunge erfordert, desto
weniger ist sie gewöhnlich werth, indem sie nicht viel Gescheidtes zu Tage
fördert. Manchen Menschen hat sie zu Selbstmordgedanken geführt; der Philosoph
Hegesias wußte die Beschwerden des menschlichen Lebens so lebhaft zu schildern,
daß er bei seinen Zuhörern Selbstmordsgedanken erweckte. Die Zunge von
Theatersängerinnen oder Schauspielerinnen haben schon Viele zu der Narrheit
gebracht, daß sie selbst den Wagen der Angebeteten gezogen haben. Bei an-
haltendem Gebrauch der Zunge ermüdet nie dieselbe selbst, sondern die Athmungs-
organe und deren Muskel.†)]

§ 35. Es dient das Räthsel dazu, um die geistigen Fähigkeiten eines Andern zu prüfen. Hierher gehört: die Sage vom
Könige Salomo und der Königin von Saba; die Prüfung des persischen

---

*) Ein Spruch des Reinm. von Zwetter sagt: „das böseste Fleisch, das ge-
troug Wolf oder Hund in seinem Mund, des bösen Menschen Zunge ist böser vil."
**) Die Zungenaloë, Aloë lingua, die Zungenbutterblume, Ranunculus lingua,
der Zungenmausdorn, Ruscus hypoglossum, haben zungenförmige, lanzettförmige
Blätter. Die Zungenfledermäuse, Phyllostoma, haben eine wurmförmige, vorschieß-
bare Zunge. Der Zungenaffe, Lemus, hat eine ganz besonders ausgebildete Zunge.
***) Der römische Kaiser Heliogabalus (218—222 nach Chr.), und der Prätor
L. Licinus Lucullus waren berühmt durch ihre Schwelgerei und Gastmahle, welche
sie gaben, für welche mit unendlichem Kostenaufwande die seltensten und theuersten
Sachen herbeigeschafft werden mußten.
†) Illustrirtes Familien-Journal, 7. Bd. S. 95. 207. 222.

Helden Sal; die Sage vom Könige Hejbrick (Heidhrekr) und dem blinden
Gerster; das Basthrubhnismal, oder das Lied vom Gotte Odin und dem
Joten Basthrubnir; das Alvißmal, oder das Lied vom Gotte Thor und
dem Zwerge Alvis; der Sängerkrieg auf der Wartburg und das Trage=
muntslied. Von diesen nun insbesondere. (§ 36 — 42.)

§ 36. In der Salomosage wird erwähnt, daß eine Königin von
Saba*) ihn besucht habe, um seine vielgepriesene Weisheit zu prüfen**),
worauf sich folgende biblische Stelle im ersten Buche von den Königen X, 1
bezieht: „und da das Gerücht Salomo's von dem Namen des Herrn kam
vor die Königin vom Reich Arabien, da kam sie ihn zu versuchen mit Räth=
seln***). Wie diese Räthsel hießen, berichtet die Bibel nicht; doch haben
wir darüber Notizen anderswoher. Aus dem Talmude (Midras Mishlae)
führt Lightfoot †) folgende, als die von der Königin dem Salomo auf=
gegebene Räthsel an:

„Dicit ea, quid hoc est? Septem exeunt et novem intrant. Duo mis-
cent (vel parant poculum) et unus bibit? Dicit ille: Septem dies separa-
tionis foeminae exeunt ††), et novem menses foetitationis intrant. Duo obera
parant poculum, et unus sugit. Iterum inquit illa, ego quaeram. Quid
hoc est? Foemina dicit filio suo: Pater tuus erat pater meus, avus tuus

---

*) Nach äthiopischer Sage hieß sie Maqueda. Die arabischen Traditionen
führen sie unter den Herrschern von Jemen auf und nennen sie Balkis. Sie
soll Dichterin und namentlich im Räthselspruche sehr gewandt und erfahren ge=
wesen sein.

**) Die Schrift von Zeibich, de questionibus abstrusis reginae Sabae Sa-
lomoni propos., Viteb. 1744 konnte ich nicht auffinden.

***) Stollberg sagt in seiner Geschichte der Religion, 3. Thl. S. 107: So
sonderbar uns dieses Vorhaben scheinen mag, war es weniger befremdend zu jener
Zeit und im Morgenlande, wo angeborner Scharfsinn in Verbindung mit müssigem
Leben diese Spiele des Verstandes sehr beliebt machte. Pflegten ja doch auch
Griechen und Römer bei Hochzeiten an Räthseln sich zu belustigen. Was von
andern Menschen an festlichen Tagen der Freude geübt wird, das wird bald an den
Höfen der Könige tägliches Bedürfniß. Doch mögen diese Räthsel der fremden
Fürstin wohl in Aufgaben aus der Naturkunde oder aus der Philosophie bestanden
haben. Salomo lösete sie alle.

†) Oper. om. Tom. II. Roterodam. 1686, p. 527. Hor. hebraic. ad evang.
Lucae XI, 31: „Die Königin von Mittag wird auftreten vor dem Gericht mit den
Leuten dieses Geschlechtes, und wird sie verdammen; denn sie kam von der Welt
Ende, zu hören die Weisheit Salomo's."

††) Nach Mosaischem Gesetze war ein Weib, nachdem sie ihre Menstruation hatte,
sieben Tage lang unrein, und mußte so lange vom Manne getrennt bleiben; 3 B.
Mos. XV, 28.

erat maritus meus; tu es filius meus et ego sum soror tua. Cui respondit ille: certe filiae Lothi erant."*)

Das letztere Räthsel hat Balth. Bibebach so nachgebildet:

> Egregium juvenem compellat foemina blanda,
> Et placido vultu talia verba facit:
> Qui tuus est genitor, genitor meus est quoque carus,
> Quique meus pater est, est avus ille tuus;
> Tu meus es verus natus, tua vera soror sum,
> Mater ego tibi sum, tu mihi frater eris.
> Agnoscit juvenis matronam vera locutam:
> Dic mihi, qui fuerint foemina virque, rogo?

Die Sage von Salomo und der Königin von Saba hat Krafft**) folgendermaßen bearbeitet:

> Den Salomo hat Gott gesetzt zum König
> Den wilden Thieren und des Himmels Vögeln,
> Dem Erdgewürm, den Geistern und Dämonen.
> Und er verstand die Sprache ihrer Aller,
> Gleichwie auch sie die seinige verstunden.
> Einst war sein Herz gar wohlgemuth beim Weine,
> Da mußten Boten alle Könige
> Des Morgen- und des Abendlandes laden
> Zum Festgelag' in seinem Königsschlosse.
> Und als sein Herz einst wieder wohlgemuth
> Bei seinem Weine war, da rief er: Holet
> Die Lauten her, die Cimbeln, Pauken, Harfen,
> Auf denen einst mein Vater David spielte.
> Und als der König wieder einst erfreut
> Bei seinem Becher saß, da sprach er: Bringt
> Des Feldes Thiere und des Himmels Vögel,
> Das Erdgewürm, die Geister und Dämonen,
> Daß sie allhier vor meinen Augen tanzen,

---

*) Loth beschlief seine beiden Töchter, schwängerte sie und jede von ihnen gebar einen Sohn (1 B. Mos. XIX, 32—38); somit ist Loth, der Vater seiner Tochter, auch der Vater des von ihr gebornen Sohnes; Loth ist der Großvater des von seiner Tochter gebornen Sohnes, und diese ist Schwester und Mutter ihres Sohnes.

**) Jüdische Sagen und Dichtungen, nach den Talmuden und Midraschen. Ansbach 1839, S. 37 u. f. Auch abgedruckt bei Jolowicz, der poetische Orient (auch unter dem Titel: „Polyglotte der orientalischen Poesie"), Leipzig 1853, S. 295 u. f.

Und alle Könige, die ich geladen,
Hier meine Macht und Herrlichkeit erkennen.
Des Königs Schreiber riefen sie bei Namen
Und sie erschienen vor dem Könige.
Sie kamen ohne Fesseln, ohne Bande,
Von selbst, und keiner war, der sie geführt.
Da zeigte sich, daß in der Vögel Schaar
Nur Einer nicht erschien, der Auerhahn*).
Der König ließ ihn zürnend herberufen
Und heischte, daß der Frevler sterben sollte.
Als nun der Auerhahn erschienen war,
Begann er flehend: „Herr, der Erde König,
O neige mir dein Ohr, vernimm mein Wort!
Bereits drei Monde irrte ich umher,
Und achtete nicht Speise und nicht Trank,
Ich flog durch alle Welt und spähete,
Ob nicht ein Land auf Erden noch zu finden,
Das nicht dem König, meinem Herrn, gehorchte?
Da zeigte meinen Augen sich ein Reich,
Kittor genannt, im fernen Morgenlande.
Des Landes Staub ist köstlicher als Gold,
Und Silber liegt wie Koth auf allen Straßen;
Da stehen Bäume vom Beginn der Welt
Und trinken Wasser von dem Garten Eden.
Und in dem Lande wohnen Riesenvölker;
Mit Kränzen tragen sie das Haupt geschmückt,
Sie haben nie von Kampf und Krieg gehört
Und wissen nicht zu treffen mit dem Bogen.
Doch bald sah ich ein Weib, die über Alle
Regiert, sie heißt die Königin von Saba.
Gefällt es nun dem König, meinem Herrn,
So gürt' ich meine Lenden, wie ein Held,
Und eile fort in jenes Land Kittor;
Ich binde seine Könige mit Fesseln,
Und seine Mächtigen mit Eisenketten,
Und bringe sie dem Kön'ge, meinem Herrn."
Dem Salomo gefielen diese Worte,
Und man berief die königlichen Schreiber;
Die schrieben einen Brief und banden ihn
Am Fittige des Auerhahnes fest,
Der in die hohen Lüfte sich erhob:
Er drehte sich im Schwung, und alle Vögel

---

*) Im Koran (Sure 27, nach der Ausgabe von Ullmann),
gleichfalls erzählt wird, ist dieser Vogel der Wiedehopf.

Umkreisten ihn und folgten sausend nach;
Und also zogen sie ins Land Kittor. —
Des Morgens ging heraus die Königin
Von Saba, um die Meerfluth anzubeten.
Auf einmal sah sie jene Vögelschaar,
Dicht, daß die Sonne sich verfinsterte.
Da griff die Königin nach ihrem Kleide,
Riß es entzwei, und ihre Sinne schwanden:
Noch war der Geist ihr kaum zurückgekehrt,
Da flog der Auerhahn zu ihr herab;
Sie sieht den Brief dem Flügel angebunden,
Sie löst ihn ab, sie öffnet ihn und lies't:

„Von mir, dem König Salomo, Dir und den Deinen Frieden!
Du weißt, welch' eine Herrlichkeit der Höchste mir beschieden,
Der zum Gebieter mich gesetzt der Thiere und der Geister,
Zu der Dämonen Oberhaupt und der Gespenster Meister.
Und daß sich grüßend Könige mir nahn von allen Orten,
Vom Aufgang und vom Niedergang, vom Süden und vom Norden.
Und willst Du, meine Herrlichkeit zu schauen, zu mir reisen,
So will ich größre Ehre noch, als jenen, Dir erweisen.
Doch bist Du dieses nicht gewillt, send' ich in Deine Länder
Dir Könige und Reitervolk und Kriegerregimenter.
Und sprichst Du: welche Könige und welche Legionen?
Die Thiere sind's, die schrecklichen, die in der Wildniß wohnen.
Und sprichst Du: welch ein Reitervolk? Die Vögel sind's im Himmel,
Die nenn ich meine Kriegerschaar, mein Reitervolkgewimmel,
Dämonen und Gespenster sind und Geister meine Horden,
Die sollen Euch in Eurem Bett, in Euren Häusern morden.
Die Thiere werden auf dem Feld Euch würgen und verzehren,
Und das Gevögel in der Luft von Eurem Fleisch sich nähren."

Hierauf schrieb die Königin von Saba einen Brief an Salomo, in welchem sie versprach, daß sie seiner Einladung folgen werde. Bei ihm angelangt, gab sie nun, um sich selbst von der vielfach gepriesenen Weisheit desselben zu überzeugen, ihm drei Räthsel zum Errathen vor:

Sie sprach: ich lege Dir drei Räthsel vor;
Wenn Du sie lösest, so erkenne ich,
Du bist ein Mann von Weisheit und Verstand:
Wo nicht, so bist Du gleich den andern Menschen.

„Ein Brunnen ist's von Holz, darein
Man einen Eiseneimer senket,
Der aus dem Born schöpft einen Stein
Und ihn mit Wasser tränket."

Schminkbüchse*), sagte Salomo, der Weise,
Und Saba's Königin begann von Neuem:
  „Was ist es, das hervor vom Staub der Erde
  Gekommen, und vom Erdenstaub sich nährte?
  Man gießt es gleich dem Wasser aus,
  Und es durchblickt das ganze Haus."
Das Naphta**) meinst Du, sprach der weise König,
Und Saba's Königin begann von Neuem:
  „Nun, was ist das?
  Fährt ein Sturm vorbei,
  So hebt es an ein bitterlich Geschrei,
  Und biegt das Köpfchen, wie Binsengras;
  Den Reichen schmückt es,
  Den Armensünder erdrückt und erstickt es;
  Den Todten wird es mitgegeben
  Um sie zu ehren,
  Auch denen, die es im Leben
  Mußten entbehren;
  Es ist der Vögel Freude,
  Doch den Fischen dient es zum Leide."
Das ist der Flachs, rief Salomo der Weise.
Da sprach die Königin: „ich glaubte nicht
Den Dingen, welche ich von Dir gehört,
Bis daß ich kam und meine Augen schauten."***)

---

*) Man vergl. damit das vierte Räthsel in der fünfundbreißigsten Makame von Hariri; s. § 60. Die Hebräerinnen schminkten nicht allein die Wangen, sondern auch die Augenbrauen, mit einer Mischung von gebranntem und gepulvertem Spießglanzerz und Zink. De Wette, Lehrbuch der hebräisch-jüdischen Archäologie, 3. Aufl. § 131. Jerem. IV, 30: „Wenn Du Deine Augen mit Spießglanz bestreichst", ist die eigentliche Bedeutung der hebräischen Worte. Mehreres darüber ist bei Rosenmüller (das alte und neue Morgenland, 4. Bd. S. 269) aus andern Schriftstellern gesammelt.

**) Ein ganz dünnflüssiges, gelbes, oft fast wasserhelles, durchsichtiges Erdöl, welches zur Beleuchtung benützt wurde. Es quillt besonders häufig aus der Erde auf der Insel Naphtonia im kaspischen Meere, und bei Baku, auf dem westlichen Ufer dieses Sees (Kämpfer, amoenitat. exot. p. 273. Hanway's Reise durch Persien, 1. Thl. S. 278. Gmelin, Reise durch Rußland, 3. Thl. S. 43. Porter, travels, Vol. 1. 2. p. 515. 517.); auch bei Karkhuk in Nieder-Kurdistan. Die Erde, durch welche die Naphta bringt, gehört unter die Thonarten; sie braust mit mineralischen Säuren heftig auf, verhärtet im Feuer und läßt sich im Wasser aufgeweicht bearbeiten. Sie ist von der Naphtamaterie ganz durchdrungen; wenn sie ein paar Zoll tief aufgeschüret und mit einer glühenden Kohle berührt wird, so entzündet sie sich augenblicklich. Die Flamme ist bläulich, gelb und, ohne daß sie die Erde verzehrt, erhitzt sie dieselbe doch so, daß sie mit den Händen nicht berührt werden kann. Biblische Naturgeschichte von Rosenmüller, 1. Thl. Lpz. 1830, S. 14.

***) „Sie sprach zum Könige: es ist wahr, was ich in meinem Lande gehört habe von Deinem Wesen und von Deiner Weisheit. Und ich habe es nicht wollen

Im Allgemeinen dürfen wir annehmen, daß das Räthselspiel zwischen der Königin von Saba und Salomo ein heiteres und geistreich neckendes war, wobei der von Notan, seinem Erzieher und Lehrer*), in Gleichnissen und Räthselreden unstreitig früh geübte König leicht auf jede Frage der Königin eine sinnreiche Antwort geben konnte, was auch für ihn noch um so rühmlicher erscheint, als die Königin selbst weise und im geistreichen Räthselspiele wohl bewandert gewesen ist.**)

§ 37. Der persische Held Sal***), erzogen von dem Wundervogel Simorg†) und berühmt durch seine Tapferkeit und Weisheit, erscheint vor Menutschehr, dem Schah von Iran. Dieser aber wurde über Sal's Erscheinen beunruhigt, und beschloß ihn aus dem Wege zu räumen; berief aber vorerst die Mobeds und Sternkundigen zusammen, welche, nachdem sie in den Sternen gelesen hatten, aussagten: Sal werde einen Helden erzeugen, der im Kriege seines Gleichen nicht haben, und alle seine Liebe Iran zuwenden werde. Da freute sich der Schah dieser Reden, reinigte

---

glauben, bis ich gekommen bin und habe es mit meinen Augen gesehen. Und siehe, es ist mir nicht die Hälfte gesagt. Du hast mehr Weisheit und Gutes, denn das Gerücht ist, das ich gehört habe." 1. B. Könige X, 6. 7.

*) 2. B. Samuel, XII, 25. Meier, a. a. O. S. 168.

**) Schultens (oratio de regina Sabaeorum, habit. Lug. Bat. 1740; dessen Opera minora, Lugd. Bat. 1769, p. 405. 406.) sagt: „Natio Sabaea talis esse debuit, quae sibi, prae reliquis nationibus. sapientiae aenigmaticae, figuratique sermonis florem, et honorem, arrogabat. Huc manifesto ducit illud, ad tentandum Salomonem in aenigmatibus. Qui alium tentare sustinet, is eo ipso se non parem tantum, sed et superiorem ponit. Ridicula res; rejicula narratio; si regina nostra non hoc in genere excelluisset: sibique palmam aliis praecerpere posse visa esset. Nec sibi tantum, sed et genti suae; cujus haud dubie gloriam antiquam et sustentatura, et ambitione muliebri ostentatura, cum Salomone congressum, certamenque, adfectavit."

***) Das Heldenbuch von Iran aus dem Schah Nameh des Firdussi von J. Görres. 1. Bd. Berlin 1820. (Von Firdusi ist noch in § 59 die Rede.)

†) Der Wundervogel Simorg (auch Simurg), auf dem Urgebirge Kaf wohnend, Großvezir der Vögel, ausgezeichnet durch seine Weisheit, seinen Verstand und seine Weissagungsgabe, erzieht junge Helden und bleibt ihnen befreundet. Keine Beschreibung schildert den Glanz seiner goldenen, mit Purpur und Azur vermischten Federn. Mehr als tausend Jahre lebend, entsteht er, nachdem er sich selbst verbrannt hat, verjüngt aus seiner eigenen Asche. Er ist der persische Phönix. S. Fundgruben des Orients, 1. B. Wien 1809 (in Fol.) S. 199. Auch der Berg Kaf ist hier von Bedeutung; Herbelot (biblioth. orient.) sagt bei dem Worte Caf: „Caf, montagne que les Mahometans croyent ensourer tout le globe de la terre et de l'eau, et borner de tous cotes son hemisphere. Depuis Caf jusqu'a Caf, c'est à dire d'une extremité de la terre à l'autre."

sein Herz vom Hasse und sprach: „Was ihr sagtet, haltet geheim, wir wollen den Jüngling prüfen vorerst." Nun rief er Sal zu sich und die Mobeds legten ihm folgende Räthsel zur Lösung vor:

Einer derselben sprach zu Sal: es stehen zwölf Cypressen im Kreise und grünen im Glanze, dreißig Zweige entsprießen an jeder, und nie wird ihr Ansehen hinfällig und ihre Zahl geringer im Lande der Parsi. Nach einigem Besinnen sprach Sal: im Jahre sind zwölf Monde und dreißig Tage hat der Monat. Der Zweite sprach: es sind zwei treffliche Pferde, gleich schwarzem Pech das eine, das andere hell wie Krystall, Beide laufend eilend vor einander her, nie trifft eines das andere. Sal erwiederte: Tag und Nacht sind's. Ein Anderer fragte: dreißig Reiter, wie sie vor dem Kaiser vorbeiziehen, zählst du sie einzeln beisammen, Einer wird weniger sein, und doch sind ihrer dreißig, wenn man im Ganzen sie sieht. Sal sprach: das ist der Mondlauf, der in einem Wechsel abnimmt, jenes ist die Zahl der Umläufe bis zum Neumond, wo die Zeit in jener Bewegung sich engt*), sieht man ihn aber nach dem Wechsel, dann muß nach ihm Alles wieder sich ausgleichen. Der Vierte begann: es steht ein Vogelgarten voll Grüne, ein Mann mit großer Sense geht darin um, emsig mäht er Grünes und Trockenes, nicht Wehklage noch Unterwerfung mag ihn abhalten. Ein Anderer fügte hinzu: dort sind zwei Cypressen, aus den Wellen des Meeres steigen sie an wie Seegras, ein Vogel hat auf ihnen sein Nest; sitzt er darin, dann geht von ihm ein Geruch aus wie Moschus, von den Bäumen aber grünet immer einer in Blättern und Frucht, während der andere welkt. Sal entgegnete: die beiden Cypressen sind die zwei Hälften des Himmels, der Vogel ist die Sonne, von der alle Furcht und Hoffnung auf Erden, das Nest aber das Zeichen des Widders, von ihm geht aus die Grüne, hat ihn die Sonne in ihren Strahlen umhüllt, steht er aber im Aufgang am Abend, dann kehrt Finsterniß und Dunkel zurück. Der Mann mit der Sense ist der Tod, Grünes und Welkes, Alles fürchtet ihn; machst du Ausflüchte, er hört nicht auf dich, sein ist der Aelterbater und der Urenkel; alles Wild, was ihm vorkömmt, jagt er auf. Darauf nahm ein Anderer das Wort und sagte: ich sah in dem Bergland eine feste Stadt, nur von Verständigen bewohnt, schweigend hatten sie das Haupt gegen den Himmel gewendet, Diener und Edle aber gingen aus der Stadt nieder zur Ebene und geriethen in wildes Dornenland; plötzlich entstand ein großes Geschrei, Feuer war ausgekommen und große Sorge bewegte alle Gemüther. Sal sprach: jene Stadt ist das Haus des Bleibens, das Dornenland aber die Wohnung des Uebels hienieden, wo zugleich Lust ist und Freude und Schmerz und Gram; der Athemzug deiner Brust wird dort gezählt; ein Sturm kommt daher, im Erdbeben bewegt sich der Boden, Lärm steigt aus der Tiefe herauf, aber alles Uebel bleibt im Dornenlande und der Mensch geht zur Wolkenstadt.

---

*) Der synodische Monat, 29 Tage 12 Stunden, wird hier zu 30 gerechnet; der periodische 27 Tage 7 Stunden zu 29.

Wie Sal also gesprochen, sagte der Schah: „Wohl geredet!" Von Freude war die Wange aller Anwesenden erglüht, und er hieß ein Mahl bereiten, und Alle hatten Rosen in den Händen, und sie wurden fröhlich und trunken. Nachdem noch Sal sich im Ritterspiele durch Kühnheit und Gewandtheit ausgezeichnet hatte, entließ ihn der Schah reichlich beschenkt.

§ 38. Der Götakönig Hejbrik (Heidhrekr), welcher in seiner Jugend sehr wild und unbändig war, wurde in seinen ältern Jahren ein geehrter Herrscher, der das Recht ohne Ansehn der Person handhabte, und zu dem Ende jedem Gerichte zwölf erfahrene und rechtliche Männer zu Beisitzern gab. Die Könige pflegten damals wohl, ohne Urtheil und Recht, Diejenigen hart und oft sogar am Leben zu bestrafen, die sich ihr Mißfallen zugezogen hatten, und oft hatten sie daher Ursache ihre Uebereilung zu bereuen. Aber Hejbrik wollte seinem ungestümen Charakter einen Zügel anlegen, und that daher bei einem feierlichen Opfer den Schwur, nie Jemand, der sich gegen ihn vergangen habe, anders als durch das Zwölfmänner-Gericht richten zu lassen, und ihn zu begnadigen, sofern er dem Könige nicht zu lösende Räthsel und Räthselfragen würde vorlegen können. Allein König Hejbrik war so weise, daß er sie alle auflöste. In dem Lande war ein reicher und mächtiger Mann, der Gester, der Blinde, hieß, und der sich vielfach gegen den König vergangen hatte. Eines Tages schickte Hejbrik zu ihm und ließ ihn vor sich fordern. Gester, dessen Gewissen ihm nichts Gutes ahnen ließ, opferte dem Gotte Orin und flehte ihn um seinen Beistand an. Da erhörte ihn der Gott, und ging, statt Gester's, in dessen Gestalt selbst zum Könige, erinnerte ihn an seinen Eid, und bat ihm einige Räthselfragen zur Beantwortung vorlegen zu dürfen. Hejbrik gab dazu seine Einwilligung, und nun begann der Wettstreit in folgender Weise: *)

  Gester. Ich möchte nur haben
    Was gestern ich hatte;
    Weißt du, was es ist?
    Es löset die Zunge,
    Es lähmt die Sprache
    Und bringt zum Schweigen.

  Hejbrik. Reichet dar ihm
    Den guten Trank!
    Er löset die Zunge,
    Aber im Uebermaaß

---

*) Volkssagen und Volkslieder aus Schwedens älterer und neuerer Zeit, von Afzelius; aus d. Schwedischen übers. v. Ungewitter; Lpzg. 1842, 1. Thl. S. 227 u. f.

Lähmt er die Sprache
Und bringt zum Schweigen.

Gester. Von Hause fuhr ich,
Fort zog ich weithin,
Sah dann viel Wege:
Weg war unten,
Weg war oben,
Und Wege auf allen Seiten.
Hejdrik, du König!
Lös'st du mein Räthsel?

Hejdrik. Gut ist dein Räthsel,
Du blinder Gester!
Gefunden ist es:
Der Vogel flog oben,
Der Fisch der schwamm unten,
Ueber die Brücken du fuhrst.

Gester. Was war es für ein Trank,
Ich gestern genoß?
Nicht Wasser, nicht Wein,
Nicht Meth oder Mungat*),
Auch keine Suppe;
Und dennoch gestillt der Durst.
Hejdrik, du König!
Lös'st du mein Räthsel.

Hejdrik. Gut ist dein Räthsel,
Gefunden es ist:
Du lagst im Walde,
Thau war im Grase;
Dieser dir kühlte
Die trockenen Lippen,
Und löschte den Durst.

Gester. Wer ist der Helltönende,
Er geht auf harten Wegen,
Die er zuvor getreten;
Hartes er küßt,
Doppelt sein Mund ist,
Auf Gold nur er regt sich.

Hejdrik. Des Goldschmieds Hammer,
Wenn Gold er schmiedet,
Laut er singet
Auf dem harten Amboß.

---

*) Ein angenehmes Getränk, welches vormals in Schweden bei besondern Gelegenheiten in geselligen Kreisen getrunken wurde.

Oester. Wie war das Wunder,
Ich draußen gewahrte
In einem Häuschen?
Zwei Todte es waren,
Nicht Leben sie hatten,
Doch kochten sie Wundlauch.

Hejbril. In Schmiede-Bälgen
Nicht Leben sich findet,
Nicht Loben noch Seele;
Doch schmiedet der Meister
Bei ihrem Windhauche
Verwundende Schwerter.

Oester. Wie war das Wunder,
Ich draußen gewahrte?
Acht Füße es hatte,
Vier Augen es hatte,
Und seine Kniee
Ueberragten den Magen.

Hejbril. Du schautest, wie künstlich
Die Spinne dort webte
Gespinnst aus dem Magen*).

Oester. Wie war das Wunder
Ich draußen gewahrte?
Es hatte sein Antlitz
Tief unter der Erde,
Die Füße dagegen
Die Sonne beschien.

Hejbril. Du sahest du wachsen
Die Zwiebel im Boden;
Das Haupt in der Erde,
Die Blätter nach oben.

Oester. Zwei weibliche Wesen
Und weiße; sie trugen
Gefüllte Gefäße,
Gemacht nicht mit Händen,
Auch nicht durch den Hammer.
Draußen am Eiland
War der Geschickte,
Der solches vermochte.

---

*) Die Spinnen haben hinten am Leibe eine Oeffnung, worin zwei bis drei Paar fleischige Warzen liegen, aus denen sie die Fäden ziehen. Die Alten glaubten irrig, daß das Gespinnst aus ihrem Magen komme.

Hejbrik. Weiß sind die Schwäne
Bei Eilanden draußen
Im Meere, sie weilen,
Und bauen die Nester;
Nicht Hände sie haben,
Doch Eier sie legen.

Gester. Fahren sah ich
Ein irdisches Kind.
Tod auf dem Todten,
Den Blinden ritt ein Blinder
Zum Meeresstrande;
Und leblos das Pferd war.

Hejbrik. Ein todtes Pferd sahst du
Auf schwimmendem Eise;
Oben ein Adler:
Der Strom trieb Alles.

Gester. Wer mag wohl schlafen
In Gruben der Asche,
Des Kiesels Geschöpf.
Nicht Vater, nicht Mutter,
Der Furchtbare hat.

Hejbrik. Asche hält das Feuer
Im Heerde verborgen;
Der Kiesel sein Erzeuger.

Gester. Wer ist der Dunkele,
Der über Land fährt;
Verschlinget See und Wald;
Den Wind er fürchtet,
Nicht aber den Menschen.
Die Sonne verzehrt ihn.

Hejbrik. Das ist der Nebel,
Den Sümpfen entstiegen.

Gester. Wer sind die Munteren,
Im Lande vernehmbar;
Mit weißen Schildern
Zu Winterszeiten;
Doch schwarz im Sommer.

Hejbrik. Repphühner man nennt sie,
Die gefiederten Wesen;
Die Federn sich schwärzen
Zu Sommerszeiten;

     Sie aber erbleichen
     In Bärennächten*).

Gester. Wer baut auf hohen Bergen,
     Wer fällt in tiefe Thäler.
     Wer lebt ohne Geist und Seele,
     Wer ist es, der nie schweigt.

Hejdrik. Auf Bergen baut der Adler.
     Thau fällt in tiefe Thäler.
     Der leblose Fisch
     In den Fluthen lebt.
     Nie aber schweigt
     Der tosende Wasserfall.

Gester. Vier gehen,
     Vier hängen,
     Den Weg zwei zeigen
     Und den Hunden wehren;
     Einer hängt hinten.

Hejdrik. Eine Kuh war es,
     Die du dort sahest
     Vierbeinig einhergehen:
     Vier Euter hängen;
     Der Hörner zwei
     Den Hunden wehren;
     Der Schwanz hängt hinten.

Gester. Wie war das Wunder,
     Ich draußen gewahrte:
     Mit zehn der Zungen,
     Mit zwanzig Augen,
     Mit vierzig Füßen;
     Schritt langsam einher.

Hejdrik. Wenn du bist Gester,
     Wie ich vermuthet,
     So bist du weiser noch
     Als ich dich glaubte.
     Und eine Sau ist's,
     Von der du redest,
     Du sahst sie draußen
     Im Hofe dort**).

---

*) D. h. im Winter.
**) Hejdrik ließ sogleich das Schwein schlachten, und es ergab sich, daß es mit neun Jungen trächtig war.

Gester. Wer sind die Beiden,
Zur Versammlung sie ziehen,
Haben mit einander
Der Augen drei,
Der Füße zehn,
Und einen Schweif.
So ziehen sie
Ueber Land hinweg.

Hejdril. Odin es ist,
Auf Sleipnir er reitet,
Dem guten Pferde
Mit zweimal vier Beinen*).

Nun ist Gester (Odin) in Verlegenheit, daß Hejdril alle seine Fragen beantworten kann, und er gibt ihm nun die letzte auf: was Odin seinem Sohne Balder ins Ohr gesagt habe, als dieser zum Scheiterhaufen getragen wurde**). Diese Frage konnte nun natürlich Hejdril nicht beantworten, weil dies der Gott Odin nur allein wissen konnte; damit erkannte er nun, daß Odin selbst der vermeintliche Gester gewesen sei, und rief aus: „diese Frage weißt nur du, du verwünschter Zaubergeist," zog im Zorne sein Schwert und hieb nach ihm; aber Odin nahm Falkengestalt an und flog zum Fenster hinaus, Hejdril traf aber noch die äußersten Schwanzfedern, und seitdem hat der Falke einen gespaltenen Schwanz.

Dieselbe Sage vom Hejdril und dem blinden Gester ist auch auf den Faroer zu Hause, von wo sie die nordische Alterthumsgesellschaft mitgetheilt hat***):

Vom Hause geht der blinde Gest,
Schweigend irrt er umher,
Ein alter Mann†) begegnet ihm
Mit grau gebleichtem Haar.
Ein alter Mann begegnet ihm
Mit graugebleichtem Haar:
„Wie bist du, blinder Gast, so wild,
Warum bist du so stumm?"

---
*) Odin erscheint zuweilen mit Einem Auge, er sieht und übersieht aber mit dem einen Auge so viel, als wenn er deren viele hätte. Sein schnelles Reitpferd heißt Sleipnir, und hat acht Füße. In Schleswig-Holstein hat man ein ähnliches Räthsel vom Reiter; s. Müllenhoff's Schlesw. Holst. Sagen, Nr. 22.
**) Dieselbe Frage stellt auch im Wasthrudismal Gangradr (Odin) an Wasthrudnir, welcher sie gleichfalls nicht beantworten kann; s. § 39.
***) Antiquarisk Tidskrift udgifet af det kongelige nordiske oldskrift-selskab. Kjöbenhavn 1852. S. auch Wolf's Zeitschr. für deutsche Mythologie, 3. Bd. S. 125.
†) D. i. der Gott Odin, dem Gester um Hülfe flehend geopfert hatte.

„„Das ist gar nicht verwunderlich,
Daß ich so schweigend irr',
Die Räthsel wollen übel mir,
Morgen miss' ich den Hals,
Das ist gar nicht verwunderlich,
Daß ich erregt und stumm,
Uebel wollen die Räthsel mir,
Morgen miss' ich den Leib.""

„Wie großen Schatz von rothem Gold
Willst du geben mir,
Tret ich vor König Hejdrik hin
Und nenne Räthsel für dich?"

„„Zwölf Mark in rothem Gold geprägt
Sollen werden dein,
Trittst du vor König Hejdrik hin
Und löst mein Haupt vom Tod.""

„Fahr du zu deinen Wiesen heim
Und walt auf deinem Hof;
Ich tret vor König Hejdrik hin
Und leg' ihm Räthsel vor."

Nun geht der alte Mann, Gott Odin, in der Gestalt des Gester zum Könige Hejdrik, erinnert ihn an seinen Eid und legt ihm folgende Räthsel vor, die Hejdrik alle löst:

„Höre, Hejdrik, König mein,
Wo weißt du zwei Nachbarn,
Gehen beide durch eine Thür,
Und keiner kennt den andern?"

„„Mein Gedanke, dein Gedank'
Sind zwar keine Nachbarn,
Gehn doch beid' durch eine Thür
Und keiner kennt den andern.""

„Höre, Hejdrik, König mein,
Wo weißt du die Brüder,
Liegen vor der Außenschär,
Ha'n kein Vater und Mutter?"

„„Oesterstrom und Westerstrom
Kannst du nennen Brüder,
Liegen vor der Außenschär,
Ha'n kein Vater und Mutter.""

„Höre, Hejdrik, König mein,
Wie mag das sich nennen,
Weich wie Dunnen, hart wie Horn,
Wie die Schneeflock' glänzend?"

„„Höre du das, blinder Gest,
Deine Räthsel weiß ich,
Weich ist und auch hart der See,
Weiß der Schaum am Lande.""*)

„Höre, Hejbril, König mein,
Wo erwächst die Hölzung,
Deren Wurzel himmelwärts
Schießt, der Stamm zur Erde?"

„„Eiseszapfen am Gebirg
Sind zwar keine Hölzung,
Doch die Wurzel himmelwärts
Ragt, der Stamm zur Erde.""

„Höre, Hejbril, König mein,
Wo weißt du die Forstung,
Wird gefällt am Feiertag,
Ist kein Holz darinnen?"

„„Der Bart an jedes Mannes Kinn
Ist zwar keine Forstung,
Doch man scheert ihn jedes Fest,
Ist kein Holz darinnen.""**)

„Höre, Hejbril, König mein,
Wo weißt du die Brüder,
Wachsen auf in einem Haus,
Und ha'n kein Vater und Mutter?"

„„Torferde, Schwefelstein
Sind selbander Brüder,
Wachsen auf in einem Haus,
Ha'n kein Vater und Mutter.""

Es folgen nun noch einige Antworten Hejbril's, zu denen aber das von Odin gegebene Räthsel fehlt, daher ich sie übergehe. Nachdem Hejbril alle Räthsel gelöst hatte, eilte Odin in Vogelgestalt rasch von dannen.

§ 39. Im Wafthrubnismal***) (das Lied vom Wafthrubnir) versuchen sich der Gott Odin und der Jote†) Wafthrubnir mit Räthselfragen,

---

*) Dieses erinnert an das lithauische Räthsel: was ist das, Wintergrün und Sommerschnee? Antwort: Tannenreisig und Seeschaum.
**) Die Deutschen haben ein ähnliches Räthsel über den Bart: „Mein Feld wird nicht abgemäht, bis die Saat unterm Schnee (Seife) steht."
***) Ich entnehme die Uebersetzung aus der Edda vom Simrock, Stuttg. 1851, und füge erläuternde Anmerkungen aus der nordischen Mythe bei.
†) Unter Jote, Jotum oder Jette versteht man Einen jenes Riesenstammes, von dem man glaubte, er sei, wenn nicht am ältesten im Norden, doch wenigstens älter als Odin; daher eine Feindschaft zwischen Odin und den Jetten.

welche sich auf die Cosmogenie der Skandinavier beziehen. Odin beschließt, sich in die Wohnung des Wafthrudnir zu begeben und ihn zu prüfen, ob er so weise und allwissend sei, als er ausgegeben wird. Odin tritt ein in die Halle des Wafthrudnir, worauf sich zwischen diesem und ersterem folgendes Gespräch entspinnt:

Odin. Heil dir, Wafthrudnir!
In die Halle kam ich
Dich selber zu sehen.
Zuerst will ich wissen,
Ob du weise bist
Und ein allwissender Jotte.

Wafthrudnir. Wer ist der Mann,
Der in meinem Saal
Das Wort an mich wendet?
Auskommst du nimmer
Aus unsern Hallen,
So ich dich nicht den Klügern erkenne.

Odin. Gangradr heiß ich,
Die Wege ging ich
Durstig zu deinem Saal.
Bin weit gewandert
Des Wirths benöthigt
Und deines Empfanges bedürftig.

Wafthrudnir. Was stehst du und sprichst
An der Schwelle, Gangradr?
Nimm dir Sitz im Saale.
So wird erkannt
Wer kundiger sei,
Der Gast oder der graue Redner.

Gangradr. Kehrt Armuth ein
Beim Ueberfluß,
Spreche sie gut oder schweige.
Ueblen Ausgang nimmt
Uebergeschwätzigkeit
Bei mürrischem Manne.

Wafthrudnir. Sage denn, so du
Von der Schwelle versuchen willst,
Gangradr, dein Glück,
Wie heißt der Hengst,
Der herzieht den Tag
Ueber der Menschen Menge?

Gangradr.   Skinfaxi heißt er,
            Der den schimmernden Tag zieht
            Ueber der Menschen Menge.
            Für der Füllen bestes
            Gilt es den Völkern,
            Stets glänzt die Mähne der Mähre.

Wafthrudnir. Sage denn, so du
            Von der Schwelle versuchen willst,
            Gangradr, dein Glück,
            Den Namen des Rosses,
            Der die Nacht bringt von Osten
            Den waltenden Wesen?

Gangradr.   Hrimfaxi heißt es,
            Das die Nacht herzieht
            Den waltenden Wesen.
            Mehlthau fällt ihm
            Vom Gebiß am Morgen
            Und füllt mit Thau die Thäler.*)

Wafthrudnir. Sage denn, so du
            Von der Schwelle versuchen willst,
            Gangradr, dein Glück,
            Wie heißt der Strom,
            Der den Söhnen der Riesen
            Den Grund theilt und den Göttern?

Gangradr.   Der Strom heißt Ifing,
            Der den Söhnen der Riesen
            Den Grund theilt und den Göttern.
            Offen wird er ziehn
            Durch alle Zeiten,
            Nie wird Eis ihn engen.**)

Wafthrudnir. Sage denn, so du
            Von der Schwelle versuchen willst,
            Gangradr, dein Glück,

---

*) Nach skandinavischer Mythe nahm der Allvater die Nacht und ihren Sohn, den Tag, gab jedem ein Roß und einen Wagen, und versetzte sie an den Himmel, damit sie Nachts und Tag die Erde mit ihren Rossen umfahren. Die Nacht fährt zuerst mit ihrem Rosse, das Hrimfaxi, d. i. Reif-mähne heißt, welches jeden Morgen mit dem Schaume seines Gebisses die Erde bethaut. Das Roß des Tages heißt Skinfaxi, d. i. Glanz-Mähne, von dessen Mähne die ganze Luft und Erde erhellt wird.

**) Ein Strom dieses Namens wird in den Eddaliedern nicht unter den Strömen genannt. Wahrscheinlich soll er hier die wesentliche Verschiedenheit der Götter und Riesen bezeichnen. Das Niegefrieren des Stromes drückt die Unübersteiglichkeit der gesetzten Scheidewand aus. Simrock, S. 346.

| | Wie heißt das Feld,
| | Wo zum Kampf sich finden
| | Surtur*) und die seligen Götter?
| Gangrabr. | Bigrid heißt das Feld,
| | Da zum Kampf sich finden
| | Surtur und die seligen Götter.
| | Hundert Rasten zählt es rechts und links:
| | Solcher Wahlplatz wartet ihrer.**)
| Wasthrudnir. | Klug bist du, Gast:
| | Geh' zu den Riesenbänken
| | Und laß uns sitzend sprechen.
| | Das Haupt zur Wette hier
| | Steh in der Halle,
| | Gast, um weise Worte.
| Gangrabr. | Sage zum ersten,
| | Wenn Sinn dir ausreicht,
| | Und du es weißt, Wasthrudnir,
| | Erd und Ueberhimmel,
| | Von wannen zuerst sie
| | Kamen? Kluger Jote!

---

*) Er ist der Herrscher in Muspelheim (der südliche, lichte und warme Theil der Welt), und ein unversöhnlicher Feind der Asen (ein Völkerstamm in Asien, dessen Oberhaupt Odin war). Wenn die Fülle der Zeit kommt, zieht Surtur mit Muspelheim's Bewohnern in Verbindung mit dem bösen Loke (dem Schandflecken der Götter und Menschen) und dessen Geschlecht in den Kampf gegen die Asen, bezwingt sie und setzt Himmel und Erde in Brand. Dann kommt ein neuer Himmel und eine neue Erde, in der ewige Gerechtigkeit herrscht.

**) Nach skandinavischer Sage wird auf dem hundert Meilen großen Felde Bigrid die große Schlacht zwischen den Asen und Surtur und seinem Anhange geschlagen, und hier findet Ragnarökr, d. i. der Untergang der Welt statt, der in der Edda beschrieben wird. [Die Edda, von Rühs, Berl. 1812, S. 226 u. f.] Zuerst kommt ein sehr heftiger Winter (Fimbulveter genannt), der die Sonnenwärme vernichtet, und solcher Winter folgen drei aufeinander, von keinem Sommer unterbrochen. Es entsteht ein allgemeines Blutvergießen, Brüder, Eltern und Kinder tödten einander. Dann verschlingen zwei Wölfe die Sonne und den Mond, die Sterne verschwinden, die Erde erbebt, Berge stürzen zusammen, das Meer steigt über seine Ufer; der bisher gefesselte fürchterliche Wolf (Fenriswolf) reißt sich los, und die bisher im Meere lauernde ungeheure Midgaardschlange schießt hervor und speit Gift aus; das größte, von den Nägeln todter Menschen gebaute Schiff, Naglfar genannt, wird flott und bringt den grausamen Riesen Hrymir. Während dieses Getümmels kommen Muspelheim's Söhne herangeritten, angeführt von Surtur, der mit Feuerflammen umgeben ist; sie ziehen auf die Ebene Bigrid, wo sie zum Fenriswolf und der Midgaardschlange stoßen, und wo sie auch den bösen Loke treffen. Nun rüsten sich die Asen und die Einherjar (die abgeschiedenen Helden in Walhalla) zum Kampfe, und rücken unter der Anführung Odin's in die Ebene Bigrid, wo eine mörderische gegenseitige Vertilgungsschlacht geschlagen wird, und zuletzt Surtur Feuer auf die Erde wirft, welches die ganze Welt verzehrt. Nach dieser allgemeinen Vertilgung steigt aus dem Meere eine neue schöne Erde hervor mit den besten Früchten; zwei Menschen, Namens Lif und Lifthraser, haben sich während der allgemeinen Zerstörung in einem Orte, Hodmimir's Holz genannt, verborgen und sich vom Morgenthau genährt; von ihnen stammt das Geschlecht ab, das nun die neue Erde bevölkert.

Wafthrudnir.	Aus Ymirs Fleisch
	Ward die Erde geschaffen,
	Aus dem Gebein die Berge,
	Der Himmel aus der Hirnschale
	Des eiskalten Hünen,
	Aus seinem Schweiße die See.*)
Gangradr.	Sag mir zum andern,
	Wenn der Sinn dir ausreicht,
	Und du es weißt, Wafthrudnir,
	Von wannen der Mond kommt,
	Der über die Menschen fährt,
	Und so die Sonne?
Wafthrudnir.	Mundilföri**) heißt
	Des Mondes Vater
	Und so der Sonne.
	Sie halten täglich
	Am Himmel die Runde
	Und bezeichnen die Zeiten des Jahrs.
Gangradr.	Sag mir zum dritten,
	So du dich weise dünkst
	Und du es weißt, Wafthrudnir,
	Wer hat den Tag gezeugt,
	Der über die Völker zieht
	Und die Nacht mit dem Neumond?
Wafthrudnir.	Dellingr.***) heißt
	Des Tages Vater,
	Die Nacht ist von Nörwi†) gezeugt.

---

*) Ymer ist der erste von dem Riesengeschlechte. Seine Entstehung wird auf folgende Weise erzählt. Die Hitze von Muspelheim und der Frost von Niflheim (der nördliche, kalte Theil der Welt) begegneten einander in Ginnungagap (ein Abgrund, das Chaos, das vor der Schöpfung des Himmels und der Erde da war, und im Norden an Niflheim, im Süden an Muspelheim gränzt), und da entstand ein Geschöpf in menschlicher Gestalt, Ymer. Bile, der Bruder, und Ve, der Sohn Odin's, tödteten den Ymer, und es floß so viel Blut von ihm, daß sein ganzes Geschlecht darin umkam, mit Ausnahme seines Enkels Bergelmer, der sich mit seinem Weibe auf einem Bote rettete, und Stammvater eines neuen Geschlechtes wurde. Bile und Ve nahmen Ymers Leichnam und bildeten daraus die Erde; aus seinem Blute Meer und Seen, aus seinen Gebeinen Berge, aus seinen Zähnen Steine, aus seiner Hirnschale den Himmel, und aus seinem Gehirne die Wolken.

**) Auch Mundilfare (d. i. Achsen-fahrer), ein Mann, der zwei Kinder hatte, welche so glänzend und schön waren, daß der Vater das eine, den Sohn, Mani, Mond, und das andere, die Tochter, Sol, Sonne nannte; die Götter, diesem Uebermuthe zürnend, nahmen beide dem Vater hinweg, und setzten sie an den Himmel als Mond und Sonne. Nyerup, S. 59. Schwenck, S. 20.

***) Die Erde (Jörðh) war vermählt mit Dellingr (gebildet aus dag-lingr, d. h. Täglinig), dessen Sohn Dagr (Tag) hieß.

†) Auch Norve, ein Jette, Vater der Nacht.

Des Mondes Mindern und Schwinden
Schufen milde Wesen,
Die Zeiten des Jahres zu bezeichnen.

Gangradr. Sag mir zum vierten,
Wenn du's erforscht hast
Und es weißt, Wafthrudnir,
Woher der Winter kam
Und der warme Sommer
Zuerst den güt'gen Göttern?

Wafthrudnir. Windswallr heißt
Des Winters Vater,
Und Swasudr des Sommers.*)
Sie wandern selbstander
Durch alle Zeiten
Bis die Götter vergehen.

Gangradr. Sag mir zum fünften,
Wenn du's erforscht hast
Und es weißt, Wafthrudnir,
Wer von den Asen der erste,
Oder von Ymir's Geschlecht
Im Anfang aufwuchs?

Wafthrudnir. Im Urbeginn der Zeiten
Vor der Erde Schöpfung
Ward Bergelmir geboren.
Drudgelmir
War dessen Vater,
Oergelmir sein Ahn.**)

Gangradr. Sag mir zum sechsten,
Wenn du dich sinnig dünkst
Und es weißt, Wafthrudnir,
Woher kam Oergelmir
Den Kindern der Riesen
Zuerst? allkluger Jote.

Wafthrudnir. Aus den Eliwagar
Fuhren Eitertropfen
Und wuchsen bis ein Riese ward.

---

*) Der Vater des Winters heißt Windloni oder Windswallr (d. i. Windkalt), ein Sohn des Wasadhr (d. i. Kaltluft). Vater des Sommers ist Swasudr, der so lustvoll, daß alles Milde nach ihm swaslig genannt wird.

**) Bergelmir ist der schon erwähnte Sohn des Ymer, welcher letztere auch Oergelmir genannt wird.

                Dann stoben Funken
                Aus der südlichen Welt
                Und Lohe gab Leben dem Eis.*)

Gangrabr.   Sag mir zum siebten,
                Wenn du dich sinnig dünkst
                Und es weißt, Wafthrudnir,
                Wie zeugte Kinder
                Der kühne Jote,
                Da er der Gattin irre ging?

Wafthrudnir.   Unter des Reifriesen Arm
                Wuchs, rühmt die Sage,
                Dem Thursen**) Sohn und Tochter.
                Fuß mit Fuß gewann
                Dem furchtbaren Riesen
                Sechsgehäupteten Sohn.

Gangrabr.   Sag mir zum achten,
                Wenn man dich weise achtet
                Und du es weißt, Wafthrudnir,
                Was gedenkt dir zuerst,
                Was weißt du das älteste?
                Du bist ein allkluger Jote.

Wafthrudnir.   Im Urbeginn der Zeiten,
                Vor der Erde Schöpfung
                Ward Bergelmir geboren.
                Des gedenk ich zuerst,
                Daß der allkluge Jote
                Im Bott geborgen ward.

Gangrabr.   Sag mir zum neunten,
                Wenn man dich weise nennt
                Und du es weißt, Wafthrudnir,
                Woher der Wind kommt,
                Der über die Wasser fährt
                Den Sterblichen unsichtbar.

Wafthrudnir.   Hräsvelgr heißt
                Der an des Himmels Ende sitzt
                In Adlerskleid ein Jote,

---

*) Eliwagar heißen einige Flüsse, die vor der Schöpfung der Welt in den Abgrundsschlund (den schon erwähnten Ginnungagap) hinausströmten, und diesen mit Lagen von Eis anfüllten. Als Funken aus Muspelheim diese zusammengehäufte Eismassen trafen, fingen sie an zu schmelzen und träufelten; die Tropfen erhielten Leben, und der Jette Ymer (oder Bergelmir) entstand.

**) Die Skandinavier haben den Namen Thurser oder Thusser mit Jetten ohne Unterschied gebraucht, als wenn sie eine Völkerschaft wären.

                Mit seinen Fittichen
                Facht er den Wind
                Ueber alle Völker.*)

Gangrabr.   Sag mir zum zehnten,
                Wenn der Götter Zeugung
                Du weißt, Wasthrudnir,
                Wie kam Niördr**)
                Aus Noatun
                Unter die Asensöhne?
                Hallen und Heiligthümern
                Gebietet er hundert
                Und ist nicht asischen Ursprungs.

Wasthrudnir.   In Wanaheim***)
                Schufen ihn weise Mächte
                Und sandten ihn Göttern zum Geisel.
                Am Ende der Zeiten
                Soll er aber kehren
                Zu den weisen Wanen.

Gangrabr.   Sag mir zum eilften,
                Wenn der Asen Geschicke
                Du weißt, Wasthrudnir,
                In Heervaters Halle
                Was schaffen die Helden
                Bis die Götter vergehen?

Wasthrudnir.   Die Einherier alle
                In Odin's Saal
                Streiten Tag für Tag;
                Sie kiesen den Wal
                Und reiten vom Kampf heim

---

*) Er kommt auch unter den Namen Egdir oder Egthier vor. Da das Wort Hräsvelgr eigentlich Aasverschlinger bedeutet, so mag sich eine Analogie dieser Sage in dem Sinne eines wohlthätigen Genius der Stürme, welcher die unreinen aashaften Dünste zerstreut, finden lassen.

**) Auch Njord oder Niohr, Einer vom Gefolge der Asen, wohnt auf der Burg Noatun, schaltet über den Gang des Windes und beschwört Meer und Feuer. Man ruft ihn an zur See und beim Fischfange. Vom Asengeschlecht selbst ist er aber nicht. Er stammte aus Wannaheim, und wurde zufolge eines Vertrages den Asen als Geisel übergeben, kehrte aber später wieder nach Wannaheim zurück. Er wurde in Schweden, Norwegen und auf Island göttlich verehrt.

***) Das Land der Vaner. Diese werden in der Edda als eine von den Asen verschiedene Völkerschaft erwähnt; sie haben gewöhnlich das Epitheton „die weisen". Snorro (Heimskringla, ed. Schöning, T. I, p. 6) sagt, daß die Vaner am Flusse Tanais oder Vanaqvisl wohnten, und erwähnt den Krieg, der dort zwischen den Asen und Vanern geführt, und die Aussöhnung, die zwischen ihnen gestiftet wurde, bei welcher Gelegenheit Niördr als Geisel nach Skandinavien kam.

      Mit Äsen Ael zu trinken,
      Und Sährimnirs satt
      Sitzen sie friedlich beisammen.*)

Gangrabr. Sag mir zum zwölften,
      Wenn der Götter Zukunft
      Du alle weißt, Wasthrubnir,
      Von der Joten und aller
      Äsen Geheimnissen
      Sag mir das Sicherste
      Allkluger Jote.

Wasthrubnir. Von der Joten und aller
      Äsen Geheimnissen
      Kann ich Sicheres sagen,
      Denn alle durchwandert
      Hab ich die Welten,
      Neun Reiche bereist ich
      Bis Nifelheim nieder;
      Da fahren die Helden zu Hel.**)

Gangrabr. Viel erfuhr ich,
      Viel versucht ich,
      Befrug der Wesen viel.
      Wer leibt und lebt noch,
      Wenn der lang besungene
      Schreckenswinter schwand?

Wasthrubnir. Lif und Lifthrasir
      Leben verborgen
      In Hoddmimirs Holz.
      Morgenthau
      Ist all ihr Mal;
      Von ihnen stammt ein neu Geschlecht.

Gangrabr. Viel erfuhr ich,
      Viel versucht ich,
      Befrug der Wesen viel.

---

*) Die Einheriar sind die abgeschiedenen Helden, womit Odin sich in Walhalla umgiebt, und welche er auf das beste bewirthet, in der Hoffnung, daß sie beim Untergang der Welt mit ihm gegen Muspelheim's Söhne streiten werden. Während ihres Aufenthaltes in Walhalla ergötzen sich die Einheriar damit, daß sie Meth (Ael) trinken, den Speck des unvergänglichen Ebers Sährimnir verzehren, mit einander kämpfen, sich todt schlagen und wieder aufleben.

**) Nifelheim, die Nebelheimath, ist der nördliche und kalte Theil der Welt, wo Eis und Frost herrscht. Dorthin wurde Hel, die Tochter des menschenfeindlichen Riesen Lole, von Alfader, dem vornehmsten der Götter, hinabgeschleudert, wo sie diejenigen empfängt, die wegen Krankheit oder Alter sterben. Die Gegend von Nifelheim, wo sich die Hel aufhält, heißt Helheim.

	Woher kommt die Sonne
	An den klaren Himmel,
	Wenn diese Fenrir*) fraß?
Wafthrudnir.	Eine Tochter entstammt
	Der strahlenden Göttin,
	Eh der Wolf sie würgt:
	Glänzend fährt
	Nach der Götter Fall
	Die Maid auf den Wegen der Mutter.
Gangradr.	Viel erfuhr ich,
	Viel versucht ich,
	Befrug der Wesen viel.
	Wie heißen die Mädchen,
	Die über der Zeiten Meer
	Vorwissend fahren?
Wafthrudnir.	Drei über der Völker
	Besten schweben
	Mögthrasir's Mädchen**),
	Die einzigen Huldinnen
	Deren auf Erden,
	Wenn auch bei Riesen aufgezogen.
Gangradr.	Viel erfuhr ich,
	Viel versucht ich,
	Befrug der Wesen viel.
	Wer waltet der Asen
	Des Erbes der Götter,
	Wenn Surtur's Lohe losch?
Wafthrudnir.	Widar und Wali
	Walten des Heiligthums,
	Wenn Surtur's Lohe losch.
	Modi und Magni
	Sollen Miölnir schwingen
	Und zu Ende kämpfen den Krieg.***)
Gangradr.	Viel erfuhr ich,
	Viel versucht ich,
	Befrug der Wesen viel.

---

*) Der Fenriswolf ist ein Kind des bösen Riesen Loke, und liegt von den Asen gefesselt, bis die Zeit des Unterganges der Welt kommt, wo er sich losreißt und die Sonne verschlingt.

**) Das sind die Nornen, die Schicksalsgöttinnen, welche die Lebenszeit der Menschen bestimmen. Warum sie hier Mögthrasir's Töchter genannt werden, ist nicht erklärt.

***) Wenn Surtur die Erde mit Feuer zerstört hat, ergreifen Odin's Söhne Widar, Modi und Magni den Miölnir (Odin's Waffe, ein ungeheurer Hammer, mit dem er Alles niederschlägt) und setzen den Kampf fort bis zur Erschaffung der neuen Erde.

	Was wird Odin's
	Ende werden,
	Wenn die Götter vergehen?
Wafthrudnir.	Der Wolf erwürgt
	Den Vater der Welten:
	Das wird Widar rächen.
	Die kalten Kiefern
	Wird er klüften
	Im letzten Streit dem Starken.*)
Gangradr.	Viel erfuhr ich,
	Viel versucht' ich,
	Befrug der Wesen viel:
	Was sagte Odin
	Ins Ohr dem Sohne
	Eh er die Scheitern bestieg?
Wafthrudnir.	Nicht Einer weiß
	Was in der Urzeit du
	Sagtest dem Sohne ins Ohr.
	Den Tod auf dem Munde
	Meldet' ich Schicksalsworte
	Von der Asen Ausgang.
	Mit Odin kämpft' ich
	In klugen Reden:
	Du wirst immer der Weiseste sein.

Wafthrudnir erklärt sich hier für überwunden, da er keine Antwort auf diese Frage weiß.**) Daß er den Tod verwirkt hat, ist ihm wohl bewußt; ob er an ihm vollzogen ward, vermeidet der Dichter zu melden. Daß er mit Odin gekämpft hat, erkennt der Besiegte an dem Inhalt der Frage, die ein Geheimniß betrifft, von dem kein Anderer Kunde haben kann. Sollen wir uns gleichwohl eine Vermuthung erlauben, so möchten wir aus der Stellung der Frage unmittelbar nach der über das Ende der höchsten Götter schließen, daß das hier waltende Geheimniß auf die einstige Wiedergeburt der Welt und der Götter zu beziehen sei***).

---

*) Bei dem, durch Surtur veranlaßten Weltuntergange verschlingt der Fenrir's Wolf den Odin; aber Widar faßt ihn und reißt ihn mit gewaltiger Hand die Kiefer und den Rachen auseinander und tödtet ihn so. Widar kommt unbeschädigt von Surtur's Flammen davon, und lebt dann in der neuen Welt.

**) Diese Frage schließt auch den Wettstreit zwischen dem Könige Hejdrik und dem blinden Gester (Odin) und kann auch von dem weisen Hejdrik nicht beantwortet worden; s. § 38.

***) Simrod's Edda, S. 347.

§ 40. Dem Alvißmal (dem Eddaliede vom Alvis) liegt folgende Sage zu Grunde*) Der Zwerg Alvis, der unter der Erde wohnt und unterm Stein Stätte hat, will eilig seine Braut, des Gottes Thor Tochter, die schönglänzende, schneeweiße Jungfrau heimholen. Diese wird ihm, dem Bleichnaſigen, der Nachts bei Leichen gelegen, verweigert, Alvis aber beruft sich auf eine unverbrüchliche Verheißung. Thor will aber diese aufheben, er allein, als Vater, habe über die junge Maid zu verfügen und er sei nicht daheim gewesen, als die Verheißung geschehen. Er nennt sich auf die Frage des Zwerges und wiederholt, daß die Heirath ohne seine Zustimmung nicht zu Stande kommen werde. Der Zwerg hofft doch diese zu erlangen, und Thor willigt ein, wenn der Zwerg alles, was er wissen wolle, aus jeder Welt zu sagen vermöge. Alvis ist bereit die Probe zu bestehen, denn alle Welten hat er durchfahren und jedes der Wesen kennen gelernt. In einer Reihe von Fragen und Antworten gibt nun Alvis Bescheid, wie Erde, Himmel und Gestirne, Wolken, Winde, Meer, Feuer, Baum, Nacht, Saat, Bier u. s. w. bei den verschiedenen Wesenklassen, bei Menschen, Asen, Vanen, Jötunen, Alfen, Zwergen, verschieden benannt seien. Diese Räthselfragen, die Thor vorlegt, und die Antworten des Alvis heißen so:

Thor. Sage mir, Alvis,
Da alle Wesen,
Kluger Zwerg, du erkennst,
Wie heißt die Erde,
Die Allernährende,
In den Welten allen?

Alvis. Erde den Menschen,
Den Asen Feld,
Die Wanen nennen sie Weg,
Allgrün die Toten,
Die Alfen Wachsthum**),
Lehm heißen sie höhere Mächte.

Thor. Sage mir, Alvis,
Da alle Wesen,
Kluger Zwerg, du erkennst,
Wie heißt der Himmel,
Der hoch sich wölbt,
In den Welten allen?

---

*) Der Mythus von Thor, von L. Uhland; Stuttg. 1836, S. 78.
**) Wer die Asen und Wanen sind, wurde bereits erwähnt; die Alfen sind der älteste Völkerstamm, der in Skandinavien gewohnt hat.

Alvis. Himmel den Menschen,
Dach heißt er den Göttern,
Windweber den Wanen,
Elfen Glanzhelm,
Zwergen Träufelthor.
Thor. Sage mir, Alvis,
Da alle Wesen,
Kluger Zwerg, du erkennst,
Wie heißt der Mond,
Den die Menschen schauen,
In den Welten allen?
Alvis. Mond sagen Sterbliche,
Scheibe Götter,
Bei Hel sagt man rollendes Rad,
Sputer bei Riesen,
Scheln bei Zwergen,
Jahrzähler aber bei Alfen.
Thor. Sage mir, Alvis,
Da alle Wesen,
Kluger Zwerg, du erkennst,
Wie heißt die Sonne,
Die den Geschlechtern leuchtet,
In den Welten allen?
Alvis. Sonne den Menschen,
Gestirn den Göttern,
Zwerge sagen Zwerg's Ueberlisterin,
Lichtauge Joten,
Alfen Glanzkreiß,
Allklar Asensöhne.
Thor. Sage mir, Alvis,
Da alle Wesen,
Kluger Zwerg, du erkennst,
Wie nennt man die Wolken,
Die nebelhaften,
In den Welten allen?
Alvis. Menschen sagen Wolken,
Schauerer Götter,
Windschiff die Wanen,
Riesen Regenbringer,
Alfen Unwetter,
Bei Hel heißen sie Nebelhelm.
Thor. Sage mir, Alvis,
Da alle Wesen,
Kluger Zwerg, du erkennst,
Wie heißt der Wind,

     Der weithin weht,
     In den Himmeln allen?

Alvis. Wind bei den Menschen,
   Wehe bei den Göttern,
   Wieherer höhern Wesen,
   Bei Joten Greiner,
   Lärmer bei Alfen,
   Bei Hel heißt er Heuler.

Thor. Sage mir, Alvis,
   Da alle Wesen,
   Kluger Zwerg, du erkennst,
   Wie heißt die Luftstille,
   Die liegen soll
   Ueber allen Welten?

Alvis. Den Menschen Luft,
   Lager den Göttern,
   Windflucht sagen die Wanen;
   Schwüle die Riesen,
   Alfen Morgenröthe,
   Zwerge heißen sie Heiterkeit.

Thor. Sage mir, Alvis,
   Da alle Wesen,
   Kluger Zwerg, du erkennst,
   Wie heißt das Meer,
   Drauf Männer rudern,
   In den Welten allen?

Alvis. See sagen Menschen,
   Spiegel die Götter,
   Wanen nennen es Woge,
   Riesen Aalheim,
   Alfen Wasserschatz,
   Zwerge heißen es hohes Meer.

Thor. Sage mir, Alvis,
   Da alle Wesen,
   Kluger Zwerg, du erkennst,
   Wie heißt das Feuer,
   Das den Völkern brennt,
   In den Welten allen?

Alvis. Feuer den Menschen,
   Den Göttern Flamme,
   Woger sagen Wanen,
   Riesen Rascher,
   Zwerge Zünder,
   Bei Hel heißt es Wüster.

Thor. Sage mir, Alvis,
Da alle Wesen,
Kluger Zwerg, du erkennst,
Wie heißt der Wald,
Der ewig wächst,
In den Welten allen?

Alvis. Wald heißt er den Menschen,
Den Göttern Haar des Berges,
Bei Hel Hügelmoos,
Bei Riesen In die Gluth,
Bei Alfen Schönverzweigt,
Wanen heißt er Heister.

Thor. Sage mir, Alvis,
Da alle Wesen,
Kluger Zwerg, du erkennst,
Wie heißt die Nacht,
Die Nörwis Tochter ist,
In den Welten allen?

Alvis. Nacht bei den Menschen,
Nebel den Göttern,
Hülle höhern Wesen,
Riesen Ohnelicht,
Alfen Schlummerluß,
Traumgenuß nennen sie Zwerge.

Thor. Sage mir, Alvis,
Da alle Wesen,
Kluger Zwerg, du erkennst,
Wie heißt die Saat,
Die da gesäet wird,
In den Welten allen?

Alvis. Saat bei den Menschen,
Bei Göttern Samen,
Gewächs bei den Wanen,
Bei Riesen Ahung,
Bei Alfen Stoff,
Bei Hel heißt es wallende See.

Thor. Sage mir, Alvis,
Da alle Wesen,
Kluger Zwerg, du erkennst,
Wie heißt das Ael,
Das Alle trinken,
In den einzelnen Welten?

Alvis. Ael bei Menschen,
Bei Asen Bier,

Wanen sagen Saft,
Riesen helle Flut,
Bei Hel heißt es Meth,
Geschlürf bei Suttungs Söhnen.*)

Thor. Aus Einer Brust
Alter Kunden
Vernahm ich nie so viel.
Mit schlauen Listen
Verlorst du das Spiel,
Der Tag verzaubert dich, Zwerg:
Die Sonne scheint in den Saal.

Es ist Alvismal eine Nachahmung von Wafthrudnismal.**) Die Aehnlichkeit tritt zuerst in den Namen hervor. So wie Wafthrudnir der allkluge (alsvidhr) Riese, so heißt Alvis der allkundige (alvis) Zwerg; beide sind in allen Welten, und in geheimen Kunden aus der Urwelt bewandert, und besonders ist der Zwerg der Sprache aller Welten kundig.***) Im Wafthrudnismal ist ein Wettgespräch Odin's mit dem Riesen, bei dem das Haupt zur Wette stand, zur Form der Belehrung über die höchsten mythologischen Dinge benutzt; im Alvismal gibt ein Fragespiel Thor's mit dem Zwergen, bei dem es nun eine Braut gilt, Veranlassung, eine Reihe poetischer Synonime vorzuführen. Beide Einkleidungen beruhen auf dem uralten Gebrauche der Räthselfragen, bei welchen das Haupt des Verlierenden zu Pfande zu stehen pflegt, wonach im Wafthrudnismal der Riese unterliegt; im Alvismal, wo von keiner Strafe die Rede ist, sollte eigentlich der Zwerg, der alle Fragen gelöst hat, siegen und den verheißenen Lohn, die Braut, davontragen, aber um diesen wird er durch eine List

---

*) Kvaser, oder Quaser, ein Mann im Gefolge der Asen, war so weise, daß ihm Niemand eine Frage vorlegen konnte, die er nicht zu beantworten wußte. Er wandelte in der Welt umher, um Weisheit zu predigen, und kam einst zu den beiden Zwergen Fialar und Galor, welche ihn tödteten und Honig in sein Blut gossen und daraus einen Trank bereiteten, der den Zauber besaß, daß Jeder, welcher davon trank, Dichter und Weiser wurde. Der Riese Suttung raubte aber diesen Saft den Zwergen und verwahrte ihn im Berge Heitbjerg; Odin jedoch entdeckte diesen Aufenthaltsort und raubte den Saft und führte ihn nach Asgaard, einer mitten in der Welt gelegenen Stadt, wo die Asen wohnten.

**) Simrock, S. 373. Uhland, S. 80.

***) Einem Zwerge die allseitige Sprachkenntniß beizulegen, war ein vollmäßiger Anlaß gegeben. Das besondere Gebiet der Zwerge erstreckt sich über das Innere der Erde, Gestein sowohl als urbaren Grund. Vom Gestein aber hallt aller Klang, aller Wesen Sprache wieder, und noch jetzt heißt in den nordischen Mundarten das Echo Zwergrede; namentlich läßt ein färöisches Volkslied in den Bergen, in jedem Fels diese Zwergsprache singen.

gebracht, da Thor ihn durch seine Fragen aufhält, bis er, vom Tageslicht überrascht, zu Stein erstarrt. Es liegt aber noch eine besondere tellurisch= cosmische Symbolik im Alvismal. Die Tochter Thor's und seiner Gemahlin Sif ist Thrud (Thrudhr), und da der Name Thrud die Bedeutung Kraft und Stärke hat, so ist das Nächste hier an das nährende und stärkende Erdmark zu denken, an die Nährkraft, die im Korne liegt, dem eigensten Erzeugnisse der Eltern Thor und Sif. Thor verweigert seine Tochter dem Zwerge, dem sie in seiner Abwesenheit verlobt worden. Daß diese Tochter schönglänzend und schneeweiß genannt wird, paßt ganz auf das neugewachsene und neues Leben beginnende, goldfarbige, weißmehlige Saatkorn. Der Zwerg ist als unterirdischer, lichtscheuer Erdgeist gezeichnet; er haust unter Erde und Stein, ist bleich um die Nase, als hätte er die Nacht bei Leichen zugebracht, die auch in der dunklen Erde liegen. Ihm ist Thor's Tochter, während dessen Abwesenheit, anverlobt, das ausgestreute Saatkorn ist dem finstern Erbengrunde gegeben. Bei seiner Zurückkunft überrascht Thor den Zwerg mit Tageslicht und Sonnenschein; dies kann auf die Wiederkehr der längeren, sonnigen Tage bezogen werden, welche dem Boden die Saat wieder abgewinnen; dabei waltet noch die in manche Sage eingreifende Vorstellung, daß Nachtgeister vom Tageslicht überrascht, in Steine verwandelt werden, wie es hier dem Zwerg geschieht, der von Thor durch die Fragen so lange mit List aufgehalten wird, bis ihn das Tageslicht überrascht, und ihn zu einem Stein erstarrt.*)

§ 41. Das Gedicht vom Wartburgkriege, dessen Abfassung in die ersten Jahre nach 1215 fällt, stand an der Spitze änigmatisch= dramatischer Dichtungen jener Zeit. Indem dasselbe, sagt Bechstein**), uns zu allbekannten Schauplätzen führt, überstrahlt es sagenhaft und dich= terisch zugleich den geweihten Boden der Wartburg, und läßt tiefe Blicke in das höfische Gebahren jener Zeit, sowie in das sociale Leben der Sänger, ihre Anschauungs= und Gefühlsweise thun. Es war ein fröhliches Treiben der am Hofe des Landgrafen Herrmann von Thüringen auf der Wartburg versammelten Genossen (Wolfram von Eschenbach, Klingsor aus Ungerland,

---

*) Aehnlich ist die schwedische Sage von den Elfenjungfrauen, welche ihre Spiele und Tänze auf der Erde mit Sonnenuntergang beginnen, was bis zum Hahnengeschrei dauert; sobald sich aber dieser hören läßt, dürfen sie nicht länger auf der Erde verweilen; haben sie aber dieses versäumt, so werden sie auf derselben Stelle, wo sie sich gerade befanden, einen Tag lang bis zum nächsten Hahnenruf unsichtbar gebannt.
**) Mythe, Sage, Mähre und Fabel im Leben und Bewußtsein des deutschen Volkes; 2. Thl. Leipz. 1855, S. 6.

Walter von der Vogelweide, Heinrich von Reisbach, Reinmar von Zweter, Biterolf von Stilla u. A.), so daß selbst Walthern von der Vogelweide endlich von dem Lärm die Ohren wehe thaten, und er sang:

"Ein Schaar fährt aus, die andre ein, Nacht und Tag;
Und gält ein Fuder Weines tausend Pfund,
Nie ständen doch der Ritter Becher leer."

Darum konnte gar wohl ein alter Sänger die Wartburg dichterisch ein Schloß Zechenbach nennen*), weil den Zechern allda der edle Wein gleich einem Bache floß. Bei diesem Sängerkriege legt nun Klingsor dem Wolfram Räthsel vor**), welche letzterer lös't, worauf Wolfram gleichfalls dem Klingsor ein Räthsel vorlegt:

1. Klingsor. Ein Vater seinem Kinde rief,
An eines Sees Damme lag es da und schlief:
"Erwache Kind, ich weck' dich aus Treue;
Diesen See bestürmt der Wind,
Auch kommt die finstre Nacht; erwache, liebes Kind!
Verlör' ich dich, das büßt' ich stets mit Reue."
Noch fuhr das Kind zu schlafen fort; als das der Vater sahe,
Er trat zur Stelle, wo es lag,
Und gab mit seiner Hand ihm einen Ruthenschlag,
Er sprach: "erwache Kind, die Nacht ist nahe."
Den Vater übernahm der Zorn,
Mit seinem Munde blies er in ein helles Horn,
Und sprach: "du schläfst, wach endlich auf, du Dummer!"
Aus rechter Liebe das geschah,
Das Kind bei seinem krausen Haare nahm er da,
Und gab ihm einen Backenschlag im Schlummer.
Er sprach: "das Herz ist dir versumpft, ich muß dich besser ziehen!
Erscholl mein Horn nicht laut genug,
Und frommte dir die Ruthe nicht, mit der ich schlug,
Noch helf' ich dir, willst du der Flut entfliehen."

───────────────

*) Albrecht von Halberstadt dichtete „Metamorphosen Ovids", deren Dichtung in das Jahr 1210, also ganz nahe mit dem Wartburgkriege zusammenfiel. Dieses Gedicht ging, bis auf den Prolog, verloren, und nur eine spätere Ueberarbeitung durch Georg Wickram aus Colmar blieb erhalten; dieser nennt ein Schloß Zechenbach, darauf der thüringer Landgraf Hermann den Sänger Albrecht gehalten habe, meint das jedoch jedenfalls in demselben scherzhaften Sinne, in dem noch heute ein erlesener Kreis von Freunden unter sich jenen berühmten Sängersitz die Humbenburg nennt, denn ein Schloß Zechenbach giebt es nicht im sang- und klangreichen Thüringerlande, wohl aber war, nach der Minnesänger eigenem Zeugniß, des Zechens nicht wenig auf der sängerbelebten Wartburg.

**) Ich nehme die Uebersetzung von Simrod (der Wartburgkrieg, Stuttg. 1858) im Auszuge, indem ich nur das anführe, was auf das Räthsel und seine Auflösung Bezug hat, und deshalb manche Strophe und Vers hinweggelassen habe.

Der Vater sah sein liebes Kind noch schlafen dort,
Mit Jammer er die Augen zu ihm wandte;
Davon ward sein Gemüthe scharf,
Daß er mit einem Schlegel nach dem Kinde warf.
Er sprach: „Nimm wahr, den Boten ich dir sendte;
Dein pflag ein Thier, Eridemon*), das war gar sonder Galle,
Da folgtest du des Luchses Rath,
Der dich in diesen falschen Schlaf betrogen hat."
Da brach der Damm und kam der See mit Schalle.

Wolfram. So höre, wer dem Kinde rief: Altissimus**) der starke.
Ein jeder Sünder ist das Kind,
Gottes Horn die weisen Meisterpfaffen sind:
So schwebt in deines Sinns See meine Barke.
Nun höre, ob ich weiß zu spähn:
Den Ruthenstreich läßt Gott an Freunden dir geschehn:
Groß Herzeleid, das ist sein erstes Strafen.
Versäumst du Besserung zu lang,
Den Backenschlag verstehe: du wirst selber krank,
Willst du zu lang in deinen Sünden schlafen,
Des Schlegels Wurf, das ist der Tod, den er dann an dich sendet,
Womit er Beicht' und Reu' begehrt;
Wird beides ihm nicht völliglich von dir gewährt,
So harrt dein Höllenpein, die nimmer endet.
Ist mir der Sinn im Herzen zahm,
So will ich dich bescheiden von des Sees Damm:
Das ist die Zeit, die Gott dir zugesprochen.
Versäumst du aber deine Zeit,
So glaube mir's gewiß ohn' allen Widerstreit,
Daß du den Damm dir selber hast durchbrochen.
Der See ist deine künft'ge Zeit, die Tage sind die Winde,
Dein Engel ist Eridemon,
Der Luchs der Teufel, der dir wägen mag den Lohn,
Gar schlimm . . . .

2. Klingsor. Ein König hat zwei Kinder lieb,
Jungfräulein, deren Jugend ungekrönt noch blieb,
Ward hohe Krone beiden auch gemessen.
Zwei Männer hat er dann erwählt,
In rechter Eh' den schönen Kindern anvermählt;
Er sprach: „Ich will euch zweie nicht vergessen.

---

*) Dieses Wort ist wahrscheinlich aus Agathodämon entstellt; man hat es auch mit δεισιδαιμον zusammengebracht.

**) Wolfram bedient sich einigemal des Ausdruckes „Altissimus" für Gott; man leitet es aus dem englischen Gruß (Evang. Lucas I, 31. 32.) ab, den die Vulgata so übersetzt: hic erit magnus et filius Altissimi vocabitur.

Wie meinen Frauen kröne werd' ich euch nach zwanzig Wochen,
Daß ihr zusammen Kronen tragt
Auf Häuptern zwein." Wer mir dieß fremde Wunder sagt,
Deß Meisterkunst bedünkt mich unzerbrochen.
Der eine Mann gewann den Sinn,
Er fügte seiner jungen Königin
Viel Herzeleid und großen Jammers Peinen;
Er schlug sie oft mit scharfem Dorn,
Unter seine Füße warf er sie im Zorn,
Sie sudelnd in dem Pfuhle bei den Schweinen.
Das sah der König, der die Krone diesen Zwein verliehen;
Gerechter Zorn ihn übermannt:
„Ich muß mich euer schämen," sprach er allzuhand,
„Mein Angesicht will ich euch stets entziehen."
Die andre Magd litt große Noth
Von ihrem Friedel*): oft ward ihr das Auge roth.
Nun Meister, merkt mein Singen und mein Sagen.
Er bewarf sie oft mit schnödem Mist;
Darnach erdacht' er eine wunderliche List,
Zu einer Quelle hat er sie getragen,
Und wusch ihr gütlich wieder ab, womit er sie entreinigt.
Da ward ihm hold des Königs Herz.
Auf dieß Gebäude ziemte wohl ein Dach von Erz:
Ich muß ihn preisen, wer es recht vereinigt.

Wolfram. Da ich mit Erz dir decken soll,
Der König ist Gott selber: so erkenn ich wohl
Zwo Seelen in den schönen Kindern beiden.
Die jungen Männer sind ihr Leib;
Noch tobt, bis ihnen Leben gibt die Seel, ihr Weib.
Der Krone noch entbehren sie als Heiden:
Nach zwanzig Wochen bringet sie die Taufe denn mit Freude,
Die tragen sie auf Häuptern zweien.
Wer mir das verwerfen wollte, spräche Mein:
So deck ich meisterlich ein fremd Gebäude.
Nun merke, Mann und selig Weib,
Wie doch die Seele martern kann ein falscher Leib:
Undeutsche Worte gleichen jenem Dorne;
Wenn Sünde dann das Herz vollbringt,
Daß Herz und Zunge übel nur zusammenklingt,
Mit Füßen trittst du so die Auserkorne.
Wo je der Leib die Seele will im Lasterpfuhl entreinen,
Daß er sie in die Sünde legt,

---

*) D. i. von ihrem Angetrauten.

Sie dann zum Waschen nicht zum Quell des Brunnens trägt,
Gott schämt sich sein, der so sich kann versteinen.*)

3. **Klingsor.** Herr Salomon, der König reich,
Der ließ sich zimmern einen Thron gar ohne Gleich,
Von Gold und auch von edelm Elfenbeine,
Auf sechs der Stufen aufwärts ginge,
Zwölf junge Löwen auf den Stufen rechts und links:
Nun merke Meister, was die Märe meine:
Zu beiden Seiten standen einzeln noch zwei große Leuen.
Ganz umfangen war der Thron
Mit zweien Armen: schön saß König Salomon
Und mächtg da . . . .

Wolfram. Verschone, Meister, mich dein Haß:
Altissimus gewaltig in dem Throne saß,
Seine Mutter auch, der Thron, ist hoch zu preisen.
Seiner Allmacht gleicht des Goldes Schein;
Der reinen Magd vom Himmelreich das Elfenbein;
Zwölf Löwen auf die zwölf Apostel weisen.
Zur rechten Hand steht Gabriel, ein starker Leu, zur linken
Johannes der Evangelist.
Simeon und Joseph, sie umfingen Christ,
Das sind die Arme . . . .

4. **Klingsor.** Gewachsen ist ein edler Baum,
Mit hoher Kunst gebildet in des Gartens Raum:
Sein Wurzel hat der Hölle Grund durchgangen.
Sein Wipfel rühret an den Thron,
Da der süße Gott bescheidet Freunden Lohn;
Von den Aesten ist der Garten ganz umfangen;
In voller Zierde prangt der Baum, belaubt in reicher Schöne.
Dazwischen sitzen Vögelein,
Die singen süßen Sang in Stimmen klar und fein,
Vielfach ist ihre Kunst und ihr Getöne.
Unter dem Baume liegt ein Thier,

---

*) Simrock erklärt dieses Räthsel aus der alten Ansicht, daß das Kind im Mutterleibe die Seele erst empfange, wenn die Mutter die erste Bewegung unter dem Herzen spürt. Dann also werden Leib und Seele verbunden: zwanzig Wochen später, also gleich nach der Geburt empfängt das innig verbundene, bis dahin heidnische Paar die Krone durch die Taufe. Dieser Paare sind zwei, weil der Dichter an ihnen veranschaulichen will, wie verschieden der Leib mit der ihm anvertrauten Seele umgehen könne. Der Eine schlägt sie mit Dornen, wirft sie im Zorne unter die Füße und besudelt sie im Pfuhle. Auch der Andere behandelt sie anfangs unwürdig, er bewirft sie mit schnödem Mist; hernach aber trägt er sie zum Brunnen und reinigt sie, wodurch er die Gunst des Königs, ihres Vaters, wieder gewinnt. Diese beiden sind nach Wolfram's Deutung darin verschieden, daß der Eine in der Sünde beharrt, der Andere sie bereut und Buße thut.

Das heißt mit Recht nach seiner Art Alistenier*):
Es achtet nicht das Obst, das niederstinkt,
Ob Sonn es löst, ob Windeswehn.
Nur weise Gotteskinder es zu lesen gehn,
Wie ihnen dort ihr hoher Meister winket,
Der oben auf dem Baume steht und Früchte bricht vom Zweige.
Wer mir nun rathen kann den Stamm,
Vor seinem Löwenmunde will ich sein ein Lamm,
Da ich, wo Er will reden, billig schweige.

Wolfram. Der Garten ist die Christenheit,
Der edle Baum das heilge Kreuz**); das mag so breit,
So hoch und weit die ganze Welt beschließen,
Den Himmel und der Hölle Grund,
Wo der leide Teufel aussinnt manchen Fund;
Denn wo er liegt, da mag ihn wohl verdrießen.
Wer mit Gott gedeihen will, das Bild erwähl' er gerne,
Führe das Kreuz an seiner Hand:
Er ist behütet, käm' er weit in fremdes Land,
Und sei gewiß, der Teufel bleibt ihm ferne.
Nun greif ich an die Aeste breit,
Die trägt das edle Kreuz in all die Welt so weit,
In mancher Haub***): wer sich damit will decken
Der ist beschirmt so Nacht als Tag:
Das ist dem leiden Teufel gar ein Schwertesschlag,
Sein kranker Sinn der muß davon erschrecken.
Erlöset des Kreuzes Kraft die Israel'schen Gäste;
Seine Wurzel klang zur Höllenglut
Und nahm daraus das reine Himmelsgut:
Davon zerbrach die leide Höllenveste.

5. Wolfram. Ein Jäger, der zur Haide fuhr
Nach Thieren groß und klein, gewahrt er ihre Spur,
So wies er seinen Leithund auf die Fährte.

---

*) Mit diesem Worte soll der als Schlange unter dem Baume liegende Teufel gemeint sein.

**) Die bildende Kunst des Mittelalters pflegte das Kreuz des Heilandes als Baum mit Aesten, Zweigen und Blüthen darzustellen. Die legenda aurea berichtet, das Kreuz sei aus viererlei Bäumen zusammengewachsen, der Stamm unten eine Ceder, mitten eine Cypresse, oben ein Oelbaum, die beiden Arme eine Palme gewesen. Nach einer andern Legende soll Adam eine Ceder, Fichte und Cypresse gepflanzt haben, die zum Stamme des Kreuzes zusammenwuchsen. Der Grundgedanke bleibt immer, das Kreuz ist aus dem Baume des Lebens gezimmert, daher es auch auf griechischen Bildern nicht behauen, sondern noch als ein ganz grüner Palmbaum abgebildet erscheint.

***) Hier ist auf den Kreuzzug, auf die Glaubensstreiter und die christlichen Apostel hingedeutet.

Er suchte beides, Wild und Zahm;
Von mancher falschen Fahrt er ihn mit Sorgen nahm.
Dem nie ein Räthsel Widerstand gewährte,
Klingsor, wer ist der Jäger? Kannst du seinen Hund mir nennen,
So ist dir Meisterschaft gewährt.
Der Jäger sucht nichts auf, als was ein Arzt begehrt.
Eine Aeffin lief vor ihm in Eil:
Da ließ er seinem Leithund schießen gleich das Seil;
Sie trag der Kinder zwei auf beiden Armen.
Hin würfe sie das leibe Kind gern bei des Hornes Schalle,
Doch fest am Hals ihr hielt sich das:
Sie konnt es nicht entlassen, trug sie ihm auch Haß;
Das liebe Kind vor Müde ließ sie fallen,
Dieß Thier sein Leben hier verzehrt;
Das leibe Kind wie ein Wunder von dannen fährt,
Nicht fangen kann's der Jäger mit dem Hunde;
Auch trugen sie des nicht Begier.
Das leibe Kind und all die Wunder deute mir,
Da du acht Zungen trägst in deinem Munde.*)

Klingsor. Der Jäger ist der Tod genannt,
Er führt der Seuchen mancherlei an seiner Hand,
Deren eine meinte Wolfram mit dem Hunde.
Er hetzt dich mit der Seuche, bis du alle Sünd' ertränkest
Mit Beichte; das nimmt er für gut.
Die hohe Warnung er zu deiner Beßrung thut;
Sonst hülf er seinem Hunde, daß du säufest.
Die Seele legt Natur in Bann:
So Mann als Frauen, eure hohe Menschheit kann
Sie wohl im Sturm in Höllenfeuer wehen.
Man findet Leute, so beschied
Mich Savelon**) von Babylon, die immer mit
Der eigenen Natur den Kampf bestehen,
Dem Teufel hilft Natur, an dir sein Zürnen zu vollbringen.
Ich lehre dich, was dich befreit:
Scham und Sinn und hütende Besonnenheit:
Das schützt dich, wenn du's hast, vor Höllenschlingen.
Getreuer Jäger, mir ist kund,
Du warnest manchen mehr als zehen Mal; den Hund
Von seiner Fährte weißt du wohl zu ziehen.

---

*) D. h. „du weißt so viel zu sagen, als hättest du acht Zungen in deinem Munde"; damit will Wolfram dem Klingsor etwas Schmeichelhaftes sagen. Ein ähnliches Lob wird dem Tragemunt (§ 42) gespendet: „es seien ihm zwei und siebzig Länder bekannt".

**) Der Name eines Zauberers, Sterndeuters, der auch anderswo (in Zabulons Buch) von Wolfram Zabulon genannt wird.

Wenn du das Thier noch schonen willst,
So brichst du ab und suchest dir ein ander Wild:
So mag dir weder Jung noch Alt entfliehen.
Wohl dienst du manchem argen Mann in deiner zorngen Weise:
Doch wenn das Wild dich nicht versteht
Und allzulang in deines Hundes Angriff steht,
So schlägst du's Luciferu zu seiner Speise.
Der Affe zielt auf manchen Mann:
Wenn ihn der Tod mit seinem Hunde hetzt, alsdann
Wohl gerne würf' er weit hinweg die Sünde.
Doch mag er nun das leibe Kind nicht lassen vor der Liebe,
Mit der er fest am Gute hält.
Das ist sein trautes Kind, das ihm nun doch entfällt,
Wenn die Sünde hinfährt mit dem Gottesdiebe.
Nun seht dieß Bild, wie mit ihm fährt
Das leibe Kind und ihm so viel der Freuden wehrt.
Dieß Wunder mag der Seele sich vergleichen.
Das leibe Kind ist Sündenleben:
Hälst du die Buße nicht, die dir die Priester geben,
Sünd' ist verwiesen aus des Himmels Reichen.
Gott gibt für Sünd' Erbarmen dem, der sie mit Reue suchet.
Sie bracht' ihn in die große Noth,
Daß er ward einer Jungfrau Kind, vom ew'gen Tod
Uns zu befreien; wir wären sonst verfluchet.

§ 42. Das dem vierzehnten Jahrhunderte angehörige Tragemunts=
lied stammt von der alten Gastfreiheit. Wanderer, Wallfahrer, Pilger
u. dergl. wurden mit Herberge, Speise und Trank bewirthet; da aber auch
schlechtes Gesindel und Vagabunden nicht selten Einkehr begehrten, so legte
der Bewirthende Räthselfragen vor, um zu sehen, ob der Fremde zur Ehre
des Gastgebers antworte, ob er einer gastfreundlichen Aufnahme würdig sei.
Analoges finden wir in der Edda, wo die Riesen und Zwerge von Odin
und Thor durch Räthselfragen geprüft werden, ob sie wirklich so weise und klug
seien, als von ihnen ausgesagt wird.*) Schon diese Analogie mag mit
zu den Beweisen gehören, daß das Tragemuntslied altdeutschen Ursprunges
ist, und nicht, wie Einige, welche das Wort von Dragoman, Dollmetscher,
ableiten und es Dollmetscherlied nennen**), glauben, aus dem Osten zu
uns herüber gewandert sein soll. Grimm***) bringt das Wort Tragemunt

---
*) Man sehe das § 39 und 40 angeführte Wasthrubnismal und Alvismal.
**) Dies thut z. B. Vilmar (Geschichte der deutschen Literatur, 5. Aufl.
1. Bd. S. 106), ohne jedoch einen Grund dafür anzugeben.
***) Altdeutsche Wälder, 2. Bd., Frankf. 1815, S. 27.

mit Tragebobo, Tragaboto, Traboto, d. i. Bote in Verbindung, und da die Begriffe von Bote und Pilger und Gast zusammenschmelzten, so erhalte dadurch das Wort Tragemunt seine Bedeutung; auch spricht dafür folgende im „König Orendel" vorkommende Stelle:

> „Da kam ein armer wallender Man,
> Der wolt zu dem heiligen Grabe gan,
> er was genant Tragemunt'
> im waren LXXII künigreich kunt."

Ein Alterthum bürgt dem andern. Diese Stelle sei ein episodischer, epischer Einfluß aus unserm Gedicht, oder eine wirkliche Anspielung; es kann nicht bestritten werden, daß der Name Tragemunt unserer ältesten Poesie angehört, und es ist noch besonders bemerkenswerth, daß die letzte Zeile von obiger Stelle aus „König Orendel" dem Wiederholungssatze im Tragemuntsliede [„zwei und siebenzig lant die sint dir kunt"] vollkommen entspricht. — Nachdem Tragemunt, als fahrender Mann, bewillkommt ist, legt ihm sein Gastfreund folgende Räthselfragen vor*), die ich in unsere Sprache folgendermaßen übertrage:

Frage. Nun sage mir, Meister Tragemunt,
Zwei und siebenzig**) Länder sind dir bekannt:
Welcher Baum trägt ohne zu blühen?
Welcher Vogel säugt seine Jungen?
Welcher Vogel hat keine Zunge?
Welcher Vogel ist ohne Magen?
Kannst du mir dieses sagen,
So will ich dich für einen stattlichen Knappen halten.

Antwort. Das hast du gefragt einen Mann,
Der dir dieses aufrichtig sagen kann:
Der Wachholder trägt ohne zu blühen***),
Die Fledermaus säugt ihre Jungen†),
Der Storch ist ohne Zunge††),

---

*) Das Original steht bei Grimm a. a. O. Ein verstümmelter Abdruck daraus bei Oeser, Geschichte der deutschen Poesie, 1 Thl. Leipz. 1844, S. 154.

**) D. h. sehr viele; 72 ist die poetische, wunderbare Zahl der Größe. Aehnlich sagt Wolfram zu Klingsor in dem Räthselkampfe (§ 41): „du hast acht Zungen in deinem Munde".

***) So sagt auch ein altes deutsches Räthsel:
Rath, Ritter gut,
Was trägt ohne Bluth?

†) Die Alten rechneten die Fledermäuse zu den Vögeln.

††) Der Storch hat keine Stimme (er klappert nur mit dem Schnabel), daher glaubten die Alten, daß er keine Zunge habe.

Der Swarbe*) ist ohne Magen.
Das will ich dir getreulich sagen.
Und fragst du mich jetzt noch mehr,
Ich sage dir's weiter dir zu Ehren.

Frage. Nun sage mir, Meister Tragemunt,
Zwei und siebenzig Länder sind dir bekannt:
Was ist weißer als der Schnee?
Was ist schneller als das Reh?
Was ist höher als der Berg?
Was ist finsterer als die Nacht?
Kannst du mir dieses wohl sagen,
So will ich dich für einen stattlichen Knappen halten.

Antwort. Das hast du gefragt einen Mann,
Der es dir gründlich sagen kann.
Die Sonne ist weißer als der Schnee,
Der Wind ist schneller als das Reh,
Der Baum ist höher als der Berg**),
Der Rabe ist schwärzer als die Nacht.
Das will ich dir getreulich sagen.
Und fragst du mich jetzt noch mehr,
Ich sage dir's weiter dir zu Ehren.

Frage. Nun sage mir, Meister Tragemunt,
Zwei und siebenzig Länder sind dir bekannt:
Durch was ist der Rhein so tief?
Oder warum sind die Frauen also lieb?
Durch was sind die Matten so grün?
Durch was sind die Ritter so kühn?
Kannst du mir dies jetzt sagen,
So will ich dich für einen stattlichen Knappen halten.

Antwort. Du hast gefragt einen Mann,
Der es dir gründlich sagen kann.
Von mancher Quelle ist der Rhein so tief,
Von hoher Minne sind die Frauen also lieb,
Von manchen Kräutern sind die Matten grün,
Von mancher starken Wunde sind die Ritter kühn.
Und fragst du mich jetzt noch mehr,
Ich sage dir's weiter dir zu Ehren.

Frage. Nun sage mir, Meister Tragemunt,
Zwei und siebenzig Länder sind dir bekannt:
Durch was ist der Wald so grau?
Durch was ist der Wolf so weiß?

---

*) Es ist unbekannt, welches dieses Thier sein soll. Grimm glaubt, es sei ein mythischer Vogel; Simrock übersetzt in seinem deutschen Räthselbuche mit „Taucher".
**) D. h. der Baum, der auf dem Gipfel des Berges steht.

Durch was ist der Schild verblichen?
Weshalb hat mancher gute Gesell den andern verlassen?
Kannst du mir das wohl sagen,
So will ich dich für einen stattlichen Knappen halten.

Antwort. Von manchem Alter ist der Wald grau,
Von unnützen Gängen ist der Wolf weiß*),
Von manchem starken Heerzug ist der Schild verblichen,
Wegen Treulosigkeit hat mancher gute Gesell den andern verlassen.
Und fragst du mich jetzt noch mehr,
Ich sage dir's weiter dir zu Ehren.

Frage. Nun sage mir, Meister Tragemunt,
Zwei und siebenzig Länder sind dir bekannt:
Was ist grün wie der Klee?
Was ist weiß wie der Schnee?
Was ist schwarz wie der Kohl?
Was trabt leicht wie das Füllen?
Kannst du mir dies jetzt sagen,
So will ich dich für einen stattlichen Knappen halten.

Antwort. Das hast du gefragt einen Mann,
Der dir dieses gründlich sagen kann.
Die Ageleie**) ist grün wie der Klee,
Und ist weiß wie der Schnee,
Und ist schwarz wie der Kohl,
Und hüpft leicht wie das Füllen.

V.

§ 43. Nebst dieser bisher erwähnten ernsten Bedeutung kommt dem Räthsel aber auch durch seinen Witz und seine Laune eine erheiternde, fröhliche, scherzende zu, wodurch es sich im socialen Leben eine besondere Geltung verschafft hat. Wir erwähnen hier das Räthsel bei den Gastmahlen, reihen an die Heiterkeit des Mahles den Frohsinn der Liebe mit seinen erotischen Räthselliedern, und erwähnen dann das eigends für Scherz und Laune geschaffene Neckräthsel. (§ 44 bis 48.)

---

*) Von vereitelten Gängen des Wolfes ist in der Thierfabel oft die Rede; dieses Betrogenwerden verursacht dem Wolf Kummer, und er altert vor der Zeit, wird weiß.
**) D. i. die Elster (Agleister, Aglaster, Atzel), von der gesagt wird, sie habe kleegrüne Augen, eine weiße und eine schwarze Farbe, und einen hüpfenden Gang.

§ 44. Daß das Aufgeben und Rathen von Räthseln eine erheiternde Unterhaltung bei den Gastmahlen*) gewähren kann, ist allseitig anerkannt worden. „In jocosis narrationibus, sagt Kircher**), atque conviviorum sermonibus suus est locus; quod et ingenium acuere simul, et suspensum et dubium auditorum animum facete possunt ad praesentium et adstantium hilaritatem et laetitiam"; Wachsmuth***) sagt: „die Griphoi waren eines der vielerlei Witzspiele, mit welchem der hellenische Geist die Symposien zu beleben pflegte". So war es nun auch wirklich bei den Griechen gebräuchlich, sich bei den, von ihnen so sehr geschätzten Gastmahlen****) Räthsel aufzugeben; darauf deutet die Stelle bei Aristophanes†), wo Xanthias dem Sosias seinen Traum erzählt:

Xanthias. . . . . Ein Adler, schien mir's, schoß
Auf den Markt herab, ein gewaltiger, packte mit seinen Klau'n,
Als ob's 'ne Schildkröt' wär', einen ehernen Schild,
Und trug ihn empor bis hoch in des Himmels blaue Höh'n,
Und warf ihn wieder zur Erde trotz dem Kleonymos††).

Sosias. Da fehlt ja dem guten Kleonymos, Freund, zum Räthsel nichts:
Was ist es, wird man künftig fragen beim Trinkgelag,
Was ist es für ein Geschöpf, das wohl zu Wasser und Land,
Zu Fuß und Roß hinweg die halbe Schildkröt' wirft?

Wer bei den Gastmahlen die Räthseln errieth, erhielt eine Belohnung, wer sie nicht errieth, mußte zur Strafe Wein mit Salz vermischt, oder sonst etwas Uebelschmeckendes trinken†††). Ein solches Gastmahl wird von Plutarch in seinem „Gastmahle der sieben Weisen" erwähnt. Ein Gastfreund gibt folgende Räthselfragen nebst ihren Auflösungen:

Was ist das älteste? die Zeit; was ist das größte? die Welt; was ist das weiseste? die Wahrheit; was ist das schönste? das Licht; was ist das gemeinste?

---

*) Die Abhandlung von Zorn, „diss. de antiquo aenigmatum in Coenis usu" konnte ich nicht auftreiben.
**) Oedipus aegyptiacus, T. II. P. I. Class. 1. Cap. 4. Rom. 1653, p. 28.
***) Hellenische Alterthumskunde, 2. Aufl. 2. Bd. Halle 1846, S. 700.
****) Den fröhlichen Mahlen wurde ein besonderer Werth beigelegt, so daß Homer (Odyss. IX, 5) den Odysseus sagen läßt, er kenne kein angenehmeres Vergnügen als ein festliches Mahl. Zu den geselligen Genüssen, welche nebst dem Gesange mit dem Mahle verbunden waren, gehörten noch besonders gegenseitige Mittheilungen, Erzählungen ɔc., daher der homerische Ausdruck: „das Herz nahm an dem Mahle Antheil"; Jl. I, 468. II, 431. VII, 320.
†) Wespen 15—23.
††) Kleonymos ist der von Aristophanes so oft verhöhnte, ein großer breitschultriger Mensch, der mit seinem Kriegsmuth prahlt, unter den Schreiern für den Krieg einer der lautesten ist, mit Helmbusch und Wehre umherstolzirt, und, wenn es zur Schlacht kommt, der Erste ist, der seinen Schild wegwirft und davonläuft.
†††) Athenaeus, Deipnosophist. X, 88. Edit. Schweighaeuser. Stuckii, antiquitatum conviviulium libri tres, L. III, Cap. 17. Tiguri 1582, p. 359. Die bei den Gastmahlen aufgegebenen Räthseln hießen daher ζητήματα κυλίκεια.

der Tod; was ist das nützlichste? Gott; was ist das schädlichste? des Dämon; was ist das stärkste? das Glück; und was ist das leichteste? das Angenehme. Darauf erwiederte Thales Folgendes: „Jede dieser Auflösungen hat Fehler und Beweise von Unwissenheit. Wie kann die Zeit das älteste sein, da sie theils vergangen, theils gegenwärtig, theils zukünftig ist; die nach uns kommende Zeit muß ja für jünger gehalten werden, als die Dinge und Menschen, die jetzt sind. Daß er die Wahrheit für Weisheit hält, kommt mir ebenso vor, als wenn er sagte, Augen und Licht sei einerlei. Wenn er das Licht, wie es auch wirklich ist, schön nennt, wie hat er die Sonne übersehen können. Die Antwort hinsichtlich der Götter und Dämonen ist dreist und gewagt, und die von dem Glücke ganz unüberlegt, denn wäre es unter allen Dingen das stärkste und festeste, so würde es sich nicht so leicht verändern. So ist auch der Tod nicht das gemeinste, weil er mit den Lebenden nichts zu thun hat." Nun beantwortete Thales diese Fragen folgendermaßen: „Was ist das älteste? Gott, denn er hat keinen Anfang. Was ist das größte? der Raum, die Welt enthält alle Dinge, der Raum aber die Welt. Was ist das schönste? die Welt, denn Alles, was schön und ordentlich ist, ist ein Theil derselben. Was ist das weiseste? die Zeit, denn sie hat schon viele Dinge erfunden, und wird auch noch viele erfinden. Was ist das gemeinste? die Hoffnung, wer auch sonst Nichts hat, hat doch wenigstens diese. Was ist das nützlichste? die Tugend, denn durch einen guten Gebrauch macht sie alles Andere nützlich. Was ist das schädlichste? das Laster, wo es hinkommt, richtet es Verderben an. Was ist das stärkste? die Nothwendigkeit, denn sie allein ist unüberwindlich. Was ist das leichteste? das natürliche, denn auch der Wollust wird man oft müde."*)

§ 45. Eine solche griechische Gastmahlscene hat Becker**) folgendermaßen nachgebildet:

„Geben wir uns Räthsel auf, rief Charikles, ich liebe vor allem die Griphen, sie geben zu vielerlei Scherz Veranlassung. Dieser Vorschlag fand Beifall. Gut denn, sagte Glaukon, so bestimme ich dem, der die Aufgabe löset, eine dieser Tänien, und wer sie gestellt hat, muß ihm einen Kuß geben: Wer aber das Räthsel nicht erräth, der trinkt diese Schale voll ungemischten Weines aus; für dich aber, Stephanos, setzte er lachend hinzu, wird statt Wein Salzwasser eingegossen; sonst weiß ich wohl, daß du Nichts erräthst. Jeder gibt natürlich dem Nachbar zu seiner Rechten zu rathen auf. Also zuerst dir, Ktesiphon; höre an:

Kennest du zwei der Geschwister, von denen eines das and're
Sterbend gebiert, um selbst vom Gebornen geboren zu werden?

---
*) Einige dieser Räthselfragen hat Sebastian Scheffer nachgebildet; s. § 93.
**) Charikles, Bilder altgriechischer Sitte, 2. Aufl., von Hermann, 1 Bd. Leipz. 1854, S. 167.

Das ist leicht zu sagen, antwortete Ktesiphon rasch; die Geschwister sind Tag und Nacht, die wechselweise sterben und gebären. Richtig, sagte Glaukon; hier schmücke ich dein Haupt mit dieser Binde und hier hast du meinen Kuß. Nun fahre fort. Ktesiphon wandte sich an Lysiteles und sprach:

  Das Wesen nenne mir, dem nicht auf Erden,
  Im Meere nicht, nicht unter Sterblichen
  Ein zweites gleicht; dem Wachsthum seiner Glieder
  Gab die Natur ein sonderbar Gesetz.
  Geboren wird's: da ist es mächtig groß;
  Doch klein erscheint's in seines Alters Mitte,
  Und ist dem Ende seines Daseins nah,
  Wie wunderbar, zum Riesen wird es wieder.

Ein sonderbares Wesen, sagte Lysiteles, das mir schwerlich einfallen wird. In der Kindheit groß, in seines Alters Blüthe klein und zuletzt wieder groß! O ja, rief er plötzlich, man darf nur den Gnomon ansehen: es ist der Schatten, der des Morgens groß ist, und dann zusammenschrumpft, bis er gegen Abend sich wieder ausdehnt. Getroffen, rief die ganze Gesellschaft, und Lysiteles empfing Tänie und Kuß. Nun, Charikles, sagte er, ist es an dir zu rathen:

  Nicht sterblich ist's, doch auch unsterblich nicht;
  Gemischt aus beiden; halb der Menschen Loos
  Und halb der Gottheit theilend; immer neu
  Entsteht und schwindet wechselnd es dahin.
  Unsichtbar ist's, doch Allen wohl bekannt.

Dein Räthsel ist etwas unbestimmt und dunkel, sagte nach einigem Nachdenken Charikles, doch irre ich nicht, so läßt es sich wohl vom Schlafe erklären. Nicht wahr? Aber du hättest es deutlicher machen sollen. Nun aber Euktemon, fuhr er fort, jetzt gib wohl Acht; mein Räthsel ist voll Widersprüche. Hüte dich vor der Strafe. Die Strafe möchte noch angehen, sagte Euktemon, aber du wirst mich doch nicht um deinen Kuß bringen? Hört, rief Glaukon, eines ist noch zu erinnern. Wie wenn die Aufgabe nicht gelöset wird? Soll dann der Nächste rathen? Nicht doch, meinte Ktesiphon, wer es zuerst erräth, dem gehört Binde und Kuß; räth er aber falsch, so trinkt er Strafe. Das wurde angenommen, und zu Euktemon gewendet sagte Charikles:

  Kennst du das Wesen, das in seinem Busen
  Die eignen Kinder still bewahrend trägt?
  Stumm sind sie; aber weithin über Meere
  In fernes Land bringt ihrer Stimme Ruf.
  Sie spricht, zu wem sie will, und in der Ferne
  Vernimmt er sie, und Niemand hört sie doch.

Das war für den Scharfsinn Euktemon's zu viel. So sehr er sich
abmühte, die stummen Sprecher zu errathen, es gelang ihm nicht und er
mußte Strafe trinken. Ich weiß es, rief Stephanos; es ist die Stadt und
ihre Kinder sind die Redner, die schreien, daß man weit über das Meer
in Asien und Thrakien es hört. Lautes Gelächter erfolgte. Aber, Stephanos, sagte Charikles, hast du auch schon einen Redner gesehen, der
stumm wäre, er müßte denn dreimal der Paranomie überwiesen und ver-
urtheilt worden sein? Salzwasser, riefen mehrere Stimmen, und so sehr es
Stephanos verbat, er mußte den Becher schlürfen. Ich will euch des Räthsels Sinn sagen, sprach darauf Ktesiphon; es ist der Brief, und seine
Kinder, die er in sich birgt, sind die Buchstaben, die stumm und lautlos
zu dem nur sprechen, an den der Brief gerichtet ist. Vortrefflich, rief
Glaukon, wie werden alle die Binden, die du heute verdienst, auf deinem
Haupte Platz finden! Jetzt war die Reihe an Euktemon. Du sollst auch
trinken müssen, sagte er zu Nausikrates, der unterdessen die eine der Flöten-
spielerinnen auf sein Lager gezogen hatte; sage, was ist das:

    Es ist ein Mensch und doch auch nicht ein Mensch;
    Es trägt sich selbst, und dennoch wird's getragen.
    Zu jedem Schmause sicher wird's bestellt,
    Und doch kömmt unerwartet es zum Schmause.
    Den Becher liebt's, doch läßt's den Becher stehn,
    Und dennoch trinkt es mehr als andre zehn.

O, sagte Nausikrates, der Gegenstand ist nicht fern; das ist Niemand
anders als Stephanos. Ich? rief der Parasit, das ist falsch; leider bestellt mich Niemand zum Schmause, die Welt ist so ernsthaft geworden,
daß Niemand mehr über mich lachen will. Ganz recht, erwiederte Nausikrates: als Kranz wird es bestellt, und als Parasit kömmst du ungeladen,
und trinkst mehr als zehn andere. So ging es nun den ganzen Kreis der
Gäste hindurch, bis die Reihe an Stephanos war. Jetzt werdet ihr staunen,
sagte er:

    Zehn Monde währt's, da kömmt das Kind zur Welt;
    Zehn Jahre trägt des Elephanten Mutter
    In ihrem Leib der Glieder Riesenbau;
    Doch länger noch trag ich ein Ungethüm
    An Größe stets und stets an Stärke wachsend
    In meinem Leib und werd' es nimmer los.

O, rief Glaukon lachend aus, ich hätte gern nicht gerathen, um deinen
Bart nicht küssen zu müssen; aber das ist doch zu leicht, denn daß es der
Hunger ist, den du im Leibe trägst, das begreift Jedermann. Es wurde

noch hin und her über die Aufgaben gescherzt, da trat die von Lysiteles bestellte Tänzergesellschaft in den Saal, und nun begann eine andere Art der Unterhaltung.

§ 46. Wir reihen hier an die Heiterkeit der Tafel den Frohsinn der Liebe an, und fügen erotische Räthsellieder bei. — In einem alten deutschen Liede verspricht der Jüngling das Mädchen zu ehelichen, wenn es seine ihm aufgegebenen Räthselfragen beantwortet*):

> Jungfer, ich will ihr was aufzurathen geben,
> Und wenn sie es erräth, so heirath ich sie.
> Was für eine Jungfrau ist ohne Zopf?
> Was für ein Thurm ist ohne Knopf?
> „Die Jungfrau in der Wiege ist ohne Zopf,
> Der babylonische Thurm ist ohne Knopf."
> Was für eine Straße ist ohne Staub?
> Welcher grüne Baum ist ohne Laub?
> „Die Straße auf der Donau ist ohne Staub,
> Der grüne Tannenbaum der hat kein Laub."
> Was für ein König hat keinen Thron?
> Was für ein Knecht hat keinen Lohn?
> „Der König in der Karte hat keinen Thron,
> Der Stiefelknecht hat keinen Lohn."
> Was für ein König ist ohne Land?
> Was für ein Wasser ist ohne Sand?
> „Der König auf dem Schilde**) ist ohne Land,
> Das Wasser in den Augen ist ohne Sand."
> Wo ist eine Scheere, die man nicht schleift?
> Wo ist eine Amsel, die niemals pfeift?
> „Der Krebs hat Scheeren, die man nicht schleift,
> Eine ausgestopfte Amsel niemals pfeift."
> Welches schöne Haus hat weder Holz noch Stein?
> Welcher grüne Strauß hat keine Blümelein?
> „Das kleine Schneckenhaus hat weder Holz noch Stein,
> Der Strauß am Wirthshaus hat keine Blümelein."
> Welcher Schütz zielt stets und trifft doch nie?
> Was lernt ein Mädchen gar ohne Müh?
> „Der Schütz am Himmel zielt stets und trifft doch nie,
> Lieben lernt ein Mädchen gar ohne Müh'."
> Was geht tiefer wohl als ein Bolz?
> Und welches ist das trefflichste Holz?
> „Liebe geht tiefer wohl als ein Bolz,
> Die Rebe die ist das trefflichste Holz."

---
*) Simrock's deutsches Räthselbuch, erstes Heft, S. 80.
**) D. i. der auf ein Wirthshausschild gemalte König.

Welches Feuer ist ohne Hitz'?
Und was für ein Messer hat keine Spitz'?
„Das gemalte Feuer ist ohne Hitz',
Ein abgebrochen Messer hat keine Spitz'."
Was für ein Herz thut keinen Schlag?
Was für ein Tag hat keine Nacht?
„Das Herz an der Schnalle thut keinen Schlag,
Der allerjüngste Tag hat keine Nacht."
Jungfer, ich kann ihr nichts aufzurathen geben,
Und ist es ihr wie mir, so heirathen wir.
„Ich bin keine Schnalle, mein Herz thut manchen Schlag,
Und eine schöne Nacht hat der Hochzeitstag."

Ein ähnliches Räthsellied kommt auch als Volkslied an der Mosel vor*).

Merk' auf, fein Jüngferlein!
Ich geb' ein Räthsel dir;
Du sollst mein Ehe sein,
Wenn du es lösest mir.
So sag' mir: welcher König ist ohne Land?
Und sag' mir: welches Wasser ist ohne Sand?
„Ach, schöner junger Herr,
Gern thät' ich euch kund,
Wenn nicht zu schwierig wär'
Des Räthsels wahren Grund:
Der König in der Kart' ist ohne Land,
Das Wasser in dem Aug' ist ohne Sand."
Merk' auf, fein Jüngferlein!
Ich geb' ein Räthsel dir;
Du sollst mein Ehe sein,
Wenn du es lösest mir.
So sag' mir: welcher Wald ist ohne Laub?
Und sag' mir: welcher Weg ist ohne Staub?
„Ach, schönster junger Herr 2c.
Der Tannenwald ist ohne Laub,
Der Weg zum Himmel ohne Staub."
Merk' auf, fein Jüngferlein 2c.
So sag' mir: welcher Bettelmann ist ohne Laus?
Und sag' mir: welches Haus ist ohne Maus?
„Ach, schönster junger Herr 2c.
Ein abgemalter Bettelmann ist ohne Laus,
Ein Schneckenhaus ist ohne Maus."
Merk' auf, fein Jüngferlein 2c.

---

*) Hocker hat es in Wolf's Zeitsch. für deutsche Mythologie, 1 Bd. S. 251, mitgetheilt.

So sag' mir: welches Feuer ist ohne Hitz'?
Und sag' mir: welcher Degen ist ohne Spitz'?
„Ach, schönster junger Herr ꝛc.
Ein ausgelöschtes Feuer ist ohne Hitz',
Ein abgebrochener Degen ist ohne Spitz'."
Merk' auf, fein Jüngferlein ꝛc.
So sag' mir: welcher Thurm ist ohne Spitz'?
Und sag' mir: welche Jungfrau ist ohne Witz?
„Ach, schönster junger Herr ꝛc.
Der babylon'sche Thurm ist ohne Spitz',
Die Jungfrau in der Wieg' ist ohne Witz."

§ 47. Zu den erotischen Räthselliedern gehört auch das sogenannte Kranzsingen, wovon Simrock*) folgende alte Lieder mitgetheilt hat:

1. Weichet aus, Arm und Reich,
Weichet mir aus Pfad und Steig,
Der mich zu der hübschen Jungfrau trägt!
Gott grüß' euch, hübsche Jungfrau, fein:
Würd' euer Rosenkränzlein mein!
Ach greifet höflich und fein
Mit eurer weißen Hand
An eures Haares oberstes Band,
Das euch so kaum berühret
Und mich so fern herführet!
So will ich es legen in einen Schrein
Und will es tragen über Rhein,
Und will es euch sagen zu Ehre,
Wie mir es die hübscheste Jungfrau verehret,
Die im ganzen Land' wäre.
Gott grüß euch, hübsche Jungfrau fein,
Laßt es noch dieses Tages sein,
Es sei denn, ihr versagt es mir
Mit höflichen Worten hier.
„Hübscher Knab', auf meines Vaters Giebel
Sitzen der Vögelein sieben:
Wovon die Vögelein leben,
Könnt ihr mir das sagen,
So sollt ihr mein Rosenkränzlein von hinnen tragen."
„„Der erste von eurer Jugend,
Der andere von euerer Tugend,
Der dritte von eurer süßen Aeuglein Blicke,
Der vierte lebt eures Gutes,
Der fünfte eures Muthes,
Der sechste eures stolzen Leibes,
Der siebente eures reinen Herzensschreines,

---

*) Deutsches Räthselbuch, 1. Samml., S. 82.

Gebt mir das Rosenkränzelein,
Es ist an der Zeit zart Jungfräulein,
Es sei denn ihr wollt mir versagen
Mit hübschen Worten und daran nicht verzagen.""
„Hübscher, junger Knabe! könnt' ihr mir zeigen
Den Stein, den nie Glock überscholl,
Nie Hund überboll,
Nie Wind übersauste,
Nie Regen überbrauste?
Könnt ihr mir das sagen,
So sollt ihr mein Rosenkränzlein von hinnen tragen."
„„Der Stein liegt in der Hölle Grund,
Den nie Glock überscholl,
Nie Hund überboll,
Nie Wind übersauste,
Nie Regen überbrauste.
Zart Jüngferlein,
Gebt mir nun eher Rosenkränzelein.""

2. **Erster Sänger.** Ich komm' aus fremden Landen her,
Und bring' euch viel der neuen Mär,
Der neuen Mär bring' ich so viel,
Mehr denn ich hier euch sagen will.
Die fremden Lande sind so weit,
Darin ist gute Sommerzeit,
Drin wachsen Blümlein roth und weiß,
Die brechen Jungfrau'n mit ganzem Fleiß,
Und machen d'raus den Rosenkranz,
Den tragen sie beim Abendtanz,
Und lassen die Gesellen um ihn singen,
Bis einer das Kränzlein mag gewinnen. —
Mit Lust tret' ich an diesen Ring,
Gott grüß' mir alle Bürgerskind,
Gott grüße sie mir all' zugleich,
Ob sie arm sind oder reich;
Gott grüß' mir all' die feinen,
Die großen wie die kleinen.
Grüßt' ich die eine, nicht die andre,
So sagten sie dem Sänger: wandre!
Ist kein Sänger in diesem Kreis,
Der mich fragt, was ich nicht weiß?
Derselbe soll sich nicht besinnen,
Will er mir das Kränzlein abgewinnen.

Zweiter Sänger. Sänger, wohlan und merk' mich eben!
Ich will dir eine Frage aufgeben:
Was ist höher wohl als Gott?

Was ist größer als der Spott?
Und was ist weißer als der Schnee?
Und was ist grüner als der Klee?
Kannst du das singen oder sagen,
Das Kränzlein sollst du gewonnen haben.
Drum will ich jetzt stille stah'n,
Den fremden Sänger zu mir lahn.

Erster Sänger. Sänger, du hast mir eine Frag' aufgegeben,
Die gefällt mir wohl und ist mir eben:
Die Kron' ist höher wohl als Gott,
Die Schand' ist größer als der Spott,
Der Tag ist weißer als der Schnee,
Das Märzenlaub grüner als der Klee.
Sänger! die Frage konnt' ich dir sagen;
Das Kränzlein mußt du verloren haben.
Mit Lust trat ich an diese Statt;
Gott grüß' mir einen weisen Rath;
Einen weisen Rath nicht alleine,
Dazu auch die ganze Gemeine!
Ein weisen Rath hab' ich zu grüßen Macht,
Dazu die ganze Nachbarschaft;
Gott grüß' mir auch die Jungfrau zart,
Die mir das Kränzlein gemachet hat!
Jungfrau, ich komm' vor euch getreten
Und hab' euch nie zuvor erbeten,
Und bitt' euch, zart Jungfräulein,
Zum erstenmal um euer Kränzelein:
Ihr wollt mir's geben und nicht versagen,
So will ich's von euretwegen tragen;
Um euretwegen nicht allein:
Um all' die hübschen Jungfräulein,
Die das Kränzlein gemachet hat
Und dazu half mit Rath und That.
Jungfrau, wohlan, so merkt mich eben,
Ich will euch eine Frag' aufgeben:
Könnt ihr mir's singen oder sagen,
Eu'r Kränzlein sollt ihr länger tragen.
Jungfrau, sagt mir zu dieser Frist,
Welches die mittelste Blum' im Kränzlein ist?
Denn der Blümlein seh' ich viel,
Die im Kränzlein steh'n bei diesem Spiel.
Ich hör' ein großes Schweigen:
Das Kränzlein will mir bleiben.
So merkt mich, liebe Jungfrau mein:
Ihr mögt die mittelste Blum' im Kränzlein sein.

So komm ich her vor euch getreten,
Und hab' euch zweimal schon erbeten,
Und bitt' euch, zart Jungfräulein,
Zum drittenmal um euer Kränzelein.
Jungfrau, hebt auf die schneeweiße Hand
Und gebt dem Kränzlein einen Schwank,
Und setzt mir's auf mein gelbes Haar,
Das wie ein Igel steht fürwahr. —
Schau, guter Gesell, nun schaue,
Das gab mir eine schöne Jungfraue.
Die Jungfrau, die mir's geben wollte,
Sprach, daß ich's wohl bewahren sollte.
Jungfrau, habt ihr kein Nädelein,
Mir aufzuheften das Kränzelein,
Daß ich es nicht verliere,
Wohin ich auch spaziere,
Daß ich es nicht verzette
Eh' ich komm zu meinem Bette.
Darnach so leg' ich in die Truhe,
Daß es die ganze Woche ruhe.
Jungfrau, ich soll euch grüßen
Von der Scheitel zu den Füßen:
So grüß' ich euch so manches Mal
Als Sterne steh'n am Himmelssaal,
Als manche Blume wachsen mag
Von Ostern bis St. Michelstag.
Jungfrau, ich soll euch was schenken:
Ich will mich nicht lange bedenken.
So schenk' ich euch einen goldnen Wagen,
Darin ihr sollt gen Himmel fahren,
Und eine goldne Krone sein,
Darinne steh'n drei Edelstein'.
Der erste Stein der ist so gut:
Gott behüt' euch vor der Hölle Gluth!
Der andere ist so tugendreich:
Gott gebe euch sein Himmelreich;
Der dritte Stein ist so tugendhaft:
Gott behüt' euch eure Jungfrauschaft!
Hiermit so will ich's bleiben lahn
Und will aus diesen Reihen gahn;
So steh' ich auf einem Lilienblatt:
Gott geb' euch allen eine gute Nacht!

§ 48. Dem Frohsinn entspricht besonders das eigends für Scherz und Muthwille geschaffene Neckräthsel (oder Verwirrräthsel). Es wird der, dem das Räthsel zur Lösung vorgelegt wird, auf mancherlei Weise geneckt; entweder dadurch, daß die Aufgabe so gestellt wird, daß man entweder glaubt, das zu errathende Wort sei schon im Räthsel selbst gesagt, es aber ein ganz anderes Wort ist, welches die Räthselaufgabe meint; oder daß die Auflösung im Räthsel selbst gegeben wird, jedoch so, daß sie der Andere nicht merkt, oder daß das Räthsel absichtlich auf etwas ganz Anderes hinlenkt, als das eigentlich zu Errathende ist; oder endlich, daß die Aufgabe selbst als ein Unsinn erscheint, jedoch durch einen nicht leicht zu errathenden Witz gelöst werden kann. Beispiele:

1. Die erste Silbe ist ein Hund, die zweite und dritte sind ein Junge und das Ganze ist ein Hundsjunge. Was ist das?

2. Willst du des Räthsels Schleier lüften,
Dann, Freund, erforsche mir geschwind:
Was oft die Reize der Koketten,
Und was so manche Schmeichler sind;
Was Jeder sein muß, der sich tüchtig
Bewähren will als Diplomat,
Und was vom schlechten Kalkuliren
Nur zu oft ist das Resultat.
Rühmst du als Räthsellöser dich
Auch noch so großer Heldenthaten,
Hast du doch eben sicherlich
Bei allem Scharfsinn falsch gerathen.

3. Leicht wirst du die Erste nicht errathen,
Und ich sag' dir, sie ist wirklich schwer.
Ging's Rathen bei der Ersten auch nicht gut,
So fasse nur zur zweiten Silbe Muth.

4. Ich bin nicht, ich war nicht, ich werde nicht sein;
Du meinest ich scherze, ich sage dir, nein.
Ich stehe ja sichtbar vor deinem Gesicht,
Sagst du meinen Namen, so nennst du mich nicht.

5. Vorwärts bin ich ein — doch halt', ich hab' mich verrathen;
Rückwärts suche mich nur, wahrlich du findest mich nie.

6. Gekleidet in der Unschuld Kleid,
Verträglich, still, sind wir auf grüner Flur zerstreut;
Doch, wo es Menschen gibt, fehlt's da wohl je an Streit?
Man störet grausam unsern stillen Frieden,
Umgiebt, die Waffen in der Hand,
Von allen Seiten unser kleines Land,
Und zwingt uns gegen uns zu wüthen.
Hier tritt besiegt ein Theil der Kämpfer ab,
Hier fällt mit bangem Klaggeläute

Der Bruder an des Bruders Seite,
Vom Feind verfolgt ins offne Grab.
Doch stützet uns bei unsers Kummers Wehen
Der Trost, wir werden wieder auferstehen.
7. Wie kann man beweisen, daß eine Katze drei Schwänze hat?
8. Er kommt dir entgegen mit Weinen
Und ist doch ganz wohlgemuth;
Er möchte dir Etwas schenken
Und läßt sich's doch bezahlen gut.
9. Das Erste ist ein Vers, das zweit' nur leerer Tand;
Errathest du das Ganze, dann hast du gewiß Verstand.
[Auflösungen. 1. Spitzbube. 2. Falsch. 3. Schwermuth. 4. Nicht. 5. Ein. Nie. 6. Die Billardkugeln. 7. Eine Katze hat einen Schwanz mehr als keine Katze; keine Katze hat zwei Schwänze; ein und zwei Schwänze sind drei Schwänze, folglich hat eine Katze drei Schwänze. 8. Der Weinwirth. 9. Verstand.]

In dem § 90 erwähnten alten Rathbüchlein findet sich folgendes Neckräthsel mit beistehender Auflösung.

„Radt. Es ist von oben herab kommen. hat vil leydens an sich genommen. von hitz kelt vnd beschneyden. noch vil mehr müßt es leyden. hat nit lang do heim gesogen. in die frembt ward es gezogen. mit sich vnd leuten so es hat. sein leger warn nit linde bet. lust noch freud es nie begert. XXX pfennig was es wert. verlaufft gefangen gebunden ward es hat geschlagen gezogen gefurt manch fart. ein kreutz gemacht daran gesperrt. nyemant wart sunder der bo wert. sein seybt verwundt vnd ander glider. nindert geschondt hoch ober nider. darauß floßen heilsam brunnen. in der finster gantz on sunnen. eim yeben menschen zu gut. der sich darzu schicken thut. Antw. Ein weinfaß das kompt vom baum herab leyt hitz so es gebrut wirt in haißem watzer. vnd auch kelt zu seiner zeyt. vnd von dem pinder geschniten. Es saugt ober sacht den wein nit lang an eim ort. sunder wirt gefurt vnd gezogen in die frembbt von pferden vnd furleuten. sein leger ist hart. ein klein faß gilt XXX pfenning. wirt gefangen so es die raiff hat. gebunden geschlagen gezogen gefurt hin und her. das kreutz auff dem legner mit schließen gespert. die wunden ist der spunt vnd die zapffen löcher. darauß fleußt der wein. eim yeben zu nutz der in praucht. in der finster gantz on sunnen. das ist in dem keller.

VI.

§ 49. Im Gegensatze mit dem bisher erwähnten Zwecke, durch Aufgeben von Räthseln bei fröhlichen Gelegenheiten, bei Gastmahlen und bei Liebesanträgen sich gegenseitig zu vergnügen, steht jener, wo das Aufgeben des Räthsels als Tendenz hervortritt, eine Veranlassung zum Streite vom Baume zu reißen, d. h. um mit demjenigen, dem es aufgegeben und von ihm nicht errathen wurde, einen Streit zu beginnen.

§ 50. In diese Kategorie des Räthsels gehört jenes, welches Simson bei seiner Hochzeit den Philistern aufgegeben hat. Die hieher gehörige biblische Stelle heißt*): „Simson ging hinab gegen Timnath, und sah ein Weib zu Timnath unter den Töchtern der Philister. Und da er herauf kam, sagte er es seinem Vater und seiner Mutter, und sprach: ich habe ein Weib gesehen zu Timnath unter den Töchtern der Philister, gebt mir dieselbige zum Weibe. Sein Vater und seine Mutter sprachen zu ihm: ist denn kein Weib unter den Töchtern deiner Brüder und in deinem Volke, daß du ein Weib bei den Philistern nimmst, die unbeschnitten sind? Simson aber sprach zu seinem Vater: gib mir diese, denn sie gefällt meinen Augen. Nun ging Simson hinab mit seinem Vater und seiner Mutter gen Timnath; und als sie kamen an die Weinberge zu Timnath, da kam ein junger Löwe brüllend ihm entgegen. Und der Geist des Herrn gerieth über ihn**), und er zerriß ihn wie man ein Böcklein zerreißt, und hatte doch gar Nichts in seiner Hand***); und er sagte es nicht seinem Vater noch seiner Mutter, was er gethan hatte. Da er nun hinab kam, redete er mit dem Weibe, und sie gefiel Simson in seinen Augen. Und nach etlichen Tagen†) kam er wieder daß er sie nähme, und trat aus dem Wege daß er das Aas des Löwen besähe; siehe da war ein Bienenschwarm in dem Aas des Löwen und Honig††). Und er nahm ihn in seine Hand

---

*) Buch der Richter XIV, 1. Flavius Josephus, antiquitat. Jud. Lib. V. Cap. 8.

**) D. h. er war gleichsam von einem übermenschlichen Muthe beseelt, mit ganz außerordentlicher Stärke ausgerüstet. Auf diese Weise wird noch einigemal in dem Buche der Richter ausgedrückt, daß ein Mann von der Gottheit mit einem außerordentlichen Muthe ausgerüstet sei, z. B. Othniel III, 10; Gideon VI, 34; Jephta XI, 29.

***) Dieses Bild kommt öfters an deutschen und französischen Kirchenthüren vor. Bock, eglise de Nivelle, 1850, p. 56. Didron, manuel p. 104. Die Art, wie Simson auf dem Löwen mit einem Fuße kniet, während er den andern herabhängen läßt, und mit beiden Händen den Rachen des Löwen aufreißt, ist typisch und kehrt auf allen Bildern wieder, und ist die ähnliche Attitude, welche wir auf den Mithrasbildern finden, wo dem Stiere der Dolch in den Nacken gestoßen wird.

†) Dieser Ausdruck ist hier nicht wörtlich zu nehmen, da in der Bibelsprache unter Tag überhaupt auch irgend ein beliebiger Zeitraum zu verstehen ist; z. B. „Gott vollendete am siebten Tage seine Werke" (1. B. Mos. II, 2), d. h. die Bildungsgeschichte der Erde läßt sich nach sieben verschiedenen Zeiträumen abtheilen: „Ihr werdet Trübsal haben zehn Tage" (Offenbar. Joh. II, 10), d. h. eine geraume Zeit.

††) Man muß sich hier kein faulendes Aas vorstellen, da Bienen in ein solches ihren Honig nicht setzen, sondern man muß annehmen, daß die Leiche des Löwen

und aß davon unter Wegs, und ging zu seinem Vater und seiner Mutter und gab ihnen, daß sie auch aßen; er sagte ihnen aber nicht, daß er den Honig von des Löwen Aas genommen hatte. Und da sein Vater hinab kam zu dem Weibe, machte Simson daselbst eine Hochzeit, wie die Jünglinge zu thun pflegen. Und da sie ihn sahen, gaben sie ihm dreißig Gesellen zu, die bei ihm sein sollten. Simson aber sprach zu ihnen: ich will euch ein Räthsel aufgeben, wenn ihr mir das errathet und trefft diese sieben Tage der Hochzeit, so will ich euch dreißig Hemden und dreißig Feierkleider geben*); könnt ihr es aber nicht errathen, so sollt ihr mir dreißig Hemden und dreißig Feierkleider geben. Und sie sprachen zu ihm: gib dein Räthsel auf, laß uns hören. Er sprach zu ihnen:

„Speise ging von dem Fresser und Süßigkeit von dem Starken."

Und sie konnten in drei Tagen das Räthsel nicht errathen. Am siebten Tage sprachen sie zu Simson's Weib: überrede deinen Mann, daß er uns sage das Räthsel, oder wir werden dich und deines Vaters Haus mit Feuer verbrennen; habt ihr uns hieher geladen, daß ihr uns arm macht oder nicht? Da weinte Simson's Weib vor ihm und sprach: du bist mir gram und hast mich nicht lieb; du hast den Kindern meines Volkes ein Räthsel aufgegeben und hast mir es nicht gesagt. Er aber sprach zu ihr: siehe, ich habe es meinem Vater und meiner Mutter nicht gesagt, und sollte dir es sagen? Und sie weinte die sieben Tage vor ihm, weil sie Hochzeit hatten; aber am siebten sagte er es ihr, denn sie trieb ihn ein. Und sie sagte das Räthsel ihres Volkes Kindern. Da sprachen die Männer der Stadt zu ihm am siebten Tage, ehe die Sonne unterging:

„Was ist süßer denn Honig? Was ist stärker denn der Löwe?"

---

durch die große Hitze in jenem Lande schon ausgetrocknet, mumificirt war; die Wälder in Palästina sind mit einer großen Menge von wilden Bienenschwärmen angefüllt, welche zu ihrem Aufenthaltsort hohle Bäume, Felsritzen u. dergl. wählen, und eben so gut auch sich in dieser ausgetrockneten Mumie aufgehalten haben konnten. Oedmann, vermischte Sammlungen aus der Naturkunde; a. d. Schwedischen. 6. Hft. S. 135. Rosenmüller, biblische Naturgeschichte, 2. Th. Leipz. 1831. S. 423. Herodot (L. V, Cap. 114) berichtet, daß wilde Bienen in dem Schädel des Onesilos, Tyrannen der Insel Cyprus, dessen Haupt die Bewohner von Amathun aufgehangen, Honig abgesetzt hätten.

*) Bei den Griechen pflegte der Bräutigam den Freunden der Braut für das Hochzeitsfest Feierkleider zu geben. Madame Dacier (in ihrem Commentar zu Homer, Odyss. VI, 25) glaubt, dieser Gebrauch habe auch bei den Israeliten geherrscht, und darauf beziehe sich das von Simson gemachte Anerbieten; dagegen sagt aber Pope: „ich bin vielmehr der Meinung, daß das, was Simson sagt, sich auf einen andern Gebrauch der Alten bezieht, bei Festen ein Räthsel vorzulegen, und dem, der es löste, eine Belohnung (also auch ein Feierkleid) zu geben."

Aber er sprach zu ihnen: wenn ihr nicht hättet mit meinem Kalbe gepflügt, ihr hättet mein Räthsel nicht getroffen. Und der Geist des Herrn gerieth über ihn, und er ging hinab gegen Aëlon, und schlug dreißig Mann unter ihnen, und nahm ihr Gewand und gab Feierkleider denen, die das Räthsel errathen hatten. Und er ergrimmte in seinem Zorn, und ging herauf in seines Vaters Haus. Aber Simson's Weib ward einem seiner Gesellen gegeben, der ihm zugehörte."

Meier*) sagt über diese Stelle Folgendes: „Das Räthsel ist in seiner poetischen Form erhalten; es ist rhythmisch sehr regelmäßig gemessen und hat Alliteration, die wie der Reim in der hebräischen Poesie ein Element bildet, nur kein herrschendes wie in den altnordischen und altgermanischen Liedern. Das Räthsel lautet: aus dem Speiser ging Speise hervor, und aus dem Sauren**) ging Süßes hervor***). Die Frage, was ist das? fehlt hier, ebenso wie gewöhnlich in unsern gereimten Volksräthseln, die überhaupt dem obigen vielfach ähnlich sind. Als die Gesellen das Räthsel nicht herausbringen, veranlassen sie durch Drohungen die junge Frau, ihrem Gatten die Auflösung zu entlocken und ihnen zu verrathen. Die Antwort der Gesellen ist sehr hübsch, und mit einem feinen Wortspiele in eine neue Räthsel= frage gekleidet. Am siebten Tage, ehe die Sonne unterging, sprachen sie zu Simson: „was ist süßer als Honig=Seim? und was saurer als der Löwe?" Simson erkennt sofort die Verrätherei†) und erwiedert: „hättet mein Kalb ihr nicht angespannt, so hättet ihr mein Räthsel nicht errathen"††). Nun

---

*) Geschichte der poetischen National=Literatur der Hebräer; Leipz. 1856, S. 99.
**) Eigentlich: aus dem Grimmigen, Grausamen. Der Gegensatz kann auch in süß und bitter gesucht werden, welche beide Wörter im Hebräischen Wechselbe= griffe sind (Stuber, das Buch der Richter, Bern 1835, S. 323.) So wird öfters in der Bibelsprache das Schädliche und Verderbenbringende mit dem bittern Wer= muthe verglichen; s. 5. B. Mos. XXIX, 18. Sprichwört. V, 4. Klagelied Jerem. III, 15. Amos V, 7. VI, 12.
***) Wir finden das Räthsel Simson's in dem § 97 angeführten Buche von Buchser so:
De forti, mirum est, dulcedo provenit ingens,
Suavis et egreditur de comedente cibus.
†) Nach Josephus soll er an den letzten Spruch anknüpfend noch gesagt haben: „fügt noch hinzu, was ist falscher als ein Weib?"
††) Einige Ausleger haben in dem Ausdrucke: „das Kalb anspannen" (d. h. mit ihm pflügen) einen Vorwurf der Unkeuschheit finden wollen, nämlich, daß die junge Kuh die junge Frau, und das Pflügen das Unzuchttreiben mit ihr bedeute; d. h. hättet ihr nicht mit meiner Frau gehurt. Allein es scheint diese Auslegung unrichtig, denn der Ausdruck: „mit der Kuh eines Andern pflügen" bedeutet in der Bildersprache jener Zeit so viel, als: „mit der Hilfe eines Andern etwas aus= richten." Bauer, hebräische Mythologie, Leipz. 1802, 2. Bd. S. 46. Stuber (a. a. O. S. 325) sagt: „das Pflügen oder Aufbrechen des harten Bodens zur

geht Simson nach Ascalon, erschlägt dreißig Philister, nimmt ihnen die Feierkleider ab und giebt sie den dreißig Gesellen, und verläßt voll Unmuth seine Frau. Herder*) stellt als Zweck, warum Simson von den Philistern ein Weib begehrt und nachher ihnen ein Räthsel aufgegeben habe, den auf, um Gelegenheit zu erhalten mit den Philistern Händel anfangen zu können**). Simson war ein heroischer Abenteurer, der besonders durch Jovialität und Uebermuth charakterisirt war. Wein und starkes Getränke war ihm versagt***), desto mehr hielt sich der rasche Jüngling an Abenteuer und Liebe. Allein welch' ein sonderbarer Gedanke: „ich will ein Weib aus den Philistern nehmen, damit ich eine Ursache zu Händeln mit ihnen finde," war das Liebe? Keine empfindsame unseres Jahrhunderts, eine Abenteurer=Liebe, denn, schlugen die Philister ihm das Weib ab, so war Grund genug zu Händeln mit den Philistern da, und gaben ihm die Philister das Weib, so lassen sich ja auch mit einem Weibe Händel erheirathen. Nun warf bei der Hochzeit Simson den Apfel der Eris hin, nämlich das Räthsel, das schwer zu errathen, und an eine harte Bedingung, sechszig Kleider zu schaffen, was damals viel war, geknüpft war. Warum ließ sich aber der so starke Simson die Auflösung des Räthsels von seinem Weibe entlocken? Weil er, wie mehrere Helden der Art gegen Männer stark, aber gegen Weiber schwach war†); man fand ihn entweder im Schooße eines Weibes oder im Handgemenge mit Männern. Er entdeckt dem Weibe das Räthsel, und geht und schlägt dreißig Philister todt, plündert ihre Häuser und bringt die Kleider; und das wollte er ja eben. Das ist die historisch begründete und rechtfertigbare Deutung des Simson'schen Räthsels. Aber die Sucht, in den althebräischen Erzählungen Prototypen des Christenthums finden zu wollen, hat auch dieses Räthsel christianisirt; so sagt Augustinus:

---

künftigen Erndte bezeichnet im Bilde das Durchbrechen der räthselhaften Worte, um zu ihren verborgenen Sinn zu gelangen. Wir sagen in einem andern Bilde, eine harte Nuß aufknacken, um zu ihren Kern zu gelangen."

*) Vom Geiste der hebräischen Poesie, Tübing. 1805, 2 Thl. S. 253.

**) Simson, Israelite, war den damals über Israel herrschenden Philistäern, die ihn gereizt hatten, besonders gram, und fügte ihnen, als glücklicher Parteigänger durch mehrere heroische Thaten vielen Schaden zu. Er spricht selbst (Buch der Richter XV, 3) seinen Haß gegen die Philisträer und seinen Vorsatz, ihnen Schaden zuzufügen, aus.

***) Simson war dem Bunde der Nasträer einverleibt, welche sich der geistigen Getränke enthalten mußten; IV. B. Mos. 6, 2. 3. 4. Buch der Richter XIII, 3. 4.

†) So wie er seinem Weibe sein Räthsel verrieth, so offenbarte er auch der Hure Delila das Geheimniß, daß er seiner Stärke beraubt sei, wenn man ihm seine Haare abschneide; B. d. Richt. XVI.

„de comedente exivit cibus, quid aliud significat, quam Christum a mortuis resurgentem? de edente utique, id est de morte, quae cuncta devorat, atque consumit, exivit cibus ille, qui dixit: Ego sum panis vivus, qui de coelo descendi;" und analog hat sich auch Menzel*), der in Simson ein alttestamentalisches Vorbild Christi (als der allüberwindende starke Held, aber auch als der Verrathene und Leidende) erkennt**), ausgesprochen: „in dem Gerippe des Löwen, den Simson getödtet hatte, nisteten Bienen, daher das Räthsel Simson's: Süßes kommt vom Starken; das wurde folgerecht Sinnbild der christlichen Kirche, die gleich einem Bienenstock im Grabe Christi ihren Ursprung und ihre Heimath gefunden."

VII.

§ 51. Alle Völker haben Räthsel. Ihr Witz und Scharfsinn, ihre Dichtungsgabe äußert sich damit über einzelne Gegenstände auf die leichteste Weise; es wäre zu wünschen, daß wir von allen Völkern Proben ihres Witzes und ihres sich übenden Scharfsinnes in Sprichwörtern, Scherzen und Räthseln hätten, wir hätten damit die eigensten Gänge ihres Geistes, denn jeder Völkerstamm hat in Auffindung solcher Aehnlichkeiten bei seinen Lieblingsideen und Lieblingsgegenständen ganz seine eigenthümliche Weise***). Gehen wir nun zu einer Rundschau der nationalen Literatur des Räthsels über.

§ 52. Bei den alten Hebräern†) muß, bei ihrer bekannten Neigung zur allegorischen und parabolischen Redeweise, die sie mit den übrigen orientalischen Völkern gemein hatten, die Unterhaltung mit Räthseln sehr ausgebildet gewesen sein; aber es ist uns verhältnißmäßig wenig von ihnen erhalten worden. Aber noch lange standen die Räthsel in Ansehen, und Sirach rühmte von einem Schriftgelehrten: „versteckte Geheimnisse erforscht

---

*) Christliche Symbolik, 2 Thl. Art. Simson.
**) Auch Büchner (biblische Real- und Verbal-Concordanz, 9te Aufl. von Heubner, Art. Simson) sagt: „Simson war ein Vorbild Christi."
***) Herder, a. a. O. S. 273.
†) Die Schrift von Bellermann, de hebraeorum, aenigmatibus, Erf. 1796, konnte ich nicht auffinden.

er und mit Räthselsprüchen beschäftigt er sich," und Salomo lobt er mit den Worten: „die Erde bedeckte dein Geist, und du fülltest sie an mit Räthselsprüchen." Das Räthselspiel Salomo's mit der Königin von Saba wurde schon in § 36 erwähnt. Nebstdem ist noch Salomo's Räthselcorrespondenz mit dem Könige Hiram*) zu erwähnen**). An diesen, welcher nach seines Vaters Abibals Tod zur Regierung von Tyrus gelangte, schickte Salomo, der damals zu Jerusalem regierte, Räthsel, und erbat sich dergleichen auch von ihm, mit dem Vorschlage, daß der, welcher sie nicht würde lösen können, dem Andern eine Geldstrafe erlegen solle. Hiram nahm den Vorschlag an und mußte, da er die Räthsel nicht lösen konnte, zur Strafe eine große Summe Geldes bezahlen. Hierauf lösete sie aber ein Tyrier, Namens Abdamon, und legte dagegen dem Salomo Räthsel vor, welche dieser nicht lösen konnte, und daher an Hiram viel bezahlen mußte.

§ 53. Ein hebräischer Weiser, Agur, der Sohn Jakeh's, von dem weiter nichts bekannt ist, hat in dem von ihm verfaßten dreißigsten Capitel der Sprüche Salomo's folgende fünf Sprüche aufgestellt, die unbestreitbar ihrer Fassung nach den Räthseln beigezählt werden dürfen, wofür auch noch der Umstand spricht, daß Agur Auflösungen beigesetzt hat; sie heißen so:

1. Drei Dinge sind unersättlich, und das vierte spricht nie: „es ist genug."
2. Drei Dinge sind mir zu wunderbar, und das Vierte begreife ich nicht.
3. Drei Dinge beunruhigen (machen erbebend) ein Land, und das Vierte mag es nicht ertragen. 4. Viere sind zwar die kleinsten der Erde, und dennoch klüger als die Weisen. 5. Drei Dinge schreiten herrlich einher, und das Vierte geht schön einher. [Auflösung. 1. Die Hölle; die Unfruchtbarkeit des Weibes***); die Erde, die nie satt an Wasser wird†), und das Feuer, welches nie sagt „genug"††). 2. Der Weg des Adlers in den Himmel; der Weg der Schlange auf den Felsen; der Weg des Schiffes auf dem Meere†††), und der Weg des

---

*) Er war Freund und Bundesgenosse Davids und Salomo's (Nessel, diss. de amicitia Salom. et Hirami; Upsal. 1734), denen er, jenem zum Baue eines königlichen Palastes, diesem zum Tempelbau und zur Ausrüstung einer Flotte phönizische Künstler und Holz sendete. 1. Buch der Könige V, 1—18. 2. Buch Samuel V, 11. 1. Buch Chronik XV, 1. 2. Buch Chronik II, 3.

**) Flavius Josephus, a. a. O Lib. VIII, Cap. 5. § 3. Derselbe contra Apionem Lib. I, § 17.

***) Wie das unfruchtbare Weib unersättlich ist, zeigt 1. Buch Mos. XXX, 1, wo die unfruchtbare Rahel mit Ungestüm Kinder verlangt: „schaffst mir Kinder, wo nicht, so sterbe ich."

†) In der Edda wird den Trinkern angerathen, die Erdkraft anzurufen, denn „die Erde trinkt und wird nicht trunken".

††) Im Hitopadeca (eine indische Fabel- und Spruchsammlung; Ausg. von Lassen, S. 66) heißt es: „das Feuer wird nicht satt des Holzes".

†††) Weil der Adler zum Himmel fliegt, die Schlange über den Felsen kriecht, und das Schiff die Wogen durchschneidet, ohne daß eine Spur des Weges, den sie genommen haben, zurückbleibt, deshalb scheinen ihre Wege wunderbar.

Mannes in die Dirne*). 3. Ein Knecht, wenn er König wird; ein Thor, wenn er zu satt ist; eine Gehaßte (Feindselige), wenn sie geehelicht wird; eine Magd, wenn sie ihre Herrin beerbt. 4. Die Ameisen, ein schwaches Volk, und doch schaffen sie sich im Sommer ihren Vorrath an Speisen. Die Klippendachse, ein schwaches Volk, und baut dennoch in Felsen sein Haus. Die Heuschrecken haben keinen König und ziehen doch in geordneten Haufen aus**). Die Spinne***) arbeitet mit den Händen und ist in der Könige Schlössern. 5. Der Löwe, mächtig unter den Thieren, er kehrt nicht um vor Jemand; der Lendenstarke (d. i. der Hirsch), ein Widder und ein König, gegen den sich Niemand auflehnen darf†).

Zwei dieser eben erwähnten Räthsel sind später von lateinischen Dichtern nachgebildet worden. Das erste von Hieron. Arconatus unter der Ueberschrift: „Tria insatiabilia"; das zweite von Sebast. Scheffer unter der Ueberschrift: „quatuor res nulli cognitae":

1. Omnia cum possint expleri, tempore nullo
   Expleri possunt foemina, flamma, fretum.
2. Dic mihi, tunc quovis sapiente valentior esto,
   Omnia qui cerebro te retinere putas.
   Sub Jove sunt aquilae vestigia quanta volantis?
   Rupe colubrorum sunt ubi signa pedum?
   Semina quae medio dum currit in aequore nauta?
   Quis juvenum scrotis ad loca foeda gradus?

§ 54. Von Abul Hassan Juda Ha=Levi, einem der größten neuhebräischen Dichter, geb. in Castilien um 1080, kenne ich folgende Räthsel††):

---

*) Was darunter zu verstehen sei, erhellt aus dem nachfolgenden Spruche, der aber nicht mehr zu den Räthseln gehört: „so macht es die Ehebrecherin, sie genießt, wischt sich den Mund und spricht: ich habe kein Unrecht gethan," d. h. man kann an ihr, als einer schon geschlechtlich gebrauchten Frau, nicht entdecken, daß sie einem Andern den Weg zu ihren Geschlechtstheilen, den Ehebruch, gestattet. Auf analoge Weise bezieht es Schultens (proverbia Salomonis: Lugd. Bat. 1748, p. 456) auf die erkennbaren Merkmale der Jungfrauschaft: „via viri in adolescentula, vel, cum puella, scilicet jam corrupta; nam in virgine vestigium deflorationis extat, in corrupta non item." Wohl mit Unrecht bezieht es Bertheau (die Sprüche Salomo's, Leipz. 1847, S. 110) auf den Mann, und auch Herder wird man nicht beistimmen können, wenn er (a. a. O. S. 271) darunter die Bildung des Menschen im Mutterleibe, was den Morgenländern das tiefste Räthsel war (Prediger Salomo, XI, 5), verstehen will.

**) Alle, welche Heuschreckenzüge beobachtet haben, stimmen darin überein, daß sie in einer geregelten Ordnung ziehen. Morier, der mehrere solcher Züge beobachtet hat, sagt: sie scheinen durch einen gemeinschaftlichen Instinkt angetrieben zu werden, und sich in einem geschlossenen Zuge zu bewegen, der einen Anführer an seiner Spitze hatte. Auch Shaw bemerkte, daß sie Ordnung wie Soldaten halten.

***) Einige haben mit Eidechse übersetzt. S. meine Schrift: Zur Bibel; naturhistorische, anthropologische und medicinische Fragmente. Nürnb. 1848, 1. Thl. S. 33.

†) Einige übersetzen auch so: „ein König in seinem Purpur", s. Meier's hebräisches Wurzelwörterbuch, S. 669.

††) Aus Jolowicz, der poetische Orient, Leipz. 1853, S. 324.

1. Was ist's, das nackt ins Grab man legt,
Und dennoch nicht den Tod erleidet,
Dort Kinder zeugt, sie sorgsam pflegt,
Bis sie erscheinen wohl bekleidet.
2. Was ist's doch, über das, wenn's weint,
Das Herz uns fröhlich lacht;
Das aber, wenn es heiter scheint,
Betrübt und traurig macht.
3. Ein kleiner Stab, doch unermeßlich werth,
Grünfarben, wie von Liebesgram verzehrt,
Von hohlem Körper, doch mit muth'gem Herzen,
Wirft Helden nieder, bringt gar Vielen Schmerzen,
Eilt hin zum Faß, um weiblich sie zu füllen,
Mit leerem Mund vollführt's nicht seinen Willen.
Und fünf der Diener sind bereit zur Stelle,
Vollziehend unverdrossen die Befehle.
Bald liebt's Gesang und Schmuck zu überreichen,
Bald weiß es Fürstenherzen zu erweichen,
Den Frieden kann's, den Krieg bereiten.
Sag' an, was ist's, was soll's bedeuten?

[Auflösung. 1. Das Weizenkorn. 2. Der Himmel, wenn Regen nöthig ist. 3. Das Schreibrohr.]

§ 55. In der vierten der Makamen des in der ersten Hälfte des dreizehnten Jahrhunderts lebenden hebräischen Dichters Juda Ben Salomon Alcharisi lassen sich zwei Hebräer in einen gegenseitigen Wettstreit ein, in welchem sich folgende zwei Räthsel*) befinden**):

1. Eine Dirne, geboren auf dem Feld, gerüstet wie ein Held, des Morgens der Beute nachstellt; leichter Füße, schmaler Lenden, sitzt sie an allen Enden; schwarz und doch schön ist die Kleine***), doch von Eva's Töchtern keine, hat dunkle Tracht und kommt aus ihrer Höhle Nacht; eilt jeden Tag dem Morgenlicht zuvor und ist frühmorgens unterm Thor†), läuft auf allen Steigen und Sträuchen, allen Wegen und Stegen, allen Straßen und Gassen. So lang der Winter dauert hält sie sich eingemauert, und ist der Winter aus, so kommt sie heraus aus ihrem Haus, nach ihrer Nahrung hin und her zu eilen, und kann

---
*) Ich entnehme die deutsche Nachbildung von Krafft, Proben neuhebräischer Poesie, 1. Bd. Ansbach 1839.
**) Die Eigenthümlichkeit früherer hebräischer Dichter, ganze oder halbe Bibelverse in Prosa und Gedichte zu verflechten, oder wenigstens auf solche anzuspielen oder hinzudeuten, findet man bei Alcharisi sehr ausgebeutet; so auch bei den folgenden Räthseln, weshalb ich die treffenden Bibelstellen in Anmerkungen beifüge.
***) „Ich bin schwarz, aber gar lieblich", Hohes Lied I, 5.
†) „Sie ruft in der Thür am Thor", Sprichwört. I, 21.

nicht mehr zu Hause weilen; rennt den ganzen Tag auf jeder Bahn, thalab und bergan; trägt Müh' und Last ohne Rast, läuft und rennt ohne End', arbeitet immer zu ohne Ruh', um sich mit Nahrung zu versehen, um Beute für ihr Haus zu erspähen*). Sie gehört unter die Zwerge, und trägt doch Lasten wie Berge; Aehren von dem Felde erbeutet sie und Grotten unter der Erde arbeitet sie, und füllt sie mit dem reichen Ertrage der Sommertage. Den ganzen Tag eilt sie von Ort zu Ort, geht Abends heim und Morgens fort. Und hat sie im Winter sich versteckt in dem Erker von ihrem Kerker, so siehst du sie im Sommer von Neuem laufen in Haufen, um mit den Kommenden Getreide zu kaufen**). Und ist die Zeit der Ernte nah und der Bote der Lese da, so gürtet sie mit Kraft ihre Lende, und verläßt ihre Wände und wendet sich zur Tenne behende. Sie ziehet aus mit dem Schnitterheere und drischt gar säuberlich jede Aehre; sie geht nicht von der Ernter Seite und sammelt auch ein ihr Getreide. Da siehst du sie in den Tennen auf- und niederrennen, bis sie der Knechte Mitleid sieht, und sie unter den Garben sammelt, ohne daß ihr Leid geschieht; sie schenken ihr von dem Segen, den sie erwarben, sie ziehn heraus für sie aus den Garben; sie lassen es liegen daß sie lese, und werden ihr drum nicht böse***). Und Einer sagt zum Andern: es sei ihr unverwehrt, denn ihre Seele ist verstört****), ihr Haus ist geleert, und kein Same ihr bescheert†). Sie schweift tagtäglich auf dem Feld, wie eine Magd die Nachlese hält. In ihrer Weisheit, ihrem Verstande, bringt sie ihre Nahrung aus fernem Lande††), und hält ihre Speise bereit für die dürre Zeit; jedes Gerstenkörnlein, das sie findet nah und fern, wahrt sie wie ihren Augenstern, eilt in das Schatzhaus es zu legen, und birgt es vor Sturm und Regen, aber Weizen und Spelz wird nicht zerschlagen, weil sie kommen in spätern Tagen†††). Und sieht sie die kalten Tage nahn, da Schnee und Eis deckt jede Bahn, da Sturm und Regen Jeden treibt, daß er zu Hause bleibt, so nimmt sie aus den Speichern ihre Beute und vertheilt sie unter ihre Leute, ihrer Hände Frucht††††), und was sie mit Mühe gesucht. Sie zeugt durch ihr Werk von der Weisheit des Herrn, und es loben sie ihre Thaten

---

*) „Sie steht des Nachts auf und gibt Futter ihrem Hause", Sprichwört. XXXI, 15.

**) „Also kamen die Kinder Israels Getreide zu kaufen, sammt Andern, die mit ihnen zogen", 1. Buch Mos. XLII, 5.

***) „Und da sie sich aufmachte zu lesen, gebot Boas seinen Knaben und sprach: lasset sie auch zwischen den Garben lesen und beschämet sie nicht; auch von den Haufen lasset überbleiben und lasset liegen, daß sie es auflese, und Niemand schelte sie darum." Buch Ruth II, 15. 16.

****) „Laßt sie, denn ihre Seele ist verstört", 2. Buch Könige IV, 27.

†) „Wird sie aber eine Witte, oder ausgestoßen und hat keinen Samen, so soll sie essen von ihres Vaters Brod", 3. Buch Mos. XXII, 13.

††) „Sie ist wie ein Kaufmannsschiff, das seine Nahrung von ferne bringt", Sprichwört. XXXI, 14.

†††) „Aber der Waizen und Spelz wird nicht geschlagen, denn es war Spätgetreide", 2. Buch Mos. IX, 32.

††††) „Sie denkt nach einem Acker, und kauft ihn, und pflanzt einen Weinberg von den Früchten ihrer Hände", Sprichwört. XXXI, 16.

nah und fern*). Heil ihm, der von ihr lernt, dem Weisen, doch wehe dem Faulen, der von ihr sich nicht läßt unterweisen; er geht einst nackt und bloß einher, ein Weinstock von Frucht und Blättern leer, seine Lippe küßt den Harm, und den Mangel umschlingt sein Arm.

Hierauf erhebt der Hebräer noch folgendes Lied:

Eine schwarze Heldin finden
Können wir auf Höh'n und Gründen,
Ihren Leib mit Kraft gegürtet,
Nicht mit Gürtel oder Binden.
Schwarz wie Myrrhen, reicht sie doch nicht
Wie die Myrrhen Duft den Winden.
Mit jedwedem neuen Morgen
Geht sie, Beute zu ergründen;
Ist schon reg' in aller Frühe,
Und die Nacht läßt sie dahinten.
Eh' der Morgenröthe Strahlen
In der Höhe sich entzünden,
Häuft sie Speise für die Tage,
Da des Jahres Früchte schwinden.
Jedes Körnlein, das sie sammelt,
Gräbt sie in der Erde Rinden;
Haut und baut für sich mit Mühe
Höhlen in des Bodens Gründen,
Und verbirgt in ihre dunklen
Kammern, was sie konnte finden;
Ist nicht Diebin und doch geht sie
Fremde Güter auszukünden.
Ueberall ist sie im Sommer,
Aber birgt sich vor den Winden,
Und besorgt die Winterschätze,
Ihre überreichen Pfründen.
Sie begräbt sich selbst lebendig,
Wenn die Lüfte flohn, die linden,
Und sucht ihrer Wohnung Thüren
Allenthalben zu verspünden.
Kaum der Lenz ist da, so siehst du
Sie dem Grabe sich entwinden;
Nach Brodhausen**) flugs zu wandern
Bricht sie auf aus ihren Schlünden,
Bis sie weiß, daß fern der Heimath
Sie gefühnt hat ihre Sünden.

---

*) „Sie wird gerühmt werden von den Früchten ihrer Hände", und ihre Werke werden sie loben", Sprichwört. XXXI, 31.
**) Eigentlich nach Beth-lehem, d. i. Brodhausen.

Vor dem Frühroth ist sie längst schon
Auf den Füßen, den geschwinden,
Wie die Händler, die auf jedem
Weg' und Stege sich befinden.
Klugheit, die sie nicht gelernet,
Lehrt sie doch den Menschenkindern,
Gehet, wenn noch schläft der Faule,
Um das Frühroth zu verkünden.

2. Er ist einer von den Mohren, doch nicht im Mohrenland geboren, schwarz wie ein Schlot, frißt er des Frevels Brod*), und geht aus ohne Schwert auf Mord und Tod. Wie der Ofen wärmet er, und überall, wie ein Dieb, schwärmet er. Er sitzt in deinem Kabinette, in deinen Kleidern, deinem Bette, bei Nacht frißt er an deinen Gliedern Stück für Stück, und raubst du sie am Tage seinem Blick, am Abend gibst du sie ihm zurück. Wenn der Schlummer die Seele gefangen hält und tiefer Schlaf auf die Menschen fällt**), naht er leise dich zu überfallen mit seinen Krallen, und saugt dein Blut ohne Säumen im Wachen und Träumen. Und suchst du ihn, er ist dahin, und denkst du, ich hab' ihn gefunden, er ist geflohn und verschwunden. Und wenn du ihn auch mit Hast ein- und zweimal gefaßt, so kann es ihm noch gelingen zu entspringen, und er entfliegt wie mit Adlers Schwingen. Wie oft birgt er sich unter dem Mädchenkleide, und kommt von den Hüften bis zur Seite, und geht von da zu den Brüsten fort, drum nennt er sein Lager jenen Ort. Und findet er eine Jungfrau oder junge Frau, er hängt sich an sie bei ihr zu ruhn, bis sie ihre Stimme erhebt ob seinem bösen Thun. Und das Mägdlein schreit, und ist Keiner der Hilfe beut; und fragt man sie: warum weinst du und legst dich nicht still auf's Ohr? so sagt sie: es ist gekommen der Mohr, und hat in meinem Schooß aufgeschlagen sein Haus, an meinem Busen ruht er aus, als wäre er mein Myrrhenstrauß***); die ganze Nacht liegt er mir bei, und nimmt sich zum Lager frei und ohne Scheu Arm und Wangen, und noch Allerlei. Er ist dem Priester zu vergleichen, der da nennt Schenkel und Brust sein eigen, die Brust nimmt er als Webe, und die Schenkel als Hebe, und das Fett ganz von dem Fettschwanz†). Er schlürt die ganze Nacht des Kampfes Blut, von dem er nicht eher ruht bis er getrunken der Erschlagenen Blut. Ohne Wehr und Speer und Waffen kann er hinraffen, ist klein und kann Große bezwingen, ist gering und kann Helden niederringen. Umsonst wirst du ihm Netze legen, kein Bogenschütze kann ihn erlegen; kein Feldherr kann ihm widerstehen, überfällt er die Helden, so ist es um sie geschehn. Und

---

*) „Denn sie nähren sich von gottlosem Brod, und trinken vom Weine des Frevels", Sprichwört. IV, 17.

**) „Da ich Gesichte betrachtete in der Nacht, wenn der Schlaf auf die Menschen fällt", Hiob IV, 13.

***) „Mein Freund ist mir ein Büschel Myrrhen, das zwischen meinen Brüsten hängt", Hohes Lied I, 13.

†) „Und soll also von dem Dankopfer dem Herrn opfern zum Feuer, nämlich sein Fett, den ganzen Schwanz, und alles Fett am Eingeweide", 3. Buch Mos. III, 9.

wenn du dich schützest durch Riegel und Thür, er kommt von oben mit seinem Flügel zu dir; und glaubst du, du seist von ihm los, bald wirst du ihn spüren in deinem Schooß, bald wird er packen deinen Nacken. Und sollte bir's glücken seine Heere zu zerstücken, so kommen ihre Nächsten, ihr Blut zu verströmen und Blutrache am Mörder zu nehmen. Kann er den Weg zu des Königs Schloß nicht entdecken, er sucht sich in seinen Kleidern zu verstecken und in seinen Decken, und kommt wie ein fremder Wanderer zu ihm bei Nacht, daß der König erschrocken aufwacht, und verächtlich schauet auf all seine Macht. Er ruft seine Knechte zur Hand, die breiten aus sein Gewand; es rufen einander die Mägde rings, fünf Leuchter rechts und fünfe links; er entschlüpft, wenn sie ihn gefangen meinen, er lacht über sie und sie weinen. Würde er freilich gefunden, so würde er lebendig geschunden; aber überall ist ihm Zuflucht bereit, eine Freistatt findet er in jedem Kleid. Und hat ihn der König zum Gefangenen gemacht, und ist er in seiner Macht, so wirst zu Boden seine Galle voll Wuth, bis sich gelegt sein Blut. Das ist nur ein Theil seiner Thaten, ein Stückchen von seinen Pfaden. Denn fastet er auch den ganzen Tag, an jedem Abend holt er's nach Den Schuldlosen quält er ohne Erbarmen, er leckt das Blut der Reichen und der Armen, und verschlingt sie lebendig mit seinen Armen. Allezeit ist sein Dichten Blutbad anzurichten. Und wenn er nun eine Zeitlang da war, und zu Ende gehet das Jahr, und er merkt, daß der Wind ihn fortstößt, und die Kälte ihn auflöst und der Regen ihn fortstößt, so verkriecht er sich in des Staubes Klüfte und gräbt sich unter der Erde Schlüfte; alle seinen Schaaren ziehen weiter, und machen sich Reisekleider, und steigen von ihrer Stelle mit dem Ihren lebendig zur Hölle. Und so lange es windig und kalt, sind des Staubes Schollen ihr Aufenthalt, und da weilen sie, bis wieder in Feld und Wald der Frühling schallt. Und sehen sie Regen und Kälte vergangen und den Sommer anlangen, dann ist da ihre Zeit und sie machen sich zur Reise bereit, und blühn aus der Erde empor, gleich dem Frühlingslaube, und Viele erwachen auf, so da schlafen im Erdenstaube*).

Hierauf erhebt der Hebräer noch folgendes Lied:

Der Nachtgeborne, den des Dunkels Schlingen
Und schwarze Finsternisse stets umfingen,
Ihn hätte längst die eigne Gluth verzehrt,
Wenn ihn nicht schützten seine lichten Schwingen.
Es scheint, er ist ein Feuerkünstler, den
Die Flammen, die versengenden, umringen.
Er fliegt nur mit den Fittigen der Nacht,
Weiß überall verstohlen einzubringen.
Wenn er mir Wunden schlägt, so kann mir nur,
Wenn ich den Frevler tödte, Heilung bringen.
Sein Schwert ist Zahn und Mund, und auf mein Blut
Zückt er in jeder Stunde seine Klingen.
Geröthet, wie die Rose, ist sein Blut,

---

*) „Und Viele, so unter der Erde schlafen liegen, werden aufwachen", Daniel XII, 2.

Doch pflegt er es erst Andern abzuringen.
Und schließ ich auch allnächtlich meine Thür,
Mich zu erreichen wird ihm doch gelingen.
Er liebt zu thun als wie die Fledermaus,
Die nur bei Nacht entfaltet ihre Schwingen;
Doch weilt er auch die ganze Nacht bei dir,
Beim Morgenrothe wird er dir entspringen.
Als wenn er Honigströme fänd' in mir,
Sucht er mich fest voll Durstes zu umschlingen.
Er ist gar klein, von winziger Statur,
Ein Windessäuseln kann zur Flucht ihn zwingen.
Ein Dintentüpflein scheint er mir zu sein,
Wie sie beim Schreiben aus der Feder springen.
[Auflösung. 1. Die Ameise. 2. Der Floh.]

§ 56. Unter den Türken war Ali, ein herumziehender Latwergen=
verkäufer, unter dem Beinamen Mamaji, d. i. der Räthselhafte, bekannt
wegen seiner Stärke im Aufgeben und Lösen von Räthseln. Er soll auch
eine eigene Abhandlung über das Räthsel geschrieben haben, welche mir, so
wie seine Räthseln, unbekannt sind. Von Fani, einem um 1003 lebenden
Spezereihändler, kenne ich folgendes, die Lippen der Geliebten bezeichnendes
Räthsel:

Was ist der Becher, dem Rubine gleich,
Der voll von Perlen, wie der Fluthen Reich,
Der, wenn geschlossen, in ein Nichts zerfließt,
Der, wenn geöffnet, Zuckerkandel gießt?

§ 57. Von dem Derwische und Dichter Mohammed Ben Osman
Ben Ali Nakkasch, genannt Lamii, d. i. der Glänzende (gest. 938),
sind folgende Räthsel noch vorhanden*):

1. Sag mir, auf welchem Ast der Vogel singt,
Der federleicht mit Silber ist beschwingt,
Der, wenn er lustig flieget hin und her,
Sich wie ein Nachen stürzet in das Meer,
Und wenn er dann zur Höhe wieder trachtet,
Ist stets sein Schnabel reich mit Frucht befrachtet.
Er flieget auf zu dem Rubinennest,
Worin ein Zuckerpapagey sitzt fest,
Er giebt den Bissen ihm und kehrt zurück,
Das ist sein täglich' Thun mit gutem Glück.
Nachdem er Fremden dieses vorgetragen,
Darf Lamii wohl um die Antwort fragen.

---

*) Geschichte der Osmanischen Dichtkunst, von Hammer-Purgstall, 2. Bd.
Pesth 1837, S. 160.

2. Welche Blume ist es, die zu jeder Zeit
Im Winter wie im Sommer sich erneut?
Es streut das Holz derselben Gold zu Füßen,
Und Veilchen wirbeln sich sie einzuschließen,
Sie kommt vom Stein und sinkt zuletzt in Staub,
Sie lebt von Luft und wird des Wassers Raub;
Sie wär' Rubin, wenn die Rubinen brennten,
Und Sonne, wenn die Sonnen Grimm bekennten;
Sie ist ein Schöner voll von Strahlenficht,
Von schwarzem Haar und Flammenangesicht.
Auf ihren Glanz ist neidisch selbst die Sonne,
Denn sie erfüllt die Welt mit Licht und Wonne,
Wie Tulpen glüht sie voll von Scham und Harm.
Das Auge Gluth, die Stirn und Wange warm.
Den Glanz des Mond's läßt sie dahin gestellt,
Indem bei ihr das Licht anzündet Welt,
Sie machet, daß der Stahl wie Wachs zerfließt,
Und daß der Stein wie Wasser sich ergießt.
Ihr, die so schön mit wohlgefüllter Tasche,
Genüget doch zuletzt ein wenig Asche,
Nimmt Prügel an vom mindesten der Wichte,
Und steht durch Nied'rige sich selbst im Lichte.

3. Was ist's, das überall und nirgends ist,
Das ohne Seele doch lebendig ist,
Das, wenn versammelt bildet einen Teich,
Und wenn zerstreuet, ist den Sternen gleich;
Wenn du es tödtest, tödtet es dich wieder,
Und sprichst damit, so fährt's dir durch die Glieder;
Auch ohne Schwingen kann es fliegen tüchtig,
Ein Sklave ist's, doch ist der Sklave flüchtig,
So ohne Kopf als Fuß ist's krank und frei,
Und steht doch Männern von Verdienst nicht bei.

4. Welch Drach' ist dieß, der einem Vielfuß gleicht,
In dessen Herz der Pfeil dem Bogen gleicht,
Im Fluge er sich bis zum Himmel schwingt,
In Ruh' sein Fuß bis zu dem Abgrund bringt;
Wenn seine Lasten auch Gebirge sind,
So gehet er damit doch schnell wie Wind,
Er machet seinen Weg nur auf dem Bauch,
Sein Schweif ist seines Weges Führer auch.
Ein weißes Zelt, wobei noch steht der Pfahl,
Wie Himmelszelt von innen leer zumal,
Der Rumpf, der Mast, sind Tintenfaß und Kiel,
Womit auf Fluthen wird geschrieben viel;

Von außen melancholischer Pallast*),
Von Innen nur phlegmatischer Ballast;
Er wird, indem er seine Ketten schleppt,
Im Wasser bald und bald im Schlamm geschleppt,
Er wär ein Schloß, wenn Schlösser so spazierten,
Er wär ein Berg, wenn Berge manövrirten;
Er ist fürwahr der seltsamste der Drachen,
Der hauchlos saugt das Volk in seinen Rachen,
Es traget ihn wie Salomon der Wind,
Und führt ihn durch die ganze Welt geschwind.
Er betet, wie einst Chiser, auf den Fluthen,
Daß günst'ge Lüfte kommen ihm zu Guten,
Vom trocknen Lippenrand, wiewohl im Meer,
Wiewohl kein Vogel, fliegt er hin und her,
Durchschneidend ohne Fuß der Erden Gürtel,
Des Meeres Fluth geht ihm nicht bis zum Gürtel.

5. Was für ein Schlangenleib ist dieß mit Silberschwingen,
Aus dessen rothem Schweif des Moschus Düfte bringen?
Sein Mund ist Kampher und sein Inneres ist Harz,
Er hat nicht Herz noch Seel', ist blöde, dumm und schwarz,
Bald wälzt er sich in einem Meer von Gift und Schlamme,
Bald tanzet er wie Zucker süß und licht wie Flamme,
So oft er sich dem Meer der Finsterniß entschwingt,
Aus seiner Zunge Fluth die Lebensquelle springt,
Ein Zweig des Lebensbaums, nur ist er umgekehrt,
Ein Lotoszweig, jedoch mit Ambra reich beschwert,
Zweizüngig wie die Schlangen gibt er keine Kunde,
Bis man ihm abgehauen nicht den Kopf zur Stunde,
Sein Loos ist schwarze Schrift und was ihm thuet gut,
Ist wie verliebten Herzen nur das Herzensblut.
Wer Kamli dich mit der Lösung wird erfreuen,
Vor dem sollst du Juwelen wie der Kiel ausstreuen.

6. Welch' Vogel ist's, der schwingenlos die Welt durchfliegt,
In dessen glattem Aeußern viel Geheimniß liegt?
Wie die Perlen durchziehet er die ganze Welt,
Wenn man ihn auf der Hand und auf dem Kopfe hält,
Die Schönheit seines Angesichts dem Geiste mundet,
Doch wird von seinen Worten oft das Herz verwundet,
Von außen kampherweiß, von innen Moschusduft,
Ein trefflicher Kourier schnell wie die Morgenluft.
Zusammengerollet ist er Knospe von Jasmin,
Entfaltet Rosenhain, worinnen duftet Sinn,

---

*) Sewdaji meschreb, von gallichtem oder melancholischem Naturell, ein Wortspiel mit dem im nächsten Verse folgenden Ssafa, was sowohl Galle als Ballast bedeutet.

Ein luſtiger Kumpan, der Scherz und Witz verſteht,
Ein zärtlicher Genoß, der ſtets zur Seite geht.
Dem, welcher dieſen Brief wird zu entfalten wiſſen,
Soll er wie Lamii die Händ' und Füße küſſen.
[Auflöſung. 1. Der Löffel. (Der Ausdruck „federleicht mit Silber be-
ſchwingt", erklärt ſich dadurch, daß die türkiſchen Löffel von leichtem Bein ſind,
und der Stiel mit geſponnenem Silber umwunden iſt.) 2. Das Feuer. 3. Das
Queckſilber. 4. Das Schiff. 5. Die Schreibfeder. (Die in rothe Dinte ge-
tauchte Spitze der Feder iſt mit dem Ausdrucke „der rothe Schweif" bezeichnet.)
6. Der Brief.]

§ 58. Bei den Perſern ſind beſonders ihre Logogryphen (Mima) bemerkenswerth*). Sie übertreffen die unſrigen bei Weitem an Schwierig-keit. Es iſt nicht genug an der Verſetzung der Buchſtaben, um mittels derſelben ein oder mehrere Wörter zu errathen, ſondern mit den Buchſtaben ſelbſt müſſen allerhand Künſte der Punktirung und Nichtpunktirung, der Umkehrung und Verwandlung vorgenommen werden, bis das Wort, welches der Logogryphenſchmied im Sinne hatte, herausgefunden wird. Hammer ſelbſt gibt zu, daß die meiſten dieſer Logogryphen, die er mit oder ohne Erläuterung angetroffen, ihm meiſtens unverſtändlich geblieben ſeien, und er lege dieſes offene Bekenntniß mit um ſo weniger Scheu ab, als ſelbſt Dewletſchah, der Biograph der perſiſchen Dichter, von dieſen Künſteleien nichts zu verſtehen, ganz offenherzig bekenne. Uebrigens haben mehrere berühmte perſiſche Dichter mit ganzen Bänden ſolcher Buchſtabenkünſteleien Zeit und Mühe verloren. Die Räthſel- und Logogryphenkunde macht einen eigenen Zweig des dreihundertarmigen Baumes der orientaliſchen Encyklo-pädie bei Hadſchi Chalfa aus, und ſowohl Watwat, der perſiſche, als Surnri, der türkiſche Boileau, führen dieſelben in ihrer Poetik auf.

§ 59. Von den Perſern ſind folgende zu erwähnen. Abul Kaſim Manſur, welcher gewöhnlich unter der Benennung Ferduſi (d. i. der Paradieſiſche) vorkommt, geboren 940 v. Chr. unweit Tus in Choraſan, erreichte ein Alter von 80 Jahren. Er dichtete das Schahname (Königs-buch), ein in Reimen verfaßtes Epos über die alten Könige Perſiens, welches als Quelle der perſiſchen Geſchichte benutzt werden kann, jedoch nur mit ſcharfer kritiſcher Sichtung**). In dieſem Gedichte befinden ſich Räthſel, welche dem Helden Sal aufgegeben werden, und die bereits in § 37 an-

---

*) Geſchichte der ſchönen Redekünſte Perſiens, von Hammer; Wien 1818, S. 34.
**) Zu dieſer Sichtung bietet die umfang- und gehaltreiche Einleitung Schack's zu ſeiner metriſchen Ueberſetzung der „Heldenſagen von Firduſi", Berlin 1851, die nöthigen Anhaltspunkte.

geführt worden sind. **Asdschedi aus Merw**, einer der **Dichter des Sultan Mahmud**, den er stets auf seinen Zügen begleitete; von ihm ist folgendes Räthsel (die Melone) bekannt:

> Farbe, Geschmack und Geruch, Smaragden, Zucker und Moschus,
> Ambra für die Zunge, farbiger Stoff für das Auge.
> Wenn du in Spalten ihn theilest, gibt jede Spalte den Neumond,
> Wenn du ihn ganz läßt, stellet er den Vollmond dar.

Rasi, auch **Abul-Mefachir** lebte zur Zeit des Sultans Gajassed-din; er war ein großer Gelehrter und Dichter, und hat zuerst die Dichtungsart der Räthseln unter den Persern in Schwung gebracht. **Emir Chan-sade**, bekannt unter dem Namen **Tablbas**, d. i. Trommelspieler; sein Dichtername war **Deliri**. **Mewlana Nisan aus Astrabad**; er hat besonders zur Verbreitung der Räthseln beigetragen, und selbst anfangs vorzugsweise nur Räthseln gedichtet, später aber seinen Dichtungen eine religiöse Richtung gegeben, und Gedichte zum Lobe des Propheten und seiner Familie geschrieben. **Scherefeddin Ali von Jesd**, einer der größten persischen Geschichtsschreiber, besonders berühmt durch seine durch Petit de la Croix's Uebersetzung bekannt gewordene Geschichte Timur's; er war auch zugleich Dichter und soll mehrere Räthseln hinterlassen haben; er starb im Jahre der Hedschira 834 (1430). Von diesen Persern sind mir keine Räthsel bekannt geworden, und auch die Hauptquelle über die persische Dichtkunst, das citirte Werk von Hammer schweigt darüber.

§ 60. Bei den **Arabern** waren ganz vorzugsweise Räthsel und Sinnsprüche von sehr großer Geltung, und es kann Arabien als das Vaterland der Räthseln angesehen werden*). Von den Arabern ist besonders **Hariri** (ein Gelehrter aus Basra, geb. 446, gestorb. 515 oder 516 nach muhamedanischer Zeitrechnung) zu erwähnen, in dessen Makamen sich folgende Räthsel befinden**).

In der sechsten Makame sagt der Gast, der alte Abu Seid, zu seinem Wirthe:

> „Nun ich gespeist habe, und Mund und Hand noch feist habe, regt sich in mir ein andrer Gelüst, den du als mein Wirth befriedigen mußt. Geh, und bringe mir dar ein schönes Paar, eines davon ein schlankes Knäbchen, fein gedreht, ein geschnitztes Stäbchen, glatt und fest, geschmeidig und süße, der den Mund mir küsse, und es sich lasse munden wenn die Zähne ihn verwunden.

---

*) Keil, Commentar über die Bücher der Könige, Moskau 1546, S. 149.
**) Ich entnehme die freie deutsche Nachbildung und die Auflösung aus Friedrich Rückert, die Verwandlungen des Abu Seid von Serug, oder die Makamen des Hariri, 2 Bde., Stuttg. 1837.

Dann ein reinliches Mädchen, erzeugt in einem Kramlädchen, lind anzufühlen und weich, den himmlischen Nymphen gleich, leicht von Gewicht und lustig, wohlriechend von Athem und duftig, das aufwalle mit Schaumen, wenn es mir küßt den Daumen, und zugethan mir bleibe, wenn ich's mit der Hand zerreibe." Da erwiederte der Wirth: „wie scherzest du wunderbar gelaunt! glaubst du, daß ich ein Harem von Mädchen und Knaben hab' in meiner Fremdenwirthschaft vergraben?" Der Gast aber klärte ihn mit den Worten auf: „ich meine Zahnstocher und Seife."

In der siebten Makame wird ein vor dem Richter zur Entscheidung geführter Streit zwischen einem Alten und einem Jünglinge erzählt.

Der Alte sprach: „Walte Gottes Gnade hie, halte und erhalte den Kadi, daß er recht walte und gerecht verwalte, sich recht verhalte und das Recht erhalte! Ich hatte eine feine, allerliebste kleine, glatte, nette, niedliche, spitzige doch friedliche, schlanke, blanke, flinke, unermüdliche, eine dienstfertige Dirne, die sich lenken ließ an einem Zwirne; zierlich, manierlich, behend, hanthierlich, aus- und einschlüpfend, hin- und herhüpfend, alles mit Fleiß verknüpfend; die überall säumte und doch nichts versäumte, die überall steckte und stickte, und der alles steckte was sie stickte. Daß ihr Herz war stählern, rechnete ich ihr nicht zu den Fehlern, noch daß sie liebte Fehden und führte Stichelreden. Denn zwar unbiegsam, war sie mir doch schmiegsam; spitzzüngig wie ein Schlängelchen, doch still und fromm wie ein Engelchen. Sie hätte nur wandeln sollen auf Seiden, und an geblümten Borten weiden; doch sie erging sich vergnügt und bescheiden, auf meiner Armuth kahlen Heiden. Nackt blieb sie, um Nacktheit zu bekleiden; doch wo sie zog durch die Steppe, da zog sie hinter sich her eine lange Schleppe. Dieser Jüngling nun hat sich nach ihr gesehnt, und ich habe sie ihm gelehnt, sie sich zu Nutz zu machen, doch zu schonen der schwachen, und keine Unbilligkeit zuzumuthen ihrer Willigkeit, sie nicht anzustrengen über ihre Kräfte, und sie nicht zu mißbrauchen im Geschäfte. Da bringt er sie zurück mir itzt, und das Ohr ist geschlitzt, und vom Ersatz, den er mir bietet, wird mein Schaden nicht gegütet." Der Jüngling sprach: „Es ist gegründet, was der Alte verkündet. Doch schlecht hat sie sich aufgeführt; ich hatte nur schief sie angerührt, und mein Finger war ohne Hut, da biß sie mich breit und leckte mein Blut. Doch er hat von mir im Versatz einen Schatz, ein barsches Bürschchen, als wie ein Hirschchen, mit Zinken und Zacken und elfenbeinblinkendem Nacken, muthwillig und eitel, will jedem über die Scheitel, Jungen die Locken kraufen, Alten die Borsten zaufen. Er liebt Putzen und Zieren, durch Wälder zu spazieren, und fürchtet nicht den Weg zu verlieren, bricht durch dünn und dicht, und was sich sträubt, das macht er schlicht. Den gab ich zum Unterpfand dem Alten, doch er hat ihn nicht wohlgehalten; ich weiß nicht, was mein Bürschlein hat verbrochen, er hat einen Zahn ihm ausgebrochen." Der Richter, welcher diese räthselhaften Angaben des Alten und des Jünglings nicht auflösen konnte, rief: „erkläret euch näher, ihr Streiter, oder scheeret euch weiter." Darauf gab der Jüngling die Auflösung wie folgt: „Eine Nadel, abgestumpft und abgenutzt, schwarz gerostet und von keinem Nutze, lieh er mir zu übler Kleider Besserung, daß sie alte Lappen neu aufstutze: brach sie aus Gebrechlich-

keit, so ist kein Grund, daß er ein Verbrechen mir aufmutze. Doch er hält
dafür in seiner Haft zurück meinen Kamm*), der mir gedient zum Putze."

In der neunzehnten Makame tritt ein Sänger unter ein frohes Gelage, und gibt ihm folgende zwölf Räthsel auf:

1. Was gestern war und heut gewesen,
   Und morgen wird zuerst es sein,
   Und, merkt, gemeinschaftlichen Namen
   Mit einem trägt's von diesen Drei'n.

2. Weil es Eins ist, das zerfällt in vieles,
   Sagt man's billig in der Vielzahl aus;
   Die die Vielzahl dann für Einzahl halten,
   Bilden eine neue Vielzahl draus.
   Sag' es, wenn du's weißt, so gehe nie dein
   Glück dazu, noch falle drein dein Haus.

3. Höher wird's nicht, aber edler,
   Wenn ihr setzet Ho davor.
   Doch das Ho war braun von Ursprung,
   Bis sich's durch Gebrauch verlor.

4. Wo die Lüfte des Frühlings hauchen,
   Um dich schlüpfen Vogel und Reh,
   Kannst du eines zum Pfühl dir machen,
   Und ein andres zum Dach, versteh!
   Jenes hat R oder W zum Anfang,
   Dieses zum Anfang G oder W.

5. Es verändert die Farbe nicht,
   Wenn man ihm vorn ein L abbricht:
   Mit dem L war es irdisch noch,
   Ohne das L ist es himmlisch Licht.

6. Es ist der Name einer Frucht,
   Die zwar dem Gaumen wohl behagt;
   Doch wo sie sich dem Ohr vereint,
   Da wird darüber nur geklagt;
   Und wer sich die gefallen läßt,
   Der ist das, was der Name sagt.

---

*) Statt des Kammes ist im Original ein Gegenstand, dem die erforderliche doppelsinnige Beschreibung auf eine für uns anschauliche Weise nicht abzugewinnen war, nämlich der Augensalbenstift, Mil genannt, d. i. dasjenige Instrument, womit die im Orient gebräuchliche schwarze Schminke an die Wimpern und Augenränder gebracht wird; ein eben so nothwendiges Toilettenstück jener Gegenden als der Kamm bei uns. Der Kamm ist nun freilich nicht ganz im Kostüm, wenigstens der Männer, die dort glatt geschoren sind, und nichts zu kämmen haben. Doch bliebe auch bei diesen etwa noch eine Zuflucht für den Kamm der Bart. Aber unser Kamm gehört einem jungen Bürschchen zu, und diese tragen dort allerdings auch langes Haar wie die Mädchen.

7. Wenn's in einer Schaale ist,
Sind's der Theile zweie;
Wenn's auf einem Haufen liegt,
Sind es zwölf und dreie.

8. Vom Roß und sich rühmt's der Araber,
Denn es ist rüstig und bequem;
Doch ist am Boden und am Weibe
Das Gegentheil ihm angenehm.
Ein M hat's oder H zum Anfang,
Dasselbe ist's mit dem und dem:
Doch wenn du es vom Boden brauchest,
Gib ihm zum Anfang nur das M.

9. Welch Wort verliert, wenn ihm ein Un
Wird vorgesetzt, nicht die Bedeutung?
Doch der verliert, der von ihm mit
Oder ohne Un hat die Bestreitung.

10. Da meist es ist dem Fuß verbunden,
So weiß, wenn man den Fuß ihm raubt,
Fast Niemand recht, wie er's soll brauchen,
Mit oder ohne S am Haupt;
Da einer das ihm zugehörige
S ihm vom Fuß entzogen glaubt,
Ein andrer meint, es sei vom Fuße
Das fremde S ihm angestaubt.

11. Mit Einer Silb' ist's abgethan;
Was ist es? Flügel hat's am Leib.
Mit einem A ist es ein Mann,
Mit einem U desselben Weib.

12. Zwei Wörter weiß ich, in jedem Worte
Verschmolzen sind der Begriffe zwei.
Im ersten Worte gilt eine Sache
Mit ihrer Zeit dir für einerlei;
Im andern eine Person zugleich mit
Dem Raum, als ob sie nichts eignes sei.
So seltsam sind in ihrer Bedeutung
Die beiden Wörter: es steht dir frei,
Zu sagen, daß das erste im andern,
Und daß das andre beim ersten sei.

[Hariri hat die Erklärung dieser Räthsel in einem Anhange zur Makame gegeben. Rückert giebt folgende Auflösung: 1. Der Morgen. 2. Die Trümmer, als Plural vom Singular: das Trumm; als weiblicher Singular aber macht es den neuen Plural: die Trümmern. 3. Spital, Hospital. 4. Rasen, Wasen. Gipfel, Wipfel. 5. Lazur, Azur. 6. Die Feige, die Ohrfeige; feige, das Adjectiv. 7. Mandel. 8. Mager, Hager. 9. Kosten, Unkosten. 10. (Fuß-) Tapfe oder Stapfe. 11. Hahn, Huhn. 12. Mahlzeit, Frauenzimmer.]

In der drei und zwanzigsten Makame gibt der Vater seinem Sohne in Räthselworten folgenden Auftrag:

Auf, mein Sohn, geh mit dem vollmondrunblichen, settlichen, mündlichen, der auf der Welt nichts verschuldet hat, aber Vieles geduldet hat, der eingesenkt ward um aufzustehn, und eingetränkt ward um aufzugehn, der sich mußte lassen schneiden und treten, malmen und kneten, und ins Feuer schieben bis er war erstarkt; mit ihm geh auf den Markt, und hole von dort den schmächtigen, schwängernden, trächtigen, Nutzens und Schadens mächtigen, Gluthen schwitzenden, Funken spritzenden, donnernden, blitzenden, geschlagnen, schlagenden, nicht versagenden, Lust zu pumpen tragenden, knatternden, knitternden, nicht unnütz auf dem Feld verwitternden, sondern in seinem Beruf zersplitternden. [Auflösung. Der vollmondrunbliche, settliche ꝛc. ist der Kuchen, und der schmächtige, Funken spritzende ꝛc. ist der Feuerstein. Der Sohn verstand diese Räthselsprache, nahm einen Kuchen, ging damit auf den Markt, und tauschte dafür einen Feuerstein ein.]

Die sechs und zwanzigste Makame enthält mehrere Gesetzesfragen nebst der Beantwortung, welche wegen der Doppelsinnigkeit der gebrauchten Worte zu den Räthselfragen gezählt werden. Ich will nur die für uns am verständlichsten anführen.

1. Darf ich Springwasser*) zur Abwaschung**) brauchen? Nicht einen Finger darfst du darin ohne Verunreinigung tauchen. 2. Darf man sich waschen in dem, was speit ein Drache***)? Ja, so gut wie in jedem Bache. 3. Wie, wenn ein Krämer sich abwusch und er vergaß mit abzuwaschen seine Elle? Er fange von vorne an auf der Stelle. Oder ein Töpfer vergaß seine Scheibe? vergebens wusch er sich am übrigen Leibe. Oder ein Schlosser und vergaß den Schlüssel? er fülle nur noch einmal die Schüssel. Oder ein Schreiber und vergaß das Blatt? er ist unrein geblieben an der Statt****). 4. Darf ein Moslem sich laben an des Christen Bache?†) Nein, sie ist ihm eine verbotene Sache. 5. Mag ein Einsichtiger zum Iman taugen? Nein, er soll sehen auf beiden Augen. Darf der Iman einen Bruch haben? Ja, zum Steingraben††). 6. Darf der Iman Mädchen†††) nöthen? Ja, und auch Maden tödten. 7. Ist

---

*) Mit diesem Worte wird auch das Urinlassen bezeichnet.
**) Zur gesetzlichen Abwaschung beim Gebete. Ueber die verschiedenen Arten von ganzer und theilweiser Abwaschung des Leibes hat der Moslem die genauesten und kleinlichsten Vorschriften zu kennen und zu beobachten, sonst verunreinigt er sich statt zu reinigen, und muß mit den Waschungen von vorne anfangen.
***) Drache bedeutet im Arabischen auch einen Bergstrom.
****) Elle bedeutet den Ellenbogen. Scheibe, d. i. die Kniescheibe. Schlüssel, d. i. das Schlüsselbein. Blatt, d. i. das Schulterblatt. Alle diese Theile müssen mit abgewaschen werden.
†) Bache bedeutet hier ein Mutterschwein.
††) Der Einsichtige, d. i. der nur auf Einem Auge sieht. Bruch, d. i. ein Steinbruch. Der Iman soll fehlerfrei sein.
†††) D. h. kleine Maden.

einen brav, den man besticht?*) Ja, im Kriege, wenn man gegen ihn ficht. 8. Ist es fromm, arme Schuldner aufs Gericht zu laden? Ja, durch ihre Ladung verdienst du Gottes Gnaden; und gar sie drängen mit Gerichtskosten? Lieberes werden sie Nichts kosten**). 9. Soll ich falsch Zeugniß ablegen? Ja, alles Böse sollst du ablegen. Darf man Geschwornes brechen? Ja, oder ganz aufstechen***). 10. Darf man verdammen****) einen Reinen? Ja, einen Brunnen mit Steinen. 11. Darf man mit Habern†) vor dem Richter stehen? Ja, nicht jeder Arme kann in reichen Kleidern gehen. 12. Soll man Eingang††) wünschen guten Sitten? Nein, daß sie nicht eingehen, soll man Gott bitten. 13. Darf man einem Ohrenbläser das Ohr abschlagen?†††) Allerdings soll man ihm Gehör versagen. 14. Darf ein Vormund seine Pupille††††) drücken? Ja, und auch mit der Haub sie jücken. 15. Wie, wenn ich eine Maus verletze? Wird der Verletzte lahm, so büßt du's nach dem Gesetze. Was geschieht dem, der mir die Knöchel zerbrach? Nichts, das Spiel ist eine Schmach. Und wer meine Kiefer zerbricht? Lad' ihn als Baumfrevler vor Gericht a). 16. Darf eine Gärtnersfrau verkaufen ihre Frucht? Nein, aber ihre Zucht b). 17. Ist ein Schiefer c) tüchtig zum Schreiben? Ja, doch die Schrift wird nicht lange bleiben. 18. Ist der ein Gelbdieb, der eine Katze d) stahl? Ja, eine gestrickte zumal. 19. Was verdient der, der mir einen Löffel stiehlt? Er hat den Arbeitslohn verdient. Oder der, der meinen Garten raubt? Gieb ihm zum Dank von deinem Kraut ein Haupt. Doch wer mein Haus am hellen Mittag sprengt? Er macht, daß dich die Gluth weniger sengt. Oder, wer mir die Nahrung abschneidet? Er ist so nützlich als der, der dir die Heerde weidet e). 20. Darf ein Schlosser gebrauchen eine Feile? f) Es gereicht ihm nicht zum Heile. 21. Hilft der gerechten Sache im Kampf ein Wunder? g) Besser ist ein Tapferer, Gesunder. 22. Darf eine Magd ihrer Frau einen Fußtritt h) geben? Ja, um

---

*) D. h. auf Einen einstechen.
**) Auf's Gericht laden, d. h. auf eine Gastbewirthung laden. Mit Gerichtskosten drängen, d. h. sie drängen die Gerichte zu verkosten.
***) Falsch Zeugniß ablegen, d. h. dasselbe von sich entfernen. Geschwornes, d. i. ein Geschwür.
****) D. h. umdämmen, mit einem Damm umgeben.
†) D. i. Lumpen, schlechte Kleider.
††) Eingehen, in Verfall gerathen.
†††) D. h. verweigern.
††††) D. i. die Pupille des Auges.
 a) Maus, d. i. Muskel, musculus. Knöchel, d. i. Würfel. Kiefer, d. h. Kienföhre, Föhre.
 b) Frucht, d. h. Leibesfrucht. Zucht, d. i. das, was sie in ihrem Garten gezogen hat.
 c) D. i. die Schiefertafel zum Schreiben.
 d) D. h. die Geldgurte.
 e) Einen Löffel stielt, d. i. mit einem Stiele versieht. Rauben, d. h. Raupen ablesen. Das Haus sprengen, d. i. mit Wasser besprengen. Die Nahrung abschneiden, d. i. der Schnitter.
 f) D. h. eine feile Person, Hure.
 g) D. h. ein Verwundeter.
 h) D. i. ein Fußschemel.

die Füße darauf zu heben. 23. Darf ich meinem Vorgesetzten*) entgegenhandeln? Ja, du darfst allezeit deinen Sinn verwandeln.

In der neun und zwanzigsten Makame ruhen mehrere Reisende auf dem Felde aus, und unterhalten sich über Räthselfragen. Da mischte sich der alte Abu Seid unter sie, und gab denselben folgende zwanzig Räthsel auf, sich an einen nach dem andern von ihnen wendend und ihn anredend:

1. Du in der Rennbahn des Geistes tummelnd,
   Mit Sporn des Scharfsinns des Witzes Gaul,
   Nimm dich zusammen, mit Einem Worte
   Zusammen fasse mir „Löwen-Maul".
2. Du, dessen feiner Hand die Lösung
   Macht nicht des feinsten Knotens bang,
   Wie hilfst du dir, wenn du sollst sagen
   Mit Einem Worte „gleich dem Klang"?
3. Du, auf dessen Gartenbeeten
   Wuchert ew'gen Lenzes Grünheit,
   Kannst du mit dem Wort' mir dienen,
   Das in sich hält „Adler-Kühnheit"?
4. Du, dessen Glücksgebäude
   Gott schirme vor'm Verfall!
   Welch' Wort ist's, das gebieterisch
   Stets ruft: „Herbei Metall"?
5. Du, wenn deine schöne Sklavin
   Dich bedroht mit einem Grimmchen;
   Weißt du wohl mit Einem Worte
   Ihr zu sagen: „Halt ein Immchen"? **)
6. O du, auf dessen Wangen
   Der Freude Wiederschein ist;
   Kannst du ein Wort mir sagen,
   Eines, das „zweimal rein" ist?
7. Du, dem das Kleid der Bildung
   Den Nacken schön umfloß,
   Kannst du mit Einem Worte
   Mir sagen „nackt und bloß"?
8. Du, deß' Geist in Fülle
   Blühender Gärten wohnt,
   Sag' mit Einem Worte:
   „Klinge, Frühlingsmond".
9. Du, dessen Muth nicht schaudert,
   Vor'm Dröhnen der Bedränger;

---
*) D. i. das Vorgesetzte, der Vorsatz.
**) Mit dem Worte Immen wird diejenige Klasse der Insekten, in welche die Bienen gehören, belegt.

Wie kann mit Einem Worte
Man sagen: „Klare Sänger"?
10. O der du schätzest nach Würden, was
Man schönes schreibet und schönes spricht;
Wie kann man einfach mit Einem Worte
„Feld-Narren" sagen und anders nicht?
11. Kluger! wenn du irgend Träger
Ohne Trage sähest, sage,
Welch' ein Wort du brauchen würdest
Statt der beiden: „Ohne Trage"?
12. Edler! wenn dein Vatersbruder
Ging im schlechten Wetter aus;
Könntest du mit Einem Worte
Ihm nicht sagen: „Ei! nach Haus".
13. Reicher! wer in deinem Hause
Ist's, der lange dir zuvor war?
Nenn' ihn mir mit Einem Namen,
Welcher sagt: „bejahrt und Vorfahr".
14. Weibereicher! dessen Thäler
Stehn von Bergen fest umhagt;
Sage, was in Bergesklüften
Nennt sich „Muhme wohlbetagt"?
15. Frommer! schmachtet das Land nach Regen,
Wie viel werth ist ein Tropfenbort!
Betend sage zum Himmel: „Feuchte
Schicke", sag' es mit Einem Wort.
16. O Schöner! mögest du mit Glück
Bestehen alle Fehden!
Nenn' einer Schönen Namen, der
Bedeutet: „wählte jeden".
17. Freigebiger! dem theuer
Nicht seine Heerden sind;
O sag' mit Einem Worte:
„Schafräuber, komm geschwind."
18. Will denn der Lust des Lebens
Sich mischen Gram ach immer?
Komm, laß mit Einem Worte
Uns sagen: „Gram ach nimmer"!
19. O ihr, vor und hinter denen
Liegen Länder unbezirkt;
Eh' ihr auseinander scheidet,
Sag' Ein Wort euch: „Freunde wirkt".
20. Hast du mit der Sonne
Blicken dich gesetzt,
Sag' mit Einem Seufzer:
„Niederwärts zuletzt".

[Auflösung. 1. Leumund (Leu-Mund). 2. Wiederhall (wie der Hall). 3. Armuth (Aar-Muth). 4. Kommerz (komm Erz). 5. Rubinchen (ruh' Bienchen). 6. Purpur (pur, pur). 7. Barbar (baar, baar). 8. Schallmey (schall May). 9. Hellebarden (helle Barden). 10. Autoren (Au-Thoren). 11. Sonderbare (sonder Bahre). 12. Oheim (o! heim). 13. Altan (alt Ahn). 14. Basalt (Baß alt). 15. Tausende (Thau sende). 16. Koralle (Kohr alle). 17. Wolfeile, so viel als Wohlfeilheit (Wolf, eile). 18. Harmonie (Harm ol nie). 19. Brüderschaft (Brüder schafft). 20. Abendlich (ab endlich).]

Die fünf und dreißigste Mäkame gibt ein ähnliches Bild. Wanderer lagern sich um auszuruhen, als unerkannt von ihnen der alte Abu Seid in ihre Mitte tritt, die Wanderer aber ihn schnöde zurückweisen, denn er habe eine Störung unter sie gebracht, da sie sich eben hätten mit Räthseln unterhalten wollen. Abu Seid bittet daran Antheil nehmen zu dürfen, was ihm unter der Bedingung gewährt wird, daß er zuerst anfangen sollte, worauf derselbe ihnen folgende zehn Räthsel aufgibt:

1. Die Magd, die durch das Haus von einem Ende
Zum andern läuft und umkehrt ohne Stocken;
Leicht, ohne aufzufußen, schwebt sie nur,
Ihr Amt ist, mit Erfrischungen zu locken.
Ihr Kleid ist, wenn sie dient, im Sommer feucht,
Im Winter aber, wenn sie feiert, trocken.

2. Der Sohn, der, seiner Mutter
Entnommen, längst verschmachtet,
Und der der Mutter Nacken
Neu zu umschlingen trachtet.
Wann ihr der Mutter Schätze
Zu plündern Anstalt machtet,
Dient euch der Sohn zum Helfer,
Und wird dafür geachtet.

3. Es geht ein unvernünftiges Geschöpf
Geführt von kundiger Hand auf glatten Flächen,
Und sein gespaltner Huf drückt Spuren ein,
Worüber Denker sich den Kopf zerbrechen;
Und wenn's auf seinem Gange durstig wird,
Tränkt man dazwischen es an trüben Bächen.

4. Ein schmächtiger Mann hat zu bedienen
Zwei sich in Allem gleiche Frauen,
Die frischer sind nach der Bedienung
Und jugendlicher anzuschauen.
Er gibt den Vorzug keiner Schwester,
Sie theilen also sein Vertrauen,
Daß er von der zu der sich wendet,
Sie wechselweise zu bethauen.

Die Liebesopfer, die er sparte,
Als beide waren jung und braun,
Vermehrte er, als sie grau geworden:
Das ist bei Männern selten, traun.

5. Welche Zunge, die nicht spricht,
Gibt verläßigen Bericht?
Schlichtet anders kein Geschäft,
Als mit Nachdruck und Gewicht.
Gold und Silber gilt ihr gleich,
Doch das Mehr und Minder nicht.
Sie befriedigt die Parteien,
Wo sie sitzet zu Gericht,
Ob sie gleich im Ausspruch schwankt;
Eben das ist ihre Pflicht.

6. Ein starker Baum der gibt es,
Ein schwacher Mann der scheint's.
Das Glück auf Erden ist es,
Mit jedem sich vereints.
Und es vergeht, o Wunder,
Beim Untergang des Feinds.

7. Ein innerhalb der Pforte
Gereihter Doppelchor,
Die einer nach dem andern
Sich richteten empor,
Bis einer nach dem andern
Sich wiederum verlor.
Sie sind der Schmuck der Pforte,
So lang' sie stehn in Flor,
In solchem Kleid, wie Lilie
Und Perle sich erkohr;
Ein Mißstand ist's, wenn zwischen
Den weißen steht ein Mohr.
Von ihren Hellebarden
Ist nicht gesperrt das Thor;
Sie schmeib'gen nur was eingeht,
Wie sie's berührt zuvor,
Und dienen zur Verstärkung
Dem was da geht hervor.

8. Geboren ist's von reinem Stamm,
Bösartig ward's im Haus von Scherben.
So lang' es gut ist, taugt es nichts,
Es droht, o Moslem, dir Verderben:
Wenn's in Verderbniß übergeht,
Wird es die Reinheit erst erwerben.
O Wunder, wer als Sünder lebt,
Und als ein frommer Mann kann sterben.

9. Ein Wesen, zwischen Luft und Wasser,
Halb Fisch, halb Vogel, sich bemühnd,
Stets von sich selbst hinabgezogen,
Wie's aufzustreben sich erkühnt;
In seiner Arbeit kläglich stöhnend
Und unablässig Thränen sprühnd,
Es darf in seiner Qual nicht rasten,
Als bis dadurch der Boden grünt.

10. Ein altes Weib, das flink sich dreht,
In dessen Fleiß sich kleidet
Der Araber, der Städte baut,
Wie der Kamele weidet,
Doch, wie es jede Blöße hüllt,
An Nacktheit immer leidet,
Weil es um Andrer willen stets
Von seinen Füllen scheidet.
Dem dieses Weibs gleicht mein Geschick,
Wer ist, der es beneidet?
So hab' ich meines Geistes Schätz'
In Räthseln hier vergeudet.

[Auflösung. 1. Die Luftfache von Leinwand. (Eine Leinwand, in der Höhe des Daches über den offenen Raum des Hauses ausgespannt, die, an einem Seil gezogen, sich durch die ganze Länge des Raumes hin und her bewegt, um Kühlung zu verbreiten, besonders wenn man die Mittagsruhe halten oder Nachts schlafen will. Sie wird nur in der heißen Jahreszeit gebraucht, und dann mit Wasser benetzt.) 2. Das Palmseil. (Ein Seil von Palmbast, das man gebraucht, um die Palme zur Ernte der Datteln zu besteigen.) 3. Der Schreibekiel. 4. Der Augesalbenstift. (Ein feiner metallener Stift, womit man die schwarze Schminke an das Auge brachte, wodurch nicht nur der Glanz des Auges erhöht, sondern auch die Sehkraft gestärkt, und im Alter den grauen Wimpern ein jugendliches Ansehen gegeben werden sollte.) 5. Die Zunge an der Waage. 6. Der Schatten. 7. Die Zähne. 8. Wein und Essig. 9. Das Schöpfrad. 10. Die Spindel. (In der zwanzigsten Makame kommt der Ausdruck vor: „nackter sein als eine Spindel." Die Spindel spinnt immer Kleider, und hat selbst keines, wie man ihr alle, die sie sich angelegt, wieder abnimmt, um für Andere welche daraus zu machen. Dieser Gedanke ist in diesem Räthsel ausgesprochen.)]

In der sieben und zwanzigsten Makame erzählt ein Wanderer (Abu Seid) von den Merkwürdigkeiten, die er auf seiner Reise gesehen hat, und bedient sich dabei doppelsinniger (räthselhafter) Bezeichnungen:

1. Am Morgen sah ich einen sich schwer Bemühenden, der auf dem Felde allein war mit einer ganzen Schar. 2. Ich sah, wie mancher Brave zu Feigen Zuflucht nahm, die schirmten ihm das Leben, als Noth im Lande war. 3. Manchen Edlen sah ich, der wollt ein Gastgebot anrichten, dazu lud er zuerst

ein Eselpaar. 4. Ich sah eine Schöne, die eine Rose trug, die blente ihr, statt zur Zierde, zur Unzierd' offenbar. 5. Ich sah von einem Schützen die rechte Scheibe so getroffen, daß er lahm wurde. 6. Ich sah einen Fischer, welchem vom schweren Zuge das Netz zerrissen, darauf erklärte ihn der Arzt für unheilbar. 7. Ich sah den Fuchs ausschlagen, der den Reiter abwarf, aber ruhig wurde, wenn man zu ihm den Schimmel spannte. 8. Ich sah Einen mit Sporn, der doch zu Fuße ging, der auch einen Kamm führte, und doch kein Haar hatte. 9. Ich sah einen mit zwei Hörnern, die wuchsen über Nacht, so lang bis eine Scheibe daraus geworden war. 10. Wie Manchen sah ich schleppen ein ausgeweidet Schaf, in dem kein Tropfen Bluts, und nur Kamelmilch war. 11. Ich sah einen Schlanken, der auf dem Haupte zum Schmuck Gewichte trug, die er einmal nur ablegt im Jahr. 12. Ich sah in mancher Ecke manch runzeliges Weib, das spann aus seinem Nabel den Fliegen zur Gefahr. 13. Ich sah ein Heer gepanzert, das schamlos rückwärts ging; gefangen drauf und sterbend erröthete die Schaar. 14. Ich sah den Weggefährten, der, als ich westwärts zog, am Morgen weit voran mir, weit nach am Abend war; er bebte vor der Sonne, vor deren Glanz er floh, und als sie war verschwunden, verschwand er unsichtbar. 15. Ich sah eine Schlanke, die kurz und kürzer wuchs, so daß, als sie gestorben, Nichts zu begraben war. 16. Ich sah Manchen geizen, da sprachen die, die es sahen: es müssen seine Bäume dafür gedeihn auf's Jahr. 17. Ich sah ein Haus, das schwankte, und fest blieb, wo der Grund ihm fehlte; wo es Grund fand, ging es zu Grunde gar. [Auflösungen. 1. Schar, d. i. Pflugschar. 2. Feige als Frucht. 3. Er lud, d. h. er belud die Esel mit den zum Gastmahl erforderlichen Bedürfnissen. 4. Rose, d. i. Rothlauf. 5. Der Schütze schoß sich in die rechte Kniescheibe. 6. Das Netz des Unterleibes*). 7. Wein und Wasser. Die Araber nennen den Wein den Fuchs und das Wasser den Schimmel**). 8. Der Hahn. 9. Der Mond. 10. Ein Schlauch aus der Haut eines Schafes zur Aufbewahrung der Kamelmilch. 11. Der Hirsch. Gewichte d. h. Geweih. 12. Die Spinne. 13. Die Krebse. 14. Der Schatten. 15. Die Kerze. 16. Geizen, d. h. den Geiz, d. i. den Auswuchs der Bäume abbrechen. 17. Das Schiff.]

§ 61. Folgende arabische Volksräthsel hat Seetzen in den Fundgruben des Orientes (1. Bd. Wien 1809, S. 75) mitgetheilt:

1. Sein Erstes ist wie sein Letztes und seine Hälfte ist das Ganze. 2. Ohne Schuld wird es geschlagen; es ist zart von Form und beliebt; am häufigsten seht ihr es bewundernswerth an die Fußknöchel in den Kaufhallen. 3. Was für ein Salz ist es, das ihr nie esset? 4. Was ist eine Frucht, die nicht säet, eine Frucht ohne Blume, und eine Frucht ohne Samen? 5. Mit was bestreut ist die Prätzel, geworfen hin auf eine Mauer, es kommt sie kein

---

*) Das Netz ist eine Fortsetzung des Bauchfelles, und liegt theils zwischen Leber und Magen, theils am Magen, und dem Dünndarm und Dickdarm.

**) Eine arabische Anekdote sagt: ein lustiger Geselle mit einer Branche am Kopfe wurde gefragt, woher er diese habe. Er sagte: der Fuchs ist mit mir durchgegangen, worauf man ihm erwiederte: du hättest den Schimmel dazu spannen sollen.

schmidt, kein Räuber legt ob ihr sich je auf die Lauer. 6. Welcher Stock wurde zu Fleisch und Blut? 7. Wer war der, welcher auf seiner Mutter ritt, und sich mit seinem Vater bewaffnete; der Wasser trank, aber weder von der Erde noch vom Himmel, und der den Tod auf seiner Schulter trug? 8. Was ist das, was nach El Assr nicht mehr verläuflich ist? 9. Die erste Hälfte des Namens findet sich bei den Gewürzkrämern, und die zweite in der Festung*).
[Auflösung. 1. Der Mond. 2. Die Fußknöchelringe der Weiber und Kinder. 3. Die Salzsäule von Loth's Weibe. 4. Die erste die Trüffel, die andere die Feige, die dritte die Maulbeere. 5. Eine graue haleptinische Schlange, welche eine Aehnlichkeit mit der dortigen Prätzel hat, die ringförmig und mit Samen von Scham bestreut ist. 6. Der Stab Moses, der zu einer Schlange wurde**). 7. Die Auflösung dieses Räthsels liegt in folgender Erzählung: Ein junger Mensch verkaufte seine Mutter, und kaufte für das erhaltene Geld ein Pferd. Hierauf verkaufte er seinen Vater, und von diesem Gelde kaufte er sich Waffen. Er trat eine Reise durch die Wüste an, wo er einen so großen Mangel an Wasser litt, daß er genöthigt war den Urin seines Pferdes zu trinken. Bald darauf stieß er auf einen Menschen, welcher ihn ersuchte einen Brief von ihm nach einem gewissen Orte mitzunehmen und dort abzugeben; er nahm ihn zwar eine Strecke Weges mit, allein da er nachher nicht Lust hatte, jenen Ort zu besuchen, so übergab er ihn einem Andern. In der Folge hörte er, der Ueberbringer sei sogleich von dem Empfänger des Briefes umgebracht worden, weil dieser Befehl den Inhalt desselben ausmachte. 8. Die Citrone. Diesem Räthsel liegt ein Wortspiel zum Grunde. Nämlich El Assr heißt sowohl die Zeit, welche zwischen Mittag und Sonnenuntergang gerade in der Mitte liegt, als auch das Auspressen. Hier bedeutet es das letztere, weil eine ausgepreßte Citrone von Niemand gekauft wird. 9. Das Wort Manszur. Es ist dieses zwar ein gewöhnlicher arabischer Name, hier will man aber einen berühmten Heiligen darunter verstehen, dessen Grabmal in Bagdad ist. Die erste Hälfte seines Namens Man bedeutet das Manna, das bekannte Arzneimittel, und die zweite Hälfte Szur bedeutet die Festungs-Mauer.]

§ 62. Die Araber erzählen von einem Mädchen Namens Serla, welches besonders gewandt im Aufgeben und Lösen von Räthseln war. Einmal zählte es mit seinem sehr scharfen Gesichte einen Haufen schnell vorüberfliegender Tauben, und gab die Zahl derselben räthselnd so an:

---

*) Für diejenigen, welche die arabische Sprache interessirt, will ich diese Räthsel im Originale, wie sie Seetzen gegeben hat, beifügen. 1. Aualo mittl echró, u el nussfo küllo. 2. Maddrube bela denbi, rakkik el kadd maaschuki: Aktar pas tara adschabo til emsdchad bil szuki. 3. Millbh ma bitakul abadan. 4. Tamra bela sarra, u tamra bela saher, u Tamra bela bisher. 5. Kake szümsmije al al heit mirmije, La Szajeg bisziggeha, u la btümschüllä barramije. 6. Ischi assaje elli szarit lachm u demm. 7. Ischu leddi rikkib ümmo, u ittkalle aba, u schirrib ma la min ard u la min szemma, u hammal maut ala Katfo. 8. Bad al Asar ma bjinba. 9. Nusf el issm and el Atthar, u nusf el issm el achar fi el kalla.

**) S. 2. Buch Mos. IV, 1 — 4.

„Kehrten die Tauben ein zur einen Taube mein, und die Hälfte obendrein, genug würden mir hundert sein."*) [Als man später die Tauben zählte, fand man, daß es sechs und sechzig Tauben waren, die mit der Hälfte, d. i. drei und dreißig, und mit der einen Taube, welche das Mädchen schon hatte, zusammen hundert machten.]

Dieses Räthsel hat der arabische Dichter Nabega von Dhubjan am Hofe Noman's von Hira benutzt. Derselbe hatte in einer Kasside die Reize der Königin besungen, wodurch er sich die Ungnade des Königs, der einen Argwohn schöpfte, zuzog, worauf er ein fünfzig Verse enthaltendes Gedicht, durch welches er die Gnade des Königs wieder zu erlangen suchte, verfertigte**), in welchem folgende auf das Räthsel der Serta sich beziehende Stelle vorkommt:

    Urtheile, wie geurtheilt hat das Mädchen dort im Gaue,
    Als sie die Tauben fliegen sah hin zu des Baches Thaue.
    Sie rief: O daß der ganze Flug von Tauben hier sich füge
    Zu meiner Taub', und obendrein die Hälfte, daß mir's gnüge!
    Hin durch die Bergschlucht flogen sie; und sie verfolgend blinkte
    Ein Aug' krystallklar, das sich nicht der Blödheit wegen schminkte.***)
    Und als der Flug gezählet ward, da fanden, wie sie zählte,

---

*) Dieses Räthsel ist nachgebildet von Schäfer, die Wunder der Rechenkunst, 5. Aufl. Weimar 1841, S. 36:

    „Ein Gäns'rich watschelte in Ruh
    In einem Erlgesträuche;
    Da flog ein Gänseschwarm hinzu
    Von einem nahen Teiche.
    Der Gäns'rich sprach: ich grüß euch schön!
    Fürwahr ich bin verwundert,
    Euch insgesammt allhier zu seh'n,
    Ihr seid gewiß an Hundert.
    Ein kluges Gänschen drauf versetzt:
    Wird viel zu Hundert fehlen,
    Du hast zu hoch die Zahl geschätzt,
    Drum magst du selbst nun zählen.
    Verdoppele unsre Zahl, dann sei
    Die Hälfte noch gewonnen,
    Ein Viertel, und du, Freund, dabei,
    Wirst Hundert dann bekommen."

[Es waren 36 Gänse; diese Zahl verdoppelt gibt 72, dazu die Hälfte der 36 Gänse d. i. 18 und noch das Viertel derselben d. i. 9, gibt mit dem Gänserich Hundert.]

**) Ein Auszug aus diesem Gedichte findet sich bei Jolowicz, der poetische Orient, Leipz. 1853, S. 366.

***) Es bezieht sich dieses auf die § 36 erwähnte orientalische Sitte, die Augen zu schminken. Von der Serta wird gesagt, daß sie ihr hellblaues Auge mit der schwarzen Schminke salbte, nicht, wie sonst geschieht, um es von der Blödheit zu heilen, sondern um seine natürliche Kraft und Schönheit zu erhöhen, wodurch es so geschärft wurde, daß sie diese Tauben in ihrem schnellen Fluge richtig zählen konnte.

Sich‿zehn und neunzig, keine war drüber, keine fehlte.
Da war das Taubenhundert voll durch ihre Taub' erschienen,
Und nicht verrechnet hatte sie sich in der Eil' an ihnen.

§ 63. Bei den Griechen*) können die Räthsel bis in die älteste Zeit zurückgeführt werden, und zu den ältesten Volksräthseln gehört wohl jenes, welches, wie Herodot berichtet, Fischerknaben dem Homer aufgegeben haben sollen:

„Was wir fangen, werfen wir hinweg, und was wir nicht fangen, nehmen wir mit nach Hause.

Sie meinten damit die Läuse, die sie sich suchten, welches Räthsel vielfach in andern Sprachen wiedergegeben wurde, und sich bis auf die neueste Zeit erhalten hat**). Ohne Zweifel schließen sich die alten griechischen Räthsel an die Orakelsprüche an, welche, wie die Räthsel, ein Problem enthielten, das erst gelöst werden mußte; daher war dem Orakelpriester und dem Seher das αμφιβολον (Zweideutige) der änigmatischen Form für ihre Aussprüche sehr willkommen***), und besonders zeichnete sich das Orakel zu Delphi durch seine dunklen und zweideutigen Antworten aus, daher auch Apollo, der Vorsteher dieses Orakels, den Beinamen λοξιας†) hatte††). „Wo nur irgend, sagt Wachsmuth†††), in den Begebenheiten bedeutender Männer oder in den Geschichten hellenischer Staaten Doppelsinn eines Wortes, das einen darin vorkommenden Gegenstand bezeichnete, vorkam, Doppelheit eines Ortsnamens u. dergl., da war sicher der Witz thätig, einen Orakelspruch zu fertigen; es war ein Gedankenspiel, wie heut zu Tage mit Charaden

---

*) Von Plutarch's Gastmahl der sieben Weisen, bei welchem Räthseln aufgegeben wurden, war in § 44 die Rede.

**) In einer alten Sammlung lateinischer Räthsel kommt es so vor:
In densis sylvis venor bis quinque catellis,
Quod capio perdo, quod non capio mihi servo.
Lorichius (s. § 91) hat es so gegeben:
Sunt abjecta procul, quae coepimus omnia, verum,
Nobiscum sunt quae non potuere capi.
Die Aargauer haben noch dasselbe Räthsel: S' goht einer in es G'jaid (Jagd), was er findt hat er eweggheit (weggeworfen), was er nit findt het er heitrait (heimgetragen).

***) „In die Dunkelheit der Räthsel, welche Ausdrücke höherer Erkenntnisse nicht selten, öfters aber Pfaffentrug und Schlauheit waren, hüllten sich die berühmten Orakel". Weber in seinem Demokritos, 11. Bd. d. Ausg. v. Stuttgart 1843.

†) Von λοξος, gebogen, schief; auf die Rede übertragen, als Umschweife machend, besonders von dem Orakelspruche, χρησμος, daher λοξοχρησμων, dunkle, zweideutige Orakel ertheilend. Hieher auch die Ausdrücke: αιολοστομος (vielbeutig redend) χρησμος bei Aeschyl. Prom. 664, und χρησμος κιβδηλος (doppelsinnig) bei Herod. I, 66. 75.

††) Herod. I, 91. Macrob. Saturn. I, 17.

†††) Hellenische Alterthumskunde, 2. Aufl. 2. Bd. Halle 1846, S. 802.

und Calenbourgs." Für das Räthsel selbst hatten die Griechen zweierlei
Benennungen, nämlich αινιγμα (auch αινιγμος) und γριφος. Worin der Unter=
schied zwischen beiden bestand, ist noch nicht genau ermittelt. Einige erklären
γριφος (was in der ursprünglichen Bedeutung ein Netz bedeutet) für eine
eigene Art der Unterhaltung bei Tische, welche in einer dem Räthsel ähn=
lichen, gleich einem Netze aufgeworfenen, verfänglichen Aufgabe bestehe, welche
die Sache, die sie bezeichnen will, absichtlich in Dunkelheit verhülle. Andere
unterscheiden αινιγμα von γριφος dadurch, daß ersteres einen Scherz, letzteres
etwas Ernsthaftes enthalte; so sagt Oael. Rhodiginus *): „sympotica et
convivalia fuerunt et illa, aenigma et griphus; illud lusum habebat,
hic vero etiam studium ac curam." Eine theoretische Schrift über das
Räthsel hat Clearchus aus Soli (περι γριφων) verfaßt**).

§ 64. Von dem Fabeldichter Aisopus aus Phrygien (580 v. Chr.)
soll folgendes Räthsel sein:

"Es ist ein großer Tempel, in diesem ist eine Säule mit zwölf Städten,
von denen jede von dreißig Balken gehalten wird, und diese dreißig Balken um=
gehen zwei Weiber." [Der Tempel ist die Welt, die Säule das Jahr, die
zwölf Städte sind die zwölf Monate, die dreißig Balken sind die dreißig Tage
eines Monates, und die zwei Weiber sind der Tag und die Nacht.]

§ 65. Von Alexis aus Thurium***) hat Athenaeus X, 71 fol=
gendes Räthsel, den Schlaf bedeutend, mitgetheilt:

Nicht sterblich ist's, doch auch unsterblich nicht;
Gemischt aus beiden; halb der Menschen Loos
Und halb der Gottheit theilend; immer neu
Entsteht und schwindet wechselnd es dahin.
Unsichtbar ist's, doch Allen wohlbekannt.

§ 66. In der Komödie „Sappho" von Antiphanes†) kommt,
nach der Mittheilung von Athenaeus X, 73 folgendes, den Brief mit seinen
Wörtern bedeutendes, von der Sappho selbst aufgegebenes Räthsel vor:

---

*) Antiq. lect. Lib. XV, Cap. 4.
**) Athenaeus, Deipnosophist. X, 69. Ich citire diesen Schriftsteller nach
der Ausgabe von Schweighäuser.
***) Aus dem Zeitalter Alexanders des Großen; einer der fruchtbarsten Dich=
ter der s. g. mittleren attischen Komödie, deren er nach Suidas, 245 geschrieben
haben soll; es sind auch wirklich Titel und Namen und einzelne Verse von mehr
als hundert Komödien noch bekannt, welche beweisen, daß er das Zeugniß der An=
muth und des Witzes, das man ihm beilegt, verdiente.
†) Aus Rhodus, 406 v. Chr. Er war Dichter der mittleren attischen Ko=
mödie, deren er mehrere hundert geschrieben haben soll, von denen aber nur noch
Titel und einzelne Bruchstücke bekannt sind.

>   Kennst du das Wesen, das in seinem Busen
>   Die eignen Kinder still bewahrend trägt?
>   Stumm sind sie; aber weithin über Meere
>   In fernes Land bringt ihrer Stimme Ruf.
>   Sie spricht zu wem sie will, und in der Ferne
>   Vernimmt man sie, und Niemand hört sie doch.

§ 67. Aristonymus zu Alexandria*) soll unter dem Titel Γομαρια eine Sammlung von Anekdoten, witzigen Einfällen und Räthseln herausgegeben haben. Fabricius**) sagt von ihm: „gryphos texere optime callebat."

§ 68. Von Clearchus***) aus Soli†), von dessen Schrift περι γριφων schon in § 63 die Rede war, hat Athenaeus X, 76 folgendes Räthsel mitgetheilt:

> Ein Mann, der kein Mann war, warf mit einem Holze, das kein Holz war, und mit einem Steine, der kein Stein war, einen Vogel, der kein Vogel war. [Auflösung. Der Mann war ein Verschnittener, der kein Mann mehr ist; das Holz ist die Ferula, Steckenkraut, das zu leicht ist, um Holz genannt werden zu können††); der Stein ist der Bimsstein, der zwar Stein genannt wird, aber nicht zu den Steinen gehört; und der Vogel ist die Fledermaus, die fliegt und doch nicht zu den Vögeln gehört. Dieses Räthsel erwähnt auch Plato im fünften Buche von den Gesetzen, wo er die Philosophen, die sich mit unbedeutenden Dingen abgeben, mit den Knaben vergleicht, die sich dieses Räthsel aufgeben.]

---

*) Aufseher der Bibliothek unter Ptolomäus Philadelphus und Philopator. Er wird als Schriftsteller von den Alten mehrfach genannt, und es sind auch mehrere Komödien von ihm, wenigstens dem Titel und einigen Bruchstücken nach, bekannt. Ich muß übrigens eingestehen, daß ich nicht gewiß weiß, ob dieser Aristonymus und der Verfasser der Γομαρια eine und dieselbe Person sind. Einige nehmen an, der Verfasser der Γομαρια falle in eine spätere Zeit. Es ist jedoch noch nicht genau ermittelt.
**) Biblioth. graec. ed. Harles, T. II, p. 288.
***) Ein Schüler des Aristoteles, und einer der ausgezeichnetsten unter den frühern Peripatetikern.
†) Es ist nicht mit Gewißheit ermittelt, ob er aus Soli in Cilicien, oder aus Soli auf der Insel Cypern gewesen ist; jedoch scheint der, nach Diogenes von Laerté (I, 1. 51) nur den Bewohnern der erst genannten Stadt zukommende Ausdruck ὁ Σολευς für die erstere Annahme zu sprechen. S. Verraert, diatrib. academ. de Clearcho Solensi, philosoph. peripatet. Gandav. 1828, p. 4.
††) Deshalb bedienten sich die alten Pädagogen desselben wegen seiner Leichtigkeit zur Züchtigung der Schüler (daher nennt Martial den Ferulzweig den Scepter der Pädagogen, und die Ausdrücke „caedere ferula", „objurgari ferulis" bedeuten so viel als gezüchtigt werden), und der Weingott befahl den Trinkern, sich nur der Zweige des Ferulkrautes zu bedienen, damit ihre Schlägereien in der Betrunkenheit nicht gefährlich würden.

§ 69. Von Cleobulus*) von Lindus hat Brunck**) folgendes Räthsel, das Jahr mit den zwölf Monaten und den dreißig Tagen mit Tag und Nacht bedeutend, mitgetheilt:

> Einer ist Vater, und zwölf sind Kinder ihm, aber ein jedes
> Kind hat zweimal dreißig verschieden gestaltete Kinder;
> Diese sind weiß von Farbe zu schauen, schwarz aber die andern,
> Und unsterblichen Seins, doch schwinden herunter sie alle.

Von der Tochter des Cleobulus, Cleobuline, wegen ihrer Weisheit auch Eumetis genannt***), und berühmt im Aufgeben und Errathen von Räthseln, ist, von den vielen Räthseln, welche sie gedichtet haben soll†), nur noch folgendes, welches in Plutarch's Gastmahl der sieben Weisen vorkommt, vorhanden:

> "Einer setzt dem Andern Erz mit Feuer an den Körper." [Der metallene Schröpfkopf der Alten.]

§ 70. Von dem Grammatiker Diomedes††) haben Calcagnius, de tesserar. ludo, Basil. 1544, p. 296, und Voss, comment. rhetor., P. II, Marb. 1781, p. 208 folgendes Räthsel aufbewahrt:

> "Ich sah menschliches Fleisch, welches auf einem hölzernen Felde mit Knochen spielte." [Die Auflösung ist ein Würfelspieler: das menschliche Fleisch ist die Hand, das hölzerne Feld der Tisch von Holz, und die Knochen sind die Würfel, welche von den Alten von Thierknochen gefertigt wurden.]

§ 71. Von dem Tragiker Theodektes von Phaselis (um 400 v. Chr.), der im Erfinden und Lösen von Räthseln sehr berühmt war, sind nur noch

---

*) Einer von den sieben Weisen Griechenlands und Tyrann von Lindus; er soll Gedichte und Räthsel ασματα και γριφους, an breitausend Verse verfaßt haben. Diog. Laert. I, 89.
**) Analect. veter. poetar. graec. T, I. Argentor. 1776, p. 76.
***) In Plutarch's Gastmahl der sieben Weisen kommt folgende Stelle über sie vor: "In der Halle saß Anacharsis, und vor ihm stand ein Mädchen, welches mit den Händen seine Haare in Ordnung brachte, und auf Thales zulief. Thales küßte sie. Ich fragte, wer dieses Mädchen sei? Kennst du sie nicht, sagte er, die wegen ihrer Weisheit so berühmte Eumetis? Wenn du sie lobst, sagte Niloxenus, so geschieht es wohl wegen ihrer Weisheit und Geschicklichkeit in Räthseln, denn einige ihrer Aufgaben sind sogar bis nach Egypten gekommen. Deswegen nicht allein, erwiederte Thales, denn mit den Räthseln spielt sie nur, wenn es ihr einfällt, wie mit Würfeln zum Zeitvertreibe der Gesellschaft; aber sie besitzt noch eine bewunderungswürdige Größe der Seele, einen richtigen Verstand, zumal in Staatssachen, und hat ihren Vater zu einem milden Regenten seiner Bürger gemacht."
†) Diog. v. Laertë I, 89. Fabricius, biblioth. graec. T. II, p. 117. 654. T. IV, p. 469.
††) Bekannt durch seinen Commentar und Scholien, die er zu der Grammatik des Dionysius Thrax schrieb.

folgende zwei, von Athenaeus X, 74 aufbewahrte Räthsel vorhanden*), von benen das erste den Schatten, das zweite Tag und Nacht bezeichnet.

1. Das Wesen nenne mir, dem nicht auf Erden,
   Im Meere nicht, nicht unter Sterblichen
   Ein Zweites gleicht; dem Wachsthum seiner Glieder
   Gab die Natur ein sonderbar Gesetz.
   Ist es geboren, da ist es mächtig groß,
   Doch klein erscheint's in seines Alters Mitte,
   Und ist's dem Ende seines Daseins nah,
   Wie wunderbar, dann wird's zum Riesen wieder.
2. Kennst du zwei der Geschwister, von denen eines das andre
   Sterbend gebiert, um selbst vom Gebornen geboren zu werden?

Diese Räthsel sind einigemal ins Lateinische übersetzt worden. Schweighäuser hat sie in seiner Ausgabe von Athenaeus so übertragen:

1. In rerum natura, quotquot terra nutrix fert,
   Quotquot mare, atque adeo nec inter homines aliquid est,
   Quod membrorum habeat incrementum simile huic.
   Ortus namque principio maxima ea res est;
   Medio vigore parva; senectute autem in ipsa,
   Magnitudine ac specie maxima rursus.
2. Sorores geminae, gignit quarum altera semper
   Alteram, et inde parens fit filia nata vicissim.

Bei Gyraldus, Oper. Basil. 1580, Tom. II, p. 448. 462, kommen sie so übertragen vor:

1. Natura quaecunque parit tellus, neque pontus,
   Nec similem membrorum auctum mortalibus affert:
   Est haec quando suo natali maxima primo:
   Dum medius vigor est illi, parva; inque senecta
   Redditur aspectu et major, proceraque rursus.
2. Una aliam gignit; geminae sunt namque sorores,
   Quaeque prius genita est, mox rursus gignitur ipsa.

§ 72. Bei Athenaeus X, 85 findet sich folgendes griechische Räthsel, von denen aber kein Verfasser angegeben ist:

„Fünf Männer kamen mit zehn Schiffen auf einem Platze zusammen und lieferten eine Schlacht mit Steinen, es war aber kein Stein zum Aufheben da; sie gingen vor Durst zu Grunde, obschon ihnen das Wasser bis über das Kinn ging." [Es ist dieses Räthsel schwer zu verstehen**), und trotz vielfacher Be-

---

*) Bei Theobektes findet man auch das s. g. grammatische Räthsel auf den Namen ΘΗΣΕΥΣ, welches ich in § 15 erwähnt habe.
**) Schweighäuser hat es in seiner Ausgabe von Athenaeus so übersetzt:
Quinque viri decem navibus concurrerunt in unum locum;
Lapidibus pugnabant, lapidem vero tollere non licuit:
Siti peribant, aqua vero superabat mentum.

mühungen noch keine richtige Lösung gefunden. Casaubonus*) sagt: „Nobis hodie obscurum illud est; interpretum conatus, judicio meo, plus meretur laudis, quam eorum interpretationes." Dalechamp**) gibt folgende Erklärung: „quinque classis praefecti pugnam decem navibus commiserunt. Praeliatum esse saxis, quamvis in aequore saxum nullum possit colligi. Bellatores siti perierunt, ardore pugnandi aestuantes: et sitibundi, quamvis aqua mentum superaret, depressis ac demersis navibus. Quidam aquam mento superiorem interpretantur stillantem e naribus stiriam." Eine andere Erklärung eines Ungenannten führt Casaubonus an: nach dieser seien die fünf Männer Kämpfer, die zehn Schiffe die zehn Hände (weil nämlich auf Πιτυλος gezielt werde, welches sowohl ein Schiff, als die zum Schlagen ausgestreckte Hand bedeute); die Steine, auf welchen sie stritten, sei ein gepflasterter Platz, das Wasser, das ihnen bis über das Kinn ging, sei der Schweiß. Dagegen bemerkt aber Casaubonus mit Recht, daß die ungleiche Zahl fünf sich nicht zu Fechtern schicke, und daß Πιτυλος nicht von einem Schiffe gesagt werde, sondern vom Rauschen des Meeres beim Rudern, oder vom Ruder allein, oder von den Ruderern; doch könne eine gedoppelte Metalepsis angenommen werden, nach welcher diese Ideen: Ruder, Ruderknecht, Schiff, einander erzeugt haben.)|

§ 73. Eine Sammlung von acht und dreißig Räthseln aus verschiedenen griechischen Schriftstellern hat Brunck, analecta veterum poetarum graecorum, Tom. III. Argentor. 1776 p. 318—326, mitgetheilt.

§ 74. Zu der byzantinischen Literatur gehören 1. Psellus (geb. zu Constantinopel 1020 n. Chr.), wegen seiner umfassenden Gelehrsamkeit mit dem Ehrennamen φιλοσοφων υπατος belegt. Er hat mehrere an den Fürsten Michael gerichtete Räthsel in griechischer Sprache verfaßt, welche Boissonade, anecdota graeca, Vol. III, Paris 1831, p. 429—436, nach den Cod. der k. Bibliothek zu Paris mitgetheilt hat. 2. Basilius Megalomites, dessen in griechischer Sprache verfaßten Räthsel sich gleichfalls bei Boissonade, p. 437—452, befinden.

§ 75. Die Römer waren zu ernst, als daß sie an dem Spiele der Räthsel einen besonderen Geschmack hätten finden können, und es war nur sehr selten, daß bei ihnen, wie bei den Griechen, bei dem Gastmahle zur Unterhaltung Räthsel aufgegeben wurden. Die römische Literatur ist daher sehr arm an Räthseln. Apulejus soll ein „liber ludicrorum et gryphorum" geschrieben haben, dasselbe aber verloren gegangen sein. Aulus Gellius (noctes atticae) spricht zwar in Lib. XII, Cap. VI, „de aenigmate", sagt darüber aber nur Folgendes***): „Quae graeci dicunt aenig-

---

*) Animadversion. ad Athenaeum, Lugd. 1600, p. 485.
**) In seiner Ausgabe von Athenaeus; Lugd. 1683, p. 841.
***) Ich citire nach der Ausgabe von Lion, Götting. 1824, Vol. II, p. 141.

mata, hoc genus quidam e nostris veteribus scirpos appellaverunt:
quale est, quod nuper invenimus per hercle antiquum perqne lepi-
dum tribus versibus senariis compositum, aenigma: quod reliquimus
inenarratum, ut legentium conjecturas in requirendo acueremus. Versus
tres hi sunt:
> Semel minusne, an bis minus, non sat scio;
> An utrumque eorum, ut quondam audivi dicier,
> Jovi ipsi regi noluit concedere.

Hoc qui nolet diutius apud sese quaerere, inveniet quid sit in
M. Varronis De sermone latino ad Marcellum libro secundo." Diese
Schrift von Barro, auf welche sich Gellius hier beruft, ist jedoch verloren
gegangen; es läßt sich daher nichts Näheres über dieses Räthsel angeben.

§ 76. Wir haben eben ersehen, wie arm die römische Literatur an
Räthseln ist; aber desto reichhaltiger ist die der spätern Lateiner, die
wir hier anreihen können. Hier finden wir die zwei berühmten und frucht=
baren Räthseldichter Symposius und Aldhelmus.

§ 77. Caelius Firmianus Symposius (auch Symphosius
oder Symphrosius) hat im vierten Jahrhunderte eine Sammlung von
hundert Räthseln in Hexametern herausgegeben*), worüber mehrere Aus=
gaben und Commentare vorhanden sind, von denen wir besonders auf fol=
gende aufmerksam machen: Die älteste Ausgabe ist von Joachim Perionius,
über deren Druckort und Jahrzahl man noch uneinig ist, die jedoch mit
ziemlicher Gewißheit von Mich. Maittairius**) nach Paris auf das Jahr
1533 verlegt wird; der Titel heißt: Symphosii veteris poetae Aenigmata, nunc primum inventa et excusa, cum sententiis septem Graeciae
sapientum emendatioribus et auctioribus; apud Ludovicum Cyaneum.
Eine zweite Ausgabe erschien 1537 zu Paris apud Jacobum Kerver unter
dem Titel: Symphosii poetae veteris elegantissimi erudita juxta ac
arguta et festiva Aenigmata, nunc primum inventa et excusa: acces-
serunt septem Graeciae sapientium sententiae multo quam antehac
emendatiores et versibus aliquot etiam auctiores. — Symposii aenig-

---

*) Dieselben werden von Einigen mit Unrecht dem Kirchenvater Lactantius
beigelegt; s. z. B.: Centum aenigmata vetera diu sub Symposii poetae nomine
circumlata, deinde a nonnullis tanquam symposium a Lactantio conscriptum
edita; recensuit, illustravit et praefatus est J. F. Heynatz, Franc. 1775. L. Caelii
Firminiani Lactantii Symposium, illustr. Chr. Aug. Heumannus, Hannov. 1722.
Herz in Bähr's Geschichte der römischen Literatur, 2. B. Karlsruhe 1845, S. 703.
**) Annal. typograph. Tom. II, p. 791.

mata, edita a Francisco Basuelo; Basil. 1563. — Aenigmata Symposii Poetae cum scholiis Josephi Castalionis; Rom. 1581. [Ausführlich hat sich über diese Ausgabe ausgesprochen Irenaeus, in Schelhorn's amoen. litter. Tom. II, p. 485.] Von demselben Werke erschienen später noch zwei neue Auflagen zu Rom 1597 und 1607. [Fabricii Bibl. lat. Vol. III, p. 271. Heumannus, Poeciles Tom. II, lib. I, p. 109.] — Petrus Pithoeus hat seiner Schrift: „Poëmatia vetera, Paris. 1590", p. 404 „Aenigmata Caelii Symphosii" einverleibt. — Jacobus Pontamus hat im dritten Bande seines „Progymnasmatum Latinitatis, Ingolst. 1592", pag. 779, unter der Aufschrift: „Aenigmata" mehrere Räthsel des Symposius angeführt, ohne jedoch den Verfasser zu nennen. — Nicolaus Reusnerus, Aenigmatographia, sive Sylloge aenigmatum et griphorum convivalium ex variis auctoribus collectorum; Francof. 1602, p. 148. Hier sind die Räthsel des Symposius nach der Ausgabe von Pithonius aufgenommen; und pag. 256 sind einige von Joachim Camerarius ins Griechische übersetzt. — Caelii Symposii aenigmata cum scholiis Jos. Castalionis; fabulas et aenigmata veterum poetarum graecorum et latinorum adjunxit Conr. Rittershusius. Lugd. 1598. Dasselbe Werk neu aufgelegt und mit Anmerkungen von Meursius versehen, 1610. (Fabricius, bibl. lat. Lib. II, Cap. 3. § 3.) — Aenigmata veterum et recentium, cum notis Josephi Castalionis in Symposii Aenigmata. Duaci 1604. — Franciscus Schottus, itinerarii Italiae Germaniaeque Libri IV; Colon. 1620. Dieses Werk enthält in Libr. IV, p. 338 „aenigmata et griphi ex Symposio". — Nicolaus Causinus, Symbolica Aegyptiorum sapientia; Colon. 1623. 1654. Paris. 1647; enthält „Aenigmata Symposii." — Phaedri fabulae, quibus acced. Symposii aenigmata; Cura et studio Georgii Walchii; Lips. 1713. 1724. — Mich. Maittarius, opera et fragmenta veterum poetarum latin. Lond. 1713. Der zweite Band enthält: „Caelii Symposi Aenigmata". — Poetae latini minores, curavit J. Christ. Wernsdorf, Helmst. 1794, Tom. VI, enthält sämmtliche Räthsel des Symposius. — Paul, dissertat. de Symposii anigmat.; Berol. 1854. Der Verfasser bespricht die verschiedenen Ausgaben und Linguistisches; die Räthsel selbst erwähnt er nicht.

Von diesen hundert Räthseln des Symposius sollen nun einige hier mitgetheilt und erläutert werden.

    1. Dulcis amica Dei, ripis vicina profundis,
       Suave canens Musis; nigro perfusa colore,
       Nuntia sum linguae, digitis stipata magistri.

2. Non possum nasci, si non occidero matrem:
Occidi matrem; sed me manet exitus idem.
Id mea mors patitur, quod jam mea fecit origo.
3. Pallas me docuit texendi nosse laborem.
Nec pepli radios poscunt, nec licia telae.
Nulla mihi manus est; pedibus tamen omnia fiunt.
4. Moechus eram regis, sed lignea membra sequebar;
Et Cilicum mons sum, sed non sum nomine solo;
Et vehor in caelis, et in ipsis ambulo terris.
5. Dissimilis patri, matri diversa figura,
Confusi generis, generi non apta, propago,
Ex aliis nascor, nec quisquam nascitur ex me.
6. Tota vocor graece, sed non sum tota latine;
Ante tamen mediam cauponis scripta tabernam,
In terris nascor, lympha lavor, ungor olivo.
7. De lacrymis et pro lacrimis mea coepit origo.
Ex oculis fluxi, sed nunc ex arbore nascor.
Laetus honor frondis, tristis sed imago doloris.
8. Ambo sumus lapides, una sumus, ambo jacemus;
Quam piger est unus, tantum non segnis it alter.
Hic manet immotus; non dessinit ille moveri.
9. Longa, sed exilis, tenui producta metallo,
Mollia duco levi comitantia vincula ferro;
Et faciem laesis, et nexum reddo solutis.
10. Lex bona dicendi, lex sum quoque dura tacendi,
Jus avidae linguae, finis sine fine loquendi,
Ipse fluens, dum verba fluunt, ut lingua quiescat.
11. Nomen habet graecum, contentio magna dearum,
Fraus juvenis pulchri, multarum cura sororum,
Exidium Trojae, dum bella cruenta peregi.
12. Bellipotens olim, saevis metuendus in armis,
Quinque pedes habui, quos unquam nemo negavit;
Nunc mihi vix duo sunt: inopem me copia fecit.

[Auflösung und Erklärung. 1. Arundo. (Der Hirten- und Waldgott Pan liebte die arkadische Nymphe Syrinx; als er sie einmal verfolgte, rief sie die Erde um Hülfe an und diese verwandelte sie in ein Schilfrohr, aus welchem Pan sieben Röhren schnitt, sie zusammenfügte und so die Hirtenflöte, Syrinx, verfertigte.) 2. Vipera. (Die Alten glaubten, die Viper werde dadurch geboren, daß sie den Unterleib ihrer Mutter durchfresse, und so diese dadurch getödtet werde.) 3. Aranea. (Die griechische Jungfrau Arachne war eine große Künstlerin in der Weberei, und ließ sich mit der Pallas Athene, der Göttin der Arbeiten im Weben und Spinnen, in einen Wettkampf im Weben ein; da nun Athene an dem Gewebe der Arachne nichts tadeln konnte, so zerriß sie im Zorne das Gewebe des Mädchens, worauf sich dieses aus Gram erhengte, Athene aber löste das Seil und ließ sie als Spinne fortleben, als welche sie nun immer Gewebe verfertigt; sie braucht zur Verfertigung des Kleides, peplus, kein Weberschiff, radium, da sie alle Fäden aus sich selbst herauszieht.) 4. Taurus. (Pasiphaë, die Gemahlin des Königs Minos, hatte eine heftige Leidenschaft zu einem schönen Stiere, mit dem sie sich begattete, und das Ungeheuer Minotaurus, halb Mensch halb Stier, gebar, welches Minos in das Labyrinth, und die Pasiphaë in einen hölzernen Stier einsperren ließ. „Et Cilicum mons sum" ist ein Wortspiel, da dieser Berg auch Taurus heißt. „Vehor in coelis" bezieht sich auf das Sternbild taurus.) 5. Mula. (Der Maulesel ist das Produkt der Vermischung zwischen Pferd und Esel, „confusi generis", und kann sich selbst nicht mehr fortpflanzen.) 6. Beta. (Ein Wortspiel zwischen dem griechischen Buchstaben beta und der Beta genannten Pflanze. Der Buchstabe wird von den Griechen vollständig beta ausgesprochen, aber nicht von den Römern, welche nur be aussprechen. Die Pflanze Beta ist beta vulgaris, der gemeine Mangold, und war bei den Alten an den Thüren der Gastwirthe angeschrieben, welche dieselbe mit Oliven u. dergl. zubereitet verkauften, wie diese Pflanze noch bei uns, unter dem Namen rothe Rübe mit Essig, Oel u. dergl. zubereitet genossen wird.) 7. Myrrha. (Myrrhe, die Tochter des Königs Kinyras, hatte mit ihrem Vater zur Nachtszeit, ohne daß sich Beide erkannten, den Beischlaf ausgeübt; als sie aber von ihrem Vater erkannt wurde, verfolgte sie dieser mit dem Schwerte. Myrrhe flehte die Götter um Hülfe und Schutz an, und diese verwandelten sie in den Myrrhenbaum, aus welchem immer Thränentropfen fließen.) 8. Mola. (Die Mühlen der Alten bestanden aus zwei Steinen, cerealia saxa genannt, zwischen welchen das Getreide lag; der untere Stein blieb ruhig liegen, und der obere wurde durch Menschenhände in Bewegung gesetzt.) 9. Acus. (Den Ausbruck „faciem laesis" kann man verschieden deuten: man kann es beziehen auf die Nabel, ein chirurgisches Instrument, mittelst dessen Operationen am Auge verrichtet werden, wie z. B. die Staarnabel, wodurch der Blinde sein Sehvermögen, Gesicht, facies, wieder erhält; es kann aber auch so gedeutet werden, daß durch die Nabel, Nähnabel, das Zerrissene seine frühere Gestalt, facies, wieder bekommt.) 10. Clepsydra. (Die Alten bezeichneten mit diesem Worte eine Art Wasseruhr, durch welche den vor Gericht Sprechenden die Zeit mittels des Laufes des Wassers in der Wasseruhr zugemessen wurde; die Quantität des laufenden Wassers richtete sich nach der Wichtigkeit des Falles. Diese durch Wasser zugemessene Zeit ist daher „lex dicendi, lex tacendi." 11. Malum. (Man leitet malum, Apfel, vom Griechischen μῆλον ab. Die „Contentio magna dearum" bezieht sich auf Folgendes: bei einem Gastmahle warf Eris, die Göttin der Zwietracht, einen Apfel mit der Aufschrift: „der Schönsten" in den Saal, wodurch ein Streit unter den Göttinnen Here, Athene und Aphrodite entstand, weil jede von ihnen die schönste sein wollte; Paris entschied zu Gunsten der Aphrodite. „Fraus juvenis pulchri" deutet auf Folgendes: Atalanta, welche in Jungfräulichkeit leben wollte, wurde von ihrem Vater Jasos aufgefordert, sich zu vermählen; da bestimmte sie, daß jeder Freier mit ihr einen Wettlauf unternehmen solle, der Besiegte müsse den Tod erleiden, der Sieger erhalte ihre Hand; nun ließ sich der schöne Milanion mit ihr in den Wettlauf ein und siegte durch Hilfe

goldener Aepfel, welche er während des Laufes auf die Bahn warf, welche auf-
zuheben Atalanta sich nicht enthalten konnte, und durch diesen Zeitverlust er-
hielt Milanion den Vorsprung über sie. „Multarum cura sororum" sind die
Hesperiden, die Hüterinnen der hesperischen Gärten, deren Bäume goldene
Aepfel trugen, welche Here bei ihrer Vermählung mit Zeus von der Erde zum
Hochzeitsgeschenke erhalten hatte. „Bella cruenta peregi" deutet darauf, daß
Aphrodite dem Paris aus Dankbarkeit, weil er ihr in dem eben erwähnten
Streite zwischen den Göttinnen den Preis der Schönheit zuerkannte, half, die
schöne Helena zu entführen, was Veranlassung zum trojanischen Kriege und dem
Untergange Troja's war.) 12. Miles podagricus. (Ein Wortspiel mit pes
als Maaß und als Fuß. Als Soldat hatte er fünf Fuß, Maaß und jetzt als
podagricus kaum zwei gesunde Füße.)]

§ 78. Aldhelmus (auch unter den Namen Adelmus, Abel=
mus, Abelinus vorkommend), Bischof von Schirnburn (gest. 709), hat
hundert in lateinischer Sprache geschriebene Räthseln hinterlassen. Einige
finden sich noch in Handschriften vor, z. B. in einer Handschrift des achten
Jahrhunderts auf der Bibliothek zu Bern, sowie in zwei Handschriften des
zwölften und vierzehnten Jahrhunderts auf der Wiener Bibliothek. Zuerst
wurden sie herausgegeben von Delrio, Mogunt. 1601, und wurden dann
in der maxima Bibliotheca veterum patrum, Tom. XIII, Lugdun. 1677,
p. 23 seq. abgedruckt. Ueber andere Manuscripte und Ausgaben siehe
Mone's Anzeiger für Kunde der deutschen Vorzeit, 7. Jahrg. 1838, S. 32.
Die neueste Ausgabe befindet sich in: Sancti Aldhelmi ex abbate Mal-
mesburiensi episcopi Schireburnensis opera quae extant omnia e co-
dicibus Mss emendavit; nonnulla nunc primum edidit J. A. Giles,
Oxon. 1844, p. 249—270. Irrig hält Meyer in b. praefatio ad an-
thologiam latinam p. XXXVIII den Aldhelmus und den § 77 erwähnten
Symposius für eine und dieselbe Person. Unrichtig urtheilt Warton, wenn
er in seiner history of english poetry, Lond. 1840, Vol. I von diesen
Räthseln sagt: „copied from a work of the same title ander the name
of Symposius;" daß Aldhelmus in einzelnen Versen den Symposius nach=
geahmt hat, ist zwar nicht zu läugnen, und Paul hat in seiner dissertatio
de Symposii aenigmatibus, Berol. 1854, p. 19 die betreffenden Stellen
aus beiden einander gegenüber gestellt; allein eine Copie, wie Warton sich
ausdrückt, können die Räthsel des Aldhelmus keineswegs genannt werden,
da die Mehrzahl derselben sich nach Inhalt und Form als originell aus=
zeichnen. Sie sind eingetheilt in 19 aenigmata tetrasticha, 15 aenigmata pentasticha, 13 hexasticha, 19 heptasticha, 20 octosticha, 11
eneasticha, 4 decasticha; dann ein aenigma dodecastichon, ein tri-

caidecastichon, ein pentecaidecastichon, ein heccaidecastichon und ein polysticon; zusammen hundert Räthseln, von denen einige hier folgen:

1. Nos Atalante satas stolidi dixere priores:
Nam septena chors est, sed vix cernitur una.
Arce poli gradimur, nec non sub Tartara, terrae
Furvis conspicimur tenebris et luce latemus,
Nomina de verno ducentes tempore prisca.

2. Garrulus in tenebris rutilos cecinisse solebam
Augustae lucis radios et lumina Phoebi.
Penniger experto populorum nomine fungor,
Arma ferens pedibus, belli discrimina faxo,
Serratus capitis gestans in vertice cristas.

3. Nepa mihi nomen veteres dixere Latini,
Humida spumiferi spatior per littora ponti,
Passibus Oceanum retrograda transeo versis.
Et tamen aetherius per me decoratur Olympus,
Dum ruber in coelo et bisseno sidere scando.
Ostrea quem metuunt diris perterrita saxis.

4. Cum Deus infandas jam plectoret aequore noxas
Ablueretque simul scelerum contagia lymphis;
Prima ego praecepti complevi jura parenti,
Portendens fructa terris venire salutem.
Mitia quapropter semper praecordia gesto,
Et felix praepes nigro sine felle manebo.

5. Nos sumus aequales communi sorte sorores,
Quae damus ex nostro cunctis alimenta labore:
Par labor ambarum, dispar fortuna duarum;
Altera nam currit, quod nunquam altera gessit,
Nec tamen invidiae stimulis agitamur acerbis.
Utraque quod mandit, quod ruminat ore patenti,
Comminuens reddit famulans sine fraude maligna.

[Auflösung. 1. Pleiades. (Es sind sieben Töchter des den Himmel tragenden Riesen Atlas und der Oceanide Pleione, welche aus Schmerz über das Geschick ihres Vaters sich selbst den Tod gaben, und als das Sternbild, das Siebengestirn, an den Himmel versetzt wurden.) 2. Gallinaceus. 3. Nepa. (So wurde von den Alten eine Art Krebs genannt. Er kommt hier in doppelter Bedeutung, als Thier und als Gestirn vor.) 4. Columba. (Die Alten glaubten, die Taube habe keine Galle.) 5. Mola. S. das achte Räthsel des Symposius in § 77.]

§ 79. Eine Sammlung von einhundert und fünfzehn schwedischen Räthseln und Räthselfragen hat Rußwurm in Wolf's Zeitschrift für deutsche Mythologie, 3. Bd. S. 343 — 356, mitgetheilt. Einige der in

§ 38 erwähnten Räthsel von Gester leben noch jetzt unter dem schwedischen Landvolke. Wir sind außerdem noch ein paar bekannt geworden:

1. Der flög en fogel fjäderlös utaf trä löflös, då kom hustrun munlös och åt up fogel fjäderlös. (Es flog ein Vogel federlos auf einen Baum blattlos; da kam eine Frau mundlos und fraß den Vogel federlos.) 2. Hwilken fogel har ingen tunga, och hwilken fogel har ingen lunga, och hwilken fogel ger sine ungar di. (Welcher Vogel hat keine Zunge und welcher Vogel hat keine Lunge, und welcher Vogel säugt seine Jungen?*) [Auflös. 1. Der Schnee und die Sonne.**) 2. Der Storch, die Eule und die Fledermaus. (Die Alten glaubten der Storch habe keine Zunge, weil er keine Stimme habe, sondern nur klappere. Warum man glaubte die Eule habe keine Lungen, weiß ich nicht. Die Fledermaus wurde, weil sie fliegen kann, von den Alten irrig zu den Vögeln gezählt.)]

Fünfzig norwegische Räthsel hat Landsted in seiner Sammlung norwegischer Volkslieder veröffentlicht; einige davon stehen in Wolf's Zeitschrift für deutsche Mythologie, 3. Bd. S. 8.

§ 80. In den „slavischen Volksliedern", übersetzt von Wenzig, Halle 1830, S. 191, befindet sich folgendes russisches Räthselfragenlied:

Sage, Maid, was ohne Feuer brennet,
Ohne Feuer brennt, fliegt ohne Schwingen,
Ohne Schwingen fliegt, läuft ohne Füße?
„Ohne Feuer brennt die schöne Sonne,
Ohne Schwingen fliegen schwarze Wolken,
Ohne Füße laufen schnelle Flüsse."

§ 81. Zweihundert acht und dreißig lithauische Volksräthsel findet man in folgender Schrift: Lithauische Mährchen, Sprichworte, Räthsel und Lieder; gesammelt und übersetzt von Aug. Schleicher, Weimar 1857. Wir theilen daraus folgende mit:

1. Wenn du aufstehst, in was trittst du zuerst? 2. Zwei Schwestern kommen über ein Berglein nicht zusammen. 3. Ein blindes Täubchen flattert durch die ganze Welt. 4. Vier Brüder tragen einen Hut. 5. Drei Schwestern tragen einen Kranz. 6. Ein kleines Fäßchen, ohne Dauben und ohne Reife, innen zweierlei Bier. 7. Eis durchschlug ich und fand Silber; Silber durchschlug ich und fand Gold. 8. Als ich lebendig war, nährte ich Lebende; als ich todt war, trug ich Lebendige. 9. Die Wurzel nach oben, nach unten der Gipfel. 10. Was kannst du nicht über das Dach werfen? 11. Der Vater ist noch nicht geboren, der Sohn stemmt sich an den Himmel. 12. Fünf Gänger

---

*) Dieses Räthsel kommt auch in alten deutschen Handschriften vor; s. das achte Räthsel in § 103.
**) Dasselbe Räthsel befindet sich auch in der alten Reichenauer Handschrift, s. § 68, und in Reußner's § 94 erwähnten Räthselsammlung.

laſſen einen Bären Dinnes machen. 13. Ein Gärtchen von Fleiſch und ein Zäunchen von Gold (Silber oder Meſſing). 14. Ein Topf voll Fleiſch, an beiden Enden durchlöchert. 15. Ein ſchwarzes Pferd ſpringt, Fußſtapfen ſind nicht zu ſehen. 16. „Wohin läufſt du, Krummer?" „„Was kümmert's dich, Geſchorne."" 17. Ein weißes Fäßchen mit rothem Zäpfchen. 18. Zwei graue Wölfe beißen ſich und weißes Blut fließt. 19. Eine Eiche hat zwölf Aeſte, jeder Aſt vier Zweige. 20. Ein lebendes Weſen ißt auf lebendem Tiſche lebende Speiſe. 21. Am Rande der Flur ſteht eine Geberin; wer kommt, dem gibt ſie. 22. Ein Lappen auf dem andern, ohne einen Nadelſtich. 23. Ein rundes Löchlein, ein haariges Dieblein. 24. „Wo gehſt du hin, Längling?" „„Was kümmert's dich, Querling?"" 25. Als ich klein war, beherrſchte ich viere; als ich erwachſen war, warf ich Berge hin und her; als ich geſtorben war, ging ich in die Kirche. 26. Ein Bär voll Aerſche. 27. Ein grauer Ochſe leckt den Himmel. 28. Kam geflogen ein Vogel, ſetzt ſich auf einen Baum ohne Aeſte; kam eine Jungfrau ohne Füße und verzehrte ohne Lippen den Vogel. 29. Wer iſt's, der klug geboren mit einem Gänslein pflügt? 30. Wo kräht der Hahn dreien Königen? 31. Ein kleines Frauchen ißt immer zu, indem ſie läuft. 32. Richtete es ſich auf, den Himmel würde es ſtützen; hätte es Hände, den Dieb würde es fangen. 33. In einem Topfe von Fleiſch kocht Eiſen. [Auflöſungen. 1. Ins Alter. 2. Die Augen. 3. Der Brief. 4. Die Baracke. (Ein auf vier Stangen ruhendes Dach, um im Freien liegendes Heu u. dergl. zu ſchützen.) 5. Der Dreifuß. 6. Das Ei. 7. Das Ei. 8. Die Eiche. 9. Ein Eiszapfen am Dache. 10. Die Feder. 11. Das Feuer und der Rauch. 12. Fünf Finger reinigen die Naſe. 13. Finger und Ring. 14. Der Fingerhut. 15. Der Floh. 16. Der Fluß und die abgemähte Wieſe. 17. Die Gans. 18. Die Handmühle. (Sie beſteht in Lithauen aus zwei grauen Steinen, deren oberer gedreht wird.) 19. Das Jahr mit zwölf Monaten zu je vier Wochen. 20. Ein Kind trinkt auf den Knien der Mutter an deren Bruſt. 21. Die Klette. 22. Der Kohlkopf. 23. Das Mausloch und die Maus. 24. Der Menſch und die Thürſchwelle. 25. Der Ochſe; klein ſaugt er an den vier Zitzen der Kuh, erwachſen pflügt er, und aus des Todten Haut werden Schuhe gemacht. (Beim Lithauer Landvolke werden die Schuhe als Sonntagsputz beſonders beim Kirchenbeſuche getragen; die Frauen pflegen gewöhnlich baarfuß bis zur Kirche zu gehen, und erſt vor der Kirche Strümpfe und Schuhe anzuziehen, die nach beendigtem Gottesdienſte wieder abgelegt werden, ſo daß beim Lithauer das lederne Schuhwerk in naher Beziehung zum Kirchenbeſuche ſteht.) 26. Der Ofen, um welchen ſich die Leute wärmen. 27. Der Rauch. 28. Der Schnee und die Sonne. 29. Der Schreiber mit der Feder. 30. In Smaleninken an der Grenze der Königreiche Preußen, Polen und Rußland. 31. Die Spule. 32. Der Weg. 33. Der Zaum in des Pferdes Maul.]

§ 82. Engliſche Räthſel finden ſich bei „Halliwell, nursery rhymes of England, London 1846," und von demſelben Verfaſſer: „popular rhymes and nursery tales, Lond. 1849." Die Räthſel in Percy's King John and the abbot of Canterbury wurden bereits § 29 angegeben. Ein Räthsel von Lord Byron wurde in § 15, Nr. 4, und eine englische Räthselanekdote in § 24, Nr. 5 erwähnt. — **Schottische Räthsel** stehen bei „Chambers, popular rhymes of Scotland, Edinb. 1817." Müllenhof hat aus dieser und den oben erwähnten Schriften von Halliwell einige Räthsel in Wolf's Zeitschrift für deutsche Mythologie, 3. Bd. S. 10, mitgetheilt, und dabei einen Vergleich zwischen den schottischen und englischen Räthseln angestellt.

§ 83. **Zur französischen Literatur.** Les motz dorez du grant et saige Cathon en francoys et latin, aveques plusieurs bons et tres utiles enseignemens, proverbes, adages, authoritez Par Pierre Gromet, prestre. A Paris par Jean Bonfons. Ohne Jahrzahl in Duodez. In diesem alten Buche kommen theils ins Französische übersetzte Räthsel aus lateinischen Schriftstellern, theils eigenthümliche französische Räthsel vor. — In einer Handschrift des Grafen d'Hane de Steenhuyse zu Gent aus dem achtzehnten Jahrhunderte mit dem Titel: „melange curieux, serieux et comique, latin, francois, flammand" kommen pag. 51 enigmes francois vor. Hell hat in seinen § 107 erwähnten Agionien mehrere französische Räthsel gesammelt, von denen einige hier Platz finden sollen:

1. Mon corps long et fluet, d'une grande blancheur,
   D'une barbe est orné, diverse est sa couleur.
   L'homme fait choix de moi pour etre sa victime;
   Et le fer à la main, du tranchant il s'escrime
   En me fendant le coeur: alors il prend plaisir
   A me bien tourmenter au gré de son desir:
   Malgré ce trait cruel, je suis toujours docile:
   Il doit agir ainsi pour que je sois utile.
   On me trouve au village, à la ville, à la cour,
   Je sais peindre à la fois la fureur et l'amour.

2. Mon premier est parfois, cher lecteur, mon entier;
   Malheur à lui helas! lorsqu'il est mon dernier;
   Mais hereux mon dernier, lorsqu'il est mon premier;
   Car il oublie alors qu'il est bien mon dernier.

3. Je n'ai ni pieds, ni mains, ni corps, ni bras, ni tete,
   Par deux jambes sans plus tout mon etre est construit;
   Une lettre de moins, on me sait tout esprit,
   Otez-en deux, je ne suis qu'une bete.

4. Je suis un etre assez original;
   On me trouve au sermon, dans les fetes, au bal;
   Je preche la vertu, j'encourage les vices,
   le defends le theatre, et vis dans les coulisses.

5. Lorsque de mon second mon premier n'a pas trop,
   Mon tout peut quelquefois etre un assez bon lot.
6. Tous les jours on me met au monde,
   Et des que je suis née on me met en prison.
   J'en sors, et sur-le-champ, n'importe la saison,
   On me fait voyager sur la terre et sur l'onde.
7. Pour tirer de moi service
   Il faut m'appliquer au supplice,
   On me brule la tete, et ce tourment nouveau
   Me fait aussitot fondre en larmes,
   Il m'oblige à porter les armes
   Au gré de mon propre bourreau.
8. Sur mes pieds je porte une reine vermeille:
   Jaloux de mon bonheur, je blesse mes rivaux:
   Lecteur, coupe mon chef, alors sur les coteaux
   Mon destin est d'unir l'erable avec la treille.
9. Ie trouble des forets la retraite profonde,
   Et j'apelle aux combats un peuple courageux.
   Si l'on tranche ma tete, adoré dans le monde,
   Je suis l'objet de tous les voeux.
10. Nous sommes douze soeurs, filles d'un meme pere,
    Pas toujours d'une meme mere.
    Chacune successivement
    Enfante quatre mâles,
    Qui produissent pareillement,
    A distances egales,
    Plus de trois cents filles par jour,
    Chacune à son tour.
    Ceux-la naissent de leurs femelles;
    Nous en naissons aussi bien qu'elles;
    Ils nous forment, nous les formons,
    Apres quoi nous recommençons.

Ich will die Auflösung dieser Räthsel dem Scharfsinne meiner Leser überlassen; aber noch einige andere dem französischen Volksmunde entnommene Räthsel nebst Auflösung folgen lassen.

1. Quel eveque est le plus vieux? et quel eveque est le plus pauvre?
2. Quelle de toutes les plantes est la plus necessaire à l'homme?
3. Ie suis en liberté sans sortir de prison, et je suis au desespoir sans quitter l'esperance.
4. Santé n'est pas sante, mais maladie est santé.
5. Il est au ciel, mais pas en terre,
   Luc le porte par devant, et Daniel par derriere.
6. Le nom que j'ai, lecteur, avant de naitre,
   Quand je suis né ne me sert deja plus.
   En m'attendant tu me verras peut-etre;

Mais aujourd'hui pour me connaitre.
Tes efforts seraient superflus.
7. Je viens sans qu'on y pense,
Je meurs en ma naissance,
Et celui, qui me suit
Ne vient jamais sans bruit.
8. En un seul mot j'offre une fleur, une ile,
Une arme, un fruit, un royaume, une ville.
9. Nous sommes deux qu'on met ensemble;
Ce n'est pas un bonheur ce me semble.
Car en tous temps notre union
N'opere que division.
10. De grâce, accordez moi, disait Lise à son pere,
Ce que n'avez pas et ne pouvez avoir,
Et que de me donner vous avez le pouvoir.
Quel ètait donc l'objet de sa priere?

[Auflösung. 1. Celui de Milan (mil ans) est le plus vieux; et celui de Senlis (sans lit) est le plus pauvre. 2. La plante de pied. 3. La lettre R. 4. Sans t. 5. La lettre L. 6. Lendemain. 7. Eclair. 8. Grenade. 9. Ciseaux. 10. Mari.]

§ 84. Das Hauptwerk der italienischen Literatur ist: Lilii Gregorii Gyraldi, Ferrariensis, aenigmatum ex antiquis scriptoribus collectorum libellus singularis, ad Joan. Thomam Picum, Mirandulae Principem. In dessen Op. om. Tom. II, Basil. 1580, p. 446 seq. Auch abgedruckt in der § 93 erwähnten aenigmatographia von Reusner. Gyraldus gibt vorerst eine Definition des Räthsels und des Gryphus, und theilt dann mehrere, von mir schon erwähnte Räthsel (z. B. jenes von Simson und der Sphynx, dann von Cleobolus, Theobectes, Clearchus, Alexis, von der Cleobuline und der Sappho u. A.) mit, führt aber dabei noch manches andere an, was, strenge genommen, nicht zu den Räthseln gezählt werden kann. Eine andere, mir aber nur dem Namen nach bekannte italienische Schrift ist: Indovinello, dove si contiene diversi e varii soggetti da indovinare; Venet. 1610; vier Blätter in Octav. — Beispiele von einigen aus dem Volksmunde gesammelten Räthseln:

Räthselfragen nebst Antworten. 1. Qual e quella cosa, che si annega nell acqua, e poi si manda al fuoco? Il pane. 2. Qual e quella cosa che non parla, e si fa intender il tutto? I libri. 3. Qual e quella cosa che morde piu senza denti che con denti? Le forfe da sartor. 4. Qual e quella cosa, che si vede, e mai non si puo prendere? L'ombra.

§ 85. Von der spanischen Literatur kenne ich nur folgende Schriften dem Titel nach: Historia de la donzella Theodor; Sevilla 1645.

Es ist eine nur vier Bogen starke Schrift, welche ein räthselhaftes Frag= und Antwortspiel enthält, wodurch der Sieg des Christenthums über den Islam dargestellt werden soll. Die Christin Theodora hat nämlich einen Wettstreit mit den drei Weisen des Mohrenkönigs Miramamolin Almancor, und überwindet sie im Aufgeben und Lösen von Räthseln. — Proverbios morales y conseios christianos, y enigmas filosophicas, naturales y morales; por Christoval Perez de Herrera; Madrid 1618 in Quart.

§ 86. **Niederländische Räthsel** hat Mone aus einer alten Hand= schrift gesammelt, und in seinem Anzeiger für Kunde der deutschen Vorzeit, 7. Jahrgang, S. 265 mitgetheilt. Ich gebe hier einige derselben.

1. Ik ligge hier op het radt, all hebbe ik niet bedreven; lagh ik niet op het radt 'k en sou niet connen leven. (Ich lieg hier auf dem Rabe, obwohl ich keine Missethat begangen; läge ich nicht auf dem Rabe, so würde ich nicht leben können.) 2. Het graf dat at, die daer in sat bat, het graf dat beefde, die daer in sat leefde. (Es war ein Grab das aß, der darin saß betete, das Grab erbebte, der darin saß lebte.) 3. Daer is een dink, 't is grooter als een luis, en kleinder als een muis, en daer zyn meer venstres in als in een Kenigs huis. (Es gibt ein Ding, das ist größer als eine Laus und kleiner als eine Maus, und in dem Stub mehr Fenster als in eines Königs Haus.) 4. Tweevoet lag op den dryvoet, en viervoet kwam gelopen, en die nam tweevoet van den dryvoet, en tweevoet kwam gegaen en die was zoo gram, om dat viervoet tweevoet van den tryvoet nam. (Zweifuß lag auf dem Dreifuß, und der Vierfuß kam gelaufen und nahm den Zweifuß von dem Dreifuß, und Zweifuß kam gegangen, und war so böse, weil Vierfuß den Zwei= fuß vom Dreifuß nahm.) 5. Vyf hollen in een gat, graed wat is dat. (Fünf Höhlen in einem Loch, rathe was ist das.) 6. Gruen was ik in mijn joenge dagen, toen wert ik van keuningen en prinsen gedragen, maer toen ik niet meer en docht, toen wert ik ter hooger schole gebrocht. (Grün war ich in meinen jungen Tagen, dann wurde ich von Königen und Prinzen getragen, als ich aber gar nichts mehr taugte, da ward ich auf die hohe Schule gebracht.) 7. 't groeit in den bosch, 't bloeit in den bosch, en doet de kinders kryschen. (Es wächst in dem Busch, es blüht in dem Busch, und läßt die Kinder schreien.) 8. Inteko peerdeken, met ze vlassche steerdeken, hoe zeer= der dat ze peerdeken liep, hoe korter dat ze steerdeken wierd. (Rasch! Pferdchen mit deinem flächsernen Schweifchen; je rascher das Pferdchen lief, desto kürzer das Schweifchen wurde.*) 9. Wat werpt men root in 't water en comter heel swart uyt? (Was wirft man roth ins Wasser und holt es schwarz heraus?) 10. Hoe vele distancie iser tusschen de coude ende de hitte.

---

*) Ein ähnliches Räthsel haben die Deutschen:
Ein eisernes Pferdchen, begreife!
Mit einem flächsernen Schweife;
Bald hüpft es auf in die Lüfte,
Bald schlüpft es durch Höhlen und Grüfte.

(Wie weit ist der Abstand zwischen Kälte und Hitze?) [Auflösung. 1. Der Töpfer. 2. Jonas im Wallfische. 3. Der Fingerhut. 4. Zweifuß ist das Huhn, welches auf dem Roste, dem Dreifuß, liegt; Vierfuß ist die Katze, und der andere Zweifuß ist die Köchin. 5. Die fünf Finger im Handschuh. 6. Flachs, Leinwand, Lumpen, Papier. 7. Die Birkenruthe. 8. Nadel und Faden, wenn genäht wird. 9. Die glühende Kohle. 10. Eben so weit, als von der Nase eines Hundes (die immer kalt ist) bis zu dessen After.]

§ 87. Am reichhaltigsten ist die deutsche Literatur sowohl in ihrer eigenen als auch in der lateinischen Sprache. Räthsel von namhaften deutschen Dichtern sind bereits in den vorausgegangenen Paragraphen erwähnt worden, worüber in § 107 der Nachweis geliefert wird. Nebstdem gibt es noch viele deutsche Räthselsammlungen (Räthselbüchlein), von denen ich die besseren noch später erwähnen werde.

§ 88. Aus einer Reichenauer Handschrift aus dem Anfange des zehnten Jahrhunderts hat Mone in seinem Anzeiger für Kunde des deutschen Mittelalters, 1838, S. 40, mitgetheilt:

Volavit volucer sine plumis, sedit in arbore sine foliis, venit homo sine manibus, conscendit illum sine pedibus, assavit illum sine ignum, et comedit illum sine ore. [Es ist der auf den blattlosen Baum gefallene Schnee, der von der Sonne geschmolzen wird. Dasselbe Räthsel haben auch die Schweden, s. § 79.]

§ 89. Eine alte deutsche Sammlung von mehreren hundert Räthseln in klein Oktav oder Sedez, unbetitelt und undatirt, ist, so viel aus der Schrift zu entnehmen ist, anfangs des sechszehnten Jahrhunderts zu Augsburg bei Hans Froschauer gedruckt. Wackernagel hat in Haupt's Zeitschrift für deutsches Alterthum, 3. Bd. S. 27—34, von diesen Räthseln sechszig mitgetheilt, von denen folgende hier Platz finden sollen:

1. Ein frag. wie vil vnser hergot thuchs zu einem par Hosen bederff. so der hymel als die heilig schrifft sagt sein stul. vnd das erdtrich sein fußschemel ist. Antwurt. ein ellen thuchs ist genug einem armen menschen. Dann christus spricht was ir einem aus den minsten der meinen thut das habt ir mir gethon. 2. Ein frag. welchs das größt wunder werk Gottes sey. Ant. das er so vil menschen geschaffen hat. doch kains dem andern gleich ist. 3. Ein frag. welches die edelsten vnd achtbarsten heiligen sein. Ant. sandt Martin vnd sant Jörg die reitten. mussen die ander zu fuß geen. 4. Ein frag. Welchs der geringst oder der leychst heylig sey. Ant. sandt Quinten. der geen. iiii. auff ein lot. 5. Ein frag. Wo für die bauren vnsern hergot am maisten bitten. Ant. Für die Reysigen pferdt. dann wo die selbigen abgiengen. wurden die edeleüt die bauren mit sporn reyten. 6. Rat. Welchs sein die fünff köstlichen vnd besten wasser. Antw. der tauff das weychwasser. das wasser so man für

die sündt weynt. wasser der weynenden kindt so man sy strafft. vnd das wasser so die müln treybt. 7. Ein frag. Welcher breck aim land schad sey. Ant. den die ku in das wasser fallen laßt der kann das Erdtreich nit düngen oder bessern. 8. Ein frag. Welches das meisterlich vnd kunstreich thier sey. Ant. ein faw. so die ein alten dreck ißt macht sy einen jungen darauß. 9. Rat. Ein vogel in der lüfft schwebt seines gleichen auff erdt nit lebt. sein flügel sein in der hitz gewachsen. wann in hungert ißt er syben ochsen. Ant. Der han auff der kirchen. seins gleichen hat kein leben. sein flügel sind im feur gemacht. er hat nymmer hunger. 10. Ein frag. Ob der hundt am schwantz hang oder der schwantz am hund. Ant. hebstu den hundt bey dem schwantz über sich so hang der hundt am schwantz. hebst aber den kopff über sich so hangt der schwantz am hundt. 11. Es schickt ain ritter über rein. seiner liebsten frawen sein. gutten wein on glaß. vnd alle andere trinckfaß rat warjun der wein was. Ant. er schickt ir trauben darjun het sy den wein. 12. Ein frag. Welchs ist ein wald on laub. ein straß on staub. ein hauß on rauch ein volck on gauch. ein land on bieb. ein geselschafft on lieb. Antwurt. Der wald ist ein thann wald. Die straß ist ein schiffreich wasser. Das hauß ist das parabeyß. das volck ist Enoch und Helias. das land on bieb ist der himel. die geselschafft on lieb. sein die in der hellen. 13. Rat. wann man es hört so erschrickt man vnd hörts nit gern. hats doch ye lenger ye lieber. Ant. ein pferds eysen so das ein reyter auff dem selbe hört klappern das es absallen wil erschrickt er. vnd so ers lenger hört so er mer hofft das selbig in die herberg zu bringen. 14. Ein frag. Welchs das getrewst thier sey. Ant. ain lauß die läßt sich mit eim hencken bleybt bey im biß in todt. 15. Ein frag. Welchs den frawen das nützst vnd best hantwerck sey. Ant. Die waffen schmidt die machen beyhell oder agst bo mit man das holtz hawt. Das fünst villeicht die man auff den bösen weybern entzway schlugen. 16. Rat. Welchs hantwerck am meisten stilt. Ant. die löffel macher vnd die letzler an den pfannen machen vil stil. 17. Rat. welcher vnderm bartscherer oder vnder aim maber der das gras abschneit die gröst freyhait hab. Ant. der maber mag auff sein stümpff hofiern oder sein notturfft thun das wirt dem scherer nit zu gelassen. 18. Ein frag. Warumb die storcken nit auff der müln nisten. Ant. Sy fürchten der müller stell in die ayer. 19. Rat. ein baum hat dreyzehen est vnd yeglider ast hat iiij. nester. vnd in yeglichem nest syben iungen. der hat yeglicher seinen namen besunder.*) Ant. das iar hat Xij. monat. die monat iiij wochen. Die wochen ir tag. 20. Ein frag. Wie ferr von aim ort der welt an das anter sey. Ant. ain tag raiß. als die

---

*) In einer alten lateinischen Handschrift findet man dieses Räthsel so:
    Est arbor quedam retinens ramos duodenos.
    Quinquaginta duos rami retinent sibi nidos.
    Nidorum quisque septem volucres habet in se.
    Et volucrum quisque sibi nomen habet speciale.
Ein anderes altdeutsches Räthsel spricht von einem viereckichten Wagen mit zwölf Rädern, zwei und fünfzig Frauen darauf, und vierzehn theils weißen, theils schwarzen Pferden davor. M. s. auch das Räthsel des Cleobolus § 69.

sunn bezeugt mit irem auffgang des morgens. vnd niber gang des nachtes.*) 21. Ein frag. Welchs das frölichest volck auff erdtreich sey. Ant. die gaystlichen die in den Clöstern vnd Stifften. wann die singen tag vnd nacht. 22. Ein frag. welchs die frölichsten frawen sein. Ant. Die yenen so die kinder seügen singen offt so ander leüt schlaffen als man spricht. welcher ein saügets kind hat der hat ain singenden fraw. 22. Ein frag. welcher mensch hat ain gantz viertail der welt getödt oder vmb bracht. Ant. Chayn erschlug seinen bruder Abel darvor lebt niemandt dann sy zwen vnd ir eltern adam vnd eua. 23. Ein frag. Wer geschryen hab das die gantz welt hort. Ant der esel in der archen noe. 24. Rat. drey frawen worden verwandelt in blumen auff dem selb sten. doch der ayne mocht des nachts in irem Hauß sein. sprach auff ain zeyt zu irem man. als sich der tag nahet widerumb zu iren gespilen auff das selb kommen vnd ain blum werden mußt. so du heüt vor mittag kumbst vnd mich ab brichst wirbt ich erlößt vnd fürhin bey dir bleiben. als dann also geschah. Nun ist die frag wie sy ir man kent hab. so die blumen gantz gleich vnd an im selbs kain vnderschayd was. Ant. die weil sy die nacht in irem hauß vnd nit auff dem selb was fiel der taw nit auff sy als auff die andern zwo. do bey sy der man kant.**) 25. Rat. Wer ist des mans liebster vnd getreüster freündt. vnd wer ist sein ergester feind. Ant. sein weib nach dem die wol oder übel will. 26. Stunden so vil frawen sein. als tropfen seindt im rein. vnd wer dir auffgesetzet zu buß. sy hinüber zu furen truckens fuß. on brucken. schiff steg karren oder wagen. ich lob dich frey kanst du mir es sagen. Ant. Geb ir yeglich ein tropffen auff die zung. so bleibt kain wasser mer da.

§ 90. Rathbüchlein mit allerhand welt= vnd geistlichen Fragen sammt deren Beantwortungen; Cöln und Nürnberg (ohne Jahrzahl), mit dem Motto:

> Das Rockenbüchlein heiß sonst ich,
> Wer langweilig ist, der kauf mich,
> Er findet in mir viel kluger Lehr,
> Mit verir, rathen und anders mehr.

Das Büchlein enthält Räthseln, in Rubriken geordnet, über: Gott, die Heiligen, die Vögel, die Hunde, die Handwerker, die Menschen u. s. w.

---

*) Dasselbe Räthsel kommt in Percy's „King John and the Abbot of Canterbury", und in Bürgers „der Kaiser und der Abt" vor; s. § 29.
**) Dieses Räthsel steht in Simrock's Räthselbuch so: Drei Frauen waren in Blumen verwandelt, die auf dem Felde standen. Nur die eine durfte des Nachts entzaubert in ihrem Hause sein. Da sprach sie einmal zu ihrem Manne, als der Tag anbrach und sie wieder zu ihren Gespielen auf das Feld gehen und eine Blume werden mußte: „wenn du heute Vormittag kommst und mich abbrichst, so werde ich erlöst und darf künftig bei dir bleiben." Das geschah. Nun ist die Frage, woran sie ihr Mann gekannt habe, da doch die Blumen ganz gleich und ohne Unterschied waren. Antwort: weil sie die Nacht hindurch in ihrem Hause und nicht auf dem Felde zubrachte, fiel der Thau nicht auf sie wie auf die beiden andern, und daran erkannte sie ihr Mann.

Die meisten dieser Räthsel sind unbedeutend und albern. In einem heißt es: „Ich habe mehr Geld in meinem Seckel, als der Fugger," woraus man schließen will, daß um die Hälfte des sechszehnten Jahrhunderts gesammelt worden sei.*) — Eine neue Auflage dieses Rathbüchlein hat den Titel: Dritthalbhundert kurzweilige Fragen sammt derer Antwort, womit man die melankolischen Mücken vertreiben und die lange Zeit sehr kurz machen kann; Franff. und Leipzig (ohne Jahrzahl). Einige Räthsel aus diesem Rathbüchlein sind § 48 angeführt worden.

§ 91. Aenigmatum libri III. Recens conscripti, recogniti, et aucti, auctore Joan. Lorichio Hadamario. Francof. Die praefatio ist mit 1540 unterzeichnet, und am Ende des Buches steht 1545. Es sind 84 Blätter in kl. 8. Voran schickt der Verfasser eine Einleitung über den Begriff des Räthsels. Die darauf folgende Sammlung von Räthseln enthält theils solche von Andern (z. B. das Räthsel der Sphynx, das dem Homer vorgelegte Räthsel, Räthsel von Ausonius, Helius Eobanus u. A.), theils eigene. Die meisten Räthsel sind nach ihren Objecten abgetheilt, z. B. „ex sacris literis, de Deo, de sanctis, de precationibus; de avibus, de piscibus, de canibus, de coelo, de terris et regionibus, de officiis, de hominibus, de literis et scripturis u. s. w. Reusner hat in seiner aenigmatographia mehrere Räthsel von Lorichius mitgetheilt, von denen ich auch in § 93 mehrere angeführt habe. Daher es genügen mag, dorthin zu verweisen.

§ 92. Julii Caesaris Scaligeri poemata in duas partes divisa. Ohne Druckort (apud Petrum Santandreanum) 1591. P. I, 663 Seit., P. II, 336 Seit. in 8. Im ersten Theile beginnen S. 546 die aenigmata, und S. 614 die Logogriphi.**) Von beiden folgende als Proben***):

1. Quod vitare nequis, tam evitare laboras,
   Orbis sum prisci, sumque catena novi.
2. Quod tibi nec fortuna dabit, nec fata dedere,
   Hoc ero: sed quid sim, forte scio nec ego.
3. Crescens deficio, ingratus matrisque vorator;
   Mors tamen illius morte parata mea est.
4. Sum nondum dira confectus morte, sepultus.
   Haud urna, haud saxum, non humus ulla tegit:

---

*) Görres, die deutschen Volksbücher; Heidelb. 1807, S. 175.
**) Der Verf. nennt sie zwar Logogryphi, nach der von mir § 6 aufgestellten Unterscheidung gehören sie jedoch zu den Elisionsräthseln.
***) Man findet mehrere Räthseln von Scaliger in der § 93 erwähnten aenigmatographia von Reusner.

Et loquor, et sapio, et vitalibus abdicor auris.
Meque capit vivus, meque vehit tumulus.
5. Exubat os nitidum patulo mihi semper hiatu.
Sacra ministerio ferrea lingua dei est.
Nunquam sponte loquar, nunquam nisi jussa, tacebo.
Excutere at vocem verbera sola solent.*)
6. Magna, bibens, apridens, dentes fero parva quaternos.
Ingens pro digitis annulus in capite est.
Cum teneo dominam, nihilominus illa movetur;
Et cum non teneo, magna avis atra volat.
7. Mira tibi mater rerum foecunda novarum,
Quin etiam te cum te tibi saepe parit.
Foetus tam similis tibi, ne magis esse potis sit.
Attamen illius dextra sinistra tua est.
8. Dissidiisque inimicitiisque creata creandis
Non intellecto barbara torna sono,
Non nisi lens, rediens, multumque, ultroque citroque
Dentibus infestis rosa sine ore vomo.
9. Ore gero gladium, matrisque in pectore condo.
Ut mox, quae nunc sunt mortua, viva colas.
Dux meus a tergo, caudamque trahens retrahensque
Hasta, non me, ut eam verberat, ast alios.
10. Ventris inexhausti purissima viscera cernis:
Alvo ima captus, redditur ore cibus.
11. Insideo, insideor; prisco olim tempore nostri
Usum Germani dedecus esse putant.
12. Tota catena fuit servorum, ego sola catenae
Pars, sed me dominus induit ipse volens.
13. Pes bipedis stans alter adest, alterque movetur;
Signa tamen statuit fidus uterque sua.
Hoc infinitum est, motu quod ducitur ipso.
At nulla alterius omnia parte nihil.
14. Pons ingens vario tractim depictus honore,
Quem super haud ulli se posuere pedes,
Nullas suppositi transmittit fluminis undas;
Sed super impositis ipse gravatur aquis.
15. Haec mensura rei est, in mente vel ore loquentis:
Esse ulla in toto si tamen ore potest.
16. Ferro rem gerit, et stricto dat vulnera telo;
Sanguinis ast illis gutta nec una cadit.
17. Quodnam iter est, quod nemo videt potuitve videre?
Qui tamen ignoret, est prope nullus homo.
Mentis hospitis et blando munere captum
Fallere te tandem foeda lana docet.

---
*) Vergl. damit das sechste Räthsel von Lauterbach in § 96.

18. Est domus, est paries longe antiquissimus ejus
 Perpetuus, quoniam janua nulla patet.
 Rumpitur hic facile, ast aliis est saxeus: illis
 Est sine calce, aliis calx, quoque mista tenet.
 Exule sole vacat nullis obscura fenestris:
 Nec facilis tetricis murmurat aura locis.
 Nulla loci facies, nec vis, sed frigida torpet;
 Nes sedes, tota est nil nisi lectus iners.
19. Unus pes parvis, magnis duo, saepe quaterni;
 Quale hoc cunque animal pondera certa gerit.
 Mira pedum natura: loco non ulla movetur,
 Sed mutare locum, quod gerit, ipsa facit.
20. Tolle caput, simile aetati tum tempus habebis.
21. Deme fero galeam, reteget placabilis artem.
22. Hoc est, quod voluit; quodque est nunc, esse recusat:
 Est non est, quod cauda trahit, sed sentiet illud.
23. Cornua mi, sed si caput aufers, dente nocebo.
24. Imbellis tota est: caput exime vis erit illi.
25. Qui paucis datus est, omnes sed habere putant se;
 Dimidium tollit, quod toto significatur.

[Auflös. 1. Fatum. 2. Casus. 3. Iguis. 4. Jonas in ventre orcae. 5. Campana. 6. Anchora. 7. Speculum. 8. Serra. 9. Aratrum. 10. Puteus. 11. Ephippium. 12. Annulus. 13. Circinus. 14. Iris. 15. Veritas. 16. Sutor. 17. Iter ad mortem. 18. Sepulchrum. 19. Rota. 20. Puer. Ver. 21. Mars. Ars. 22. Senex. Nex. 23. Caper, Aper. 24. Ovis. Vis. 25. Intellectus. Lectus, i. e. Somnus.]

§ 93. Aenigmatographia, sive sylloge aenigmatum et griphorum convivalium, ex variis auctoribus collectorum, editio II. Recensente Nicolao Reusnero, Jurisc., comite Palatino Caesareo et consiliario Saxonico. Francofurt. 1602. 409 Seit. in Duod. Es ist dieses die Ausgabe, die ich vor mir habe; die erste, die ich jedoch nicht auftreiben konnte, soll zu Frankfurt 1599 erschienen sein. Es ist dieses eine sehr reichhaltige, aus ältern Schriftstellern zusammengetragene Sammlung; dieselbe enthält das Schriftchen von Gyraldus, die Räthsel von Symposius und Aldhelmus (was ich schon in § 77 und 78 mitgetheilt habe), und dann noch viele Räthsel aus andern Schriften, wovon ich das Wesentlichste hier folgen lasse.

Jacobi Pontani dialogus qui inscribitur aenigma. Interlocutores Petreius, Aretius, Mamilius, Laberius. Die Genannten unterhalten sich damit, daß sie einander Räthseln aufgeben. Z. B.:

1. Quam mater genuit, generavit filia matrem.
2. Virtutes magnas de viribus adfero parvis,
   Pando domos clausas, iterum concludo patentes,
   Servo domum domino, sed rursum servor ab ipso.
3. Sponte mea veniens varias ostendo figuras,
   Fingo metus vanos nullo discrimine veri:
   Sed me nemo videt, nisi qui sua lumina clausit.
4. Quatuor aequales currunt ex arte sorores,
   Sic quasi certantes, cum sit labor omnibus unus,
   Et prope sunt pariter, nec se contingere possunt.
5. Nox ego sum facie, sed non sum nigra colore,
   Inque die media tenebras tamen affero mecum,
   Nec mihi dant stellae lucem, nec Cynthia lumen.

[Auflös. 1. Aqua et glacies. 2. Clavis. 3. Somnus. 4. Rotae quatuor in curru. 5. Nebula.]

Hadriani Junii aenigmata.

1. Candidior cygni plumis sum filia Brumae
   Dura minus glacie, sed nec minus algida, fungo
   Varior, ac fluidum in laticum tabesco tepore.
   Cor mihi si jungas, vix est avis atrior ulla.
2. Porrigor in ramos quinos, et quilibet horum
   Diditur in triplices nodos, nisi quintus egeret
   Uno, qui solus respondet robore cunctis;
   Undique colliculis surgo, in vallemque resido,
   Ast abaci, desit si forte, ego munia presto.
3. Do vires, adimoque et origo nomine a vi,
   Ingenium exacuo, pectora solvo metu.
   Me gignit tellus, rutilo sol concoquit igne,
   Mox ventrosa tegunt dolia, praela vomunt.
4. Est mihi dura caro, rugosa veste voluta,
   Includor corii tegmine punicei.
   Exterius Natura hirto munivit echino,
   Mensam orno, panis dum vice solvo famem.
5. Rubra mihi cutis est, latet intus vineus humor,
   Os pro corde gero, semen at illud habet.
6. Metior, ingredior, tendoque et carbasa laxo;
   Nec moduli aut versus me sine stare queunt.
7. An gravius quidquam est, vel durius? attamen ignis
   Hinc saliunt scatebrae, fonticulique leves.
8. Ex me nata Sophi perhibent primordia rerum,
   Ultimus et rerum finis, et orbis ero.
   Omnia consumo, nostrum neque nomen abhorret
   Ipse Deus, levius, mobiliusque nihil.

[Auflös. 1. Nix. Cornix. 2. Manus. 3. Visum. 4. Nux castanea. 5. Cerasum. 6. Pes. 7. Silex. 8. Ignis.]

Joannis Lorichii Hadamarii*) aenigmata. Einhundert und zwei und zwanzig Räthsel, unter denen folgende:

1. Quid prius, et rebus cunctis antiquius exstans,
   Ante mare et terras, et fuit ante polum?
2. Foemineo ex utero non est ille editus unquam:
   Pro tumulo gremium qui genitricis habet.
3. Virgo fuit, cui vix dedit una diecula vitam,
   Cum nupsit pulcro non temerata viro.
   Ut decies plenos Phoebe reparaverat orbes,
   Conjugii casti pignora grata dedit.
   Et prius excessit vita, quam nata fuisset.
   Haec res offertur conjicienda tibi.**)
4. Dic mihi, quis quantam totius perdidit orbis
   Partem? cujus erat tam scelerata manus?
5. Dic mihi, quae fuerit quondam ditissima navis,
   Sola quae vexit totius orbis opes?
6. Dic, quis peccavit contra praecepta Tonantis
   Alma Dei: et tandem superis concessit ab oris:
   Nec tamen exesum est aliqua putredine corpus?
7. Parvum est effigie, ceu candida mala rotunda,
   Quo tamen haud dubio pascitur omnis homo:
   Non coquitur, nullo prorsus maceratur in igne:
   Hoc sine vix ulli vita salusque foret.
8. Per medias recto decurrit tramite sylvas:
   Saxaque propositum nulla morantur iter.
   Non hoc praecipites anfractus sistere possunt,
   Qua pergit, nec res impedit ulla viam.
9. Arbor in hoc seclo generatur, quae duodenis
   Frondibus ornata est, et redimita nimis.
   Quilibet at ramus decies ternos quasi nidos
   Sustinet, in nido sex quater ova cubant.
10. Excelso volucris versatur in acre quaedam:
    Huic similis quae sit nulla sub orbe viget.
    In mediis hujus natae sunt ignibus alae;
    Orta est e flammis: aethera deinde subit.

---

*) Von dessen Räthselsammlung ist in § 91 die Rede gewesen.
**) Aehnlich ist das alte deutsche Räthsel:
   Ein Jungfraw eines Tages alt,
   Nam einen Mann gar wol gestalt.
   Ehe dann vorgieng ein Jahr,
   Sie ihme ein Kind gebahr,
   Vnd starb ehe sie war gebohrn,
   Ihr Leib und Seel ist vnuerlorn.

Septenos vasto degluberet ore juvencos:
   Hanc si corripperet non satianda fames.*)
11. Dum glacialis hyems terras exasperat omnes,
   Sum nuda atque cubo positis a corpore plumis.
   Torrida quum primum meliorque revertitur aestas,
   Velatur corpus pennis ac membra teguntur,
   Et sobolis nostrae curam vir suscipit alter.
   A proprio cantu possunt me noscere cuncti,
   Et si jam canerem, scires, sed dic mihi, quae sim?**)
12. Heu mihi, quid monstri est, quanta haec mutatio facta!
   Stat fixum, paulo quod currere vidimus ante,
   Diriguit subito, quo non est mollius ullum.
   Debile quodque prius cessit, nunc ecce resistit,
   Fortia ceu validi circumdant oppida muri,
   Insuper in parvum numerum sunt multa redacta.
13. Cellula parva jacet splendens candore nivali,
   Hunc aditum praebet janua nulla tibi;
   Nulla fenestra patet, teres atque rotunda videtur,
   Marmoreo ciucta est aggere tota domus.
   Attamen et vivum quiddam generatur in illa,
   Cui verum corpus redditur, atque caro.
   Provenit et quaestus multis uberrimus inde,
   Hinc quoque non pauci, quo satientur, habent.
14. Bis venere novem juvenes ad moenia nostra;
   Ex aliis, huc ad nos redire, locis.
   Conspicui forma, pariles florentibus annis,
   Attamen his minime par decor oris adest.

---

*) Dieses Räthsel kommt unter alten deutschen so vor;
   Ein Vogel hoch schwebet,
   Der nicht als andere lebet,
   Nach keinem Thun strebet,
   Sich in allen Winden erhebet,
   Und wann die wüten,
   Muß er dann fleißiger hüten,
   Wechst in Fewrsgluten,
   Darf nicht als andere bruten,
   Er zeugt nicht Jungen,
   Der nie sein Tage gesungen,
   Wird doch gebrungen,
   Das oft mit Schalle gellungen,
   Er braucht kein essen,
   Wird auch von keinem Thier gefressen,
   Kannst ihn nicht messen,
   Weil er dir ferne gesessen.

**) Unter den alten deutschen Räthseln kommt basselbe so vor:
   Im Winter auß im Sommer an,
   Mein Kind ernehrt ein andrer Man,
   An meiner Stimm da kent man mich,
   Rat du wer bin ich?

Nil est, egregia quod dicas deesse cohorti,
Quam quod non potis est edere lingua sonos.
Non illis vox est, sed secum quinque sodales
Ducunt, ex his, ut verba loquantur, habent.
Submoto nullum dicunt interprete verbum,
Orbe sed est toto gloria magna virum.
15. Fit minus, adjicias si quid, si demseris illi,
Augetur; crescit diminuendo magis.
16. Dic mihi, quid penetrat mordendo viscera ligni,
Egrediensque cacat cuncta vorata prius?
17. Qui manibus compingit opus, non indiget illo,
Quique emit, hoc uti non vult, quique utitur ipso,
Ignorat, quamvis habeat; tu solve, quid hoc sit?*)

[Auflös. 1. Sapienta dei. 2. Adamus protoplastus. 3. Eva. 4. Cain. 5. Arca Nohae. 6. Lothi uxor in statuam salis conversa. 7. Mammilla. 8. Radius solaris. 9. Annus. (Der Baum ist das Jahr, die Aeste sind die Monate, die Nester sind die Tage, und die Eier sind die Stunden.) 10. Gallus in fastigiis templorum. 11. Cuculus. 12. Fluvius concretus. 13. Ovum. 14. Literae consonantes et vocales. 15. Foramen. 16. Terebra. 17. Capulus.]

Angeli Politiani aenigma.

Hoc est sepulcrum, intus cadaver non habens,
Hoc est cadaver, et sepulcrum non habens.
Sed est idem cadaver, et sepulcrum idem.**)

[Zur Erklärung dieses, die Niobe bezeichnenden Räthsels dient Folgendes. Niobe, die Tochter des Tantalos und Gemahlin des Thebaners Amphion, war sehr stolz auf ihre zahlreiche Nachkommenschaft von zwölf Kindern, und brüstete sich gegen die Leto, die Mutter des Apollo und der Artemis von Zeus, weil diese nur zwei Kinder geboren hat; zur Strafe dafür wurden ihre zwölf Kinder von Apollo und Artemis getödtet, und blieben neun Tage lang unbestattet liegen, bis sie endlich am zehnten von den Göttern selbst bestattet wurden. Sprach- und bewegungslos saß Niobe unter den Leichen ihrer Kinder, und wurde in einen Stein verwandelt, welcher vom Sturmwinde nach Phrygien auf die Spitze eines Berges versetzt wurde, und fortwährend in Thränen zerfloß. Philemon betrachtet diese Sage als einen allegorischen Ausdruck für den tiefsten Schmerz einer Mutter über den Verlust ihrer Kinder; Eustath glaubt,

---

*) Dasselbe kommt unter den alten deutschen Räthseln so vor:
Was ist das für ein Ding,
Einer ders stehet, der begerts nicht,
Und ders macht bedarffs nicht,
Und ders kaufft wils nicht,
Und ders darff vnd braucht weiß es nicht.

**) Dasselbe befindet sich auch als Epigramm in der Epigrammensammlung von Lauterbach; Francof. 1562.

die Sage sei daher entstanden, daß Niobe nach dem Tode ihrer Kinder aus Gram gestorben und in einem aus Stein erbauten Grabe bestattet worden sei. Die natürlichste Deutung ist die: die Kinder der Niobe starben plötzlich an irgend einer (vielleicht epidemischen) Krankheit*), über welchen Verlust Niobe auf das Schmerzlichste ergriffen, bildlich gesagt, aus Schmerz zu Stein wurde**) und zur Ausschmückung der Sage trug die Aehnlichkeit des Felsen mit einem weinenden Weibe die Ihrige bei; Pausanius sagt, er habe diesen Felsen erstiegen, und dort die Niobe gesehen, in der Nähe erscheine sie als bloßer Felsen, trete man aber zurück, so glaube man ein gebeugtes, weinendes Weib zu sehen. Chandler sagt***): „Dieses Phantom (die versteinerte Niobe) ließe sich erklären als die Wirkung einer gewissen Masse von Licht und Schatten auf einen Theil des Sipylus, die man aus einem besondern Gesichtspunkte wahrnimmt; der Reisende, der nach diesem Fingerzeig Magnesia besucht, wird gebeten auf eine steile, in die Augen fallende Klippe ungefähr eine Meile von der Stadt besonders Acht zu haben, und seine Distanz zu verändern, indeß Sonne und Schatten, die nach und nach näher kommen, darüber weggehen: ich habe Ursache zu glauben, daß er Niobe sehen wird.]

Stephani Paschasii aenigmata.

1. Muta arbor fueram quae nunc modulorque, canoque:
Vita mihi sic mors, mors mihi vita fuit.
Invida viventi nam quam natura negarat,
Post obitum felix addidit ars animam.

2. Cui natura oculos, aures animamque negavit,
Hic tamen est coeco duxque reduxque viae.

3. Cetera continuis praetervolo cursibus unus:
Uno perpetuus sum tamen ipse loco.

4. Non ferior sterilis; sim fertilis, heu petit omnis
Me populus saxis; quodque fero, ferior.

5. Quis jacet hic? Nullus: nec quid nisi marmor inane,
Quamvis sis aliquid, tu quodque nullus eris.

6. Esse aliquid puto me dum vivo, a morte nihil sum:
Hoc aliquid nihil est, hoc nihil est aliquid.
Frigidam mors vitam, mortem rapit altera vita:
Mors vanae vitae finis, origo bonae.

[Auflös. 1. Lyra. 2. Baculus. 3. Amnis. 4. Arbor nucifera. 5. Cenotaphium. 6. Vita aeterna.]

---

*) Der plötzliche Tod wurde von den Griechen dem Apollo, welcher die Männer, und der Artemis, welche die Weiber tödtet, zugeschrieben; s. Hom. Jl. XIX, 59. XXIV, 606. Odyss. III, 280. VII, 61. XVII, 251. Facius, de fabula Homeri, Apolline et Diana homines sagittis interficientibus, Cob. 1784. Meine Realien in der Iliade und Odyssee, 2. Aufl. Erlangen 1856, S. 191.

**) Es ist dies ein bildlicher Ausdruck der alten Sprache; darauf deutet auch Jl. XXIV, 611, wo es heißt, die Kinder der Niobe seien unbegraben geblieben, denn Zeus habe das Volk versteinert, d. h. der Schmerz war so groß, daß man nicht einmal an das Begräbniß dachte.

***) In seiner Reise in Kleinasien, 79. Kap.

Sebastiani Schefferi aenigmata.

1. Est animal, nudis quod calcibus intrat, opimus
   Anser ut in campo luxuriante solet.
   Rasit ei totos violenta novacula crines,
   Ut fatuo, lepidos qui jacit ore sales.
   Lumbos, ingreditur loca publica, reste ligatus,
   Sicut ad interitum fur capit actus iter.
2. Est homo, qui reliquis fundamina ponere tuta
   Aedis, et ad somnos stato parare potest.
   Non valet ille tamen sibi, quo requiescere detur,
   Lectum, nec tenuis figere tecta casae.
3. Antiquitatibus quid est antiquius?*)
4. Pulcerrimum quid approbatur omnium?
5. Quid maximae videtur amplitudinis?
6. Quid motibus cursum rotat celerrimis?
7. Potentiae quid est inexpugnabilis?
8. Quid est inennarabis prudentiae?

[Auflös. 1. Monachus. 2. Pollinctor. 3. Deus, carens origine. 4. Mundus, Dei praestans opus. 5. Locus, nihil qui non capit. 6. Mens, ire docta quo libet. 7. Fati gravis necessitas. 8. Vicissitudo rerum.]

Laurentii Lippii aenigmata. Es sind vier und zwanzig aus der Naturgeschichte entnommene Räthsel, von denen folgende als Proben:

1. Aut puer, aut quondam fueram fortissimus heros,
   Nunc flos, et moestum litera nomen habet.
2. Nunc est herba virens, quondam formosa puella?
   Creditur et Stygium detinuisse Iovem.
3. Per freta dum cautus deducor imagine navis,
   Aesonides didicit ducere vela ratis.
4. Atrum purpureo pro sanguine fundo liquorem:
   Devoro, et nostro sanguine charta madet.
5. Infelix, quod me mensae coluere priores,
   Nunc felix, quod sum gratia nulla gulae.
6. Quondam Carpathii fueram prius incola Ponti,
   Nunc sum campanis incola littoribus.
7. Contrahit exserta parva cornicula fronte,
   Et nuda ingreditur, contegiturque domo.
8. Sola queo Phoebi radios spectare nitentes:
   Non aciem frangunt lumina clara meam.
   Portavi puerum, qui miscet vina Tonanti;
   Ob meritum hoc in me fulmina nulla ruunt.

[Auflös. 1. Hyacinthus. (Den schönen Jüngling Hyacinthus liebte Apollo, und ebenso, jedoch ohne Erhörung, Zephyr, welcher, um sich für diese Hintan-

---

*) Diese und einige der folgenden Räthselfragen sind denen nachgebildet, welche in Plutarch's Gastmahl vorkommen, und von Thales gelöst werden; s. § 44.

ſetzung zu rächen, als eben Apollo ſeinen Liebling im Wurfſcheibenſpiel, Dis-
cuswerfen, unterrichtete, die von Apollo emporgeſchwungene Wurfſcheibe an den
Kopf des Hyacinthus trieb, daß dieſer todt niederſtürzte. Apollo ließ nun, um
ihn zu verewigen, aus ſeinem Blute die herrliche Blume, die Hyacinthe her-
vorſprießen, auf deren Blätter man die Buchſtaben αι, den griechiſchen Wehe-
ruf, erkennen will.) 2. Mentha. (Minthe, Μίνθη, war die Geliebte des Gottes
der Unterwelt, des Hades, welche deſſen Gemahlin Perſephone aus Eiferſucht
in die Pflanze Mentha verwandelte, oder, nach anderer Sage, in Staub, aus
welchem Hades dieſe Pflanze hervorblühen ließ. 3. Nautilus. (Das Schiff-
boot, eine Art Schalthier, das mit ſeiner Schale gleich einem Schiffe ſegelt,
und von dem die Menſchen das Schiffen erlernt haben ſollen.) 4. Sepia. (Die
Dintenſchnecke, welche einen ſchwarzen, dintenähnlichen Stoff von ſich gibt.)
5. Acipenser. (Der Stör, welcher bei den Griechen und Römern bei den
Gaſtmahlen das vornehmſte Gericht war. Daß er aber jetzt keine beliebte
Speiſe mehr ſein ſollte, iſt ein Irrthum.) 6. Scarus. (Der Papageifiſch, der
beſonders im karpathiſchen Meere zu Hauſe iſt; dorthin hatte Tiberius Clau-
dius Schiffe abgeſchickt, um dieſe Fiſche holen und ſie an die Küſte von Cam-
panien verpflanzen zu laſſen.) 7. Cochlea. 8. Aquila. (Unter dem puer iſt
der ſchöne Ganymedes verſtanden, welchen Zeus durch einen Adler, oder nach
anderer Sage, ſelbſt in Geſtalt eines Adlers in den Olymp entführte, wo er
die Funktion eines Mundſchenkes verſah.)]

Aenigmata incertorum auctorum.

1. Arbor inest sylvis, quae scribitur octo figuris;
   Fine tribus demtis vix unam in mille videbis.

Es kommt dieſes auch ſo vor:

Est quaedam de fructiferis nota omnibus arbor;
   Si nomen quaeras octo elementa notant.
Ultima sic posito tria si de nomine demas,
   Inter mille alias vix erit una tibi.

Oder ſo:

Est quaedam scribenda notis bis quattuor arbor:
   Symposiis aptas ferre sueta nuces.
Si tres inde notas postremas demseris inter
   Mille alias unam vix reperire queas.

2. Hos premit, hosque levat; hos dejicit, erigit illos:
   Cogit et in varios homines descendere casus.

3. Si bene dispicias res sum notissima cunctis,
   Non ita sed multis copia facta mei.
Me non optaret quis, si caruisse liceret,
   At tandem miser est, quisquis habere cupit.
Qui pretio redimit, nostro non indiget usu,
   Quique paravit, opus non habet ille mei.

Denique me sumto quidam ceu munere honesto
Utitur, et doni nescius ipse sui est.*)

4. Ossibus haeret, et ossis inops et sanguinis expers,
Attamen e vivo sanguine nata venit.
Nulla rei utilitas, nisi cum cervice resectum
Sit caput, et vacuus sit sine ventre locus.
Singultantem animam secto prius exime ventre:
Propositoque magis res erit apta tuo.
Tinge mero, vel aquis, vel amaro corpus aceto,
Quod capite amisso truncus inanis erit.
Et tibi mille dabit vocum discrimina, quando
Veloci incipier protinus ire pede.
Illa nocent aliis, aliis sunt commoda: solus
Artificies dexter qui facit, usus erit.

5. Si caput est, currit: ventrem conjunge volabit;
Adde pedem comedes, et sine ventre bibes.

6. Sunt duo quae duo sunt, et sunt duo quae duo non sunt,
Quae duo si non sunt, sunt duo nulla duo.

7. Res volat in sylvis, nigro vestita colore;
Si caput abstuleris, res erit alba nimis.

8. Terrigena, herbigrada, domiporta et sanguine cassa,
Sub pedibus Veneri Ceus quam pinxit Apelles.

9. Quinque cibant; quatuor volant; tres stant.

10. Quattuor est lepidis mihi res distincta figuris;
Huic eadem facies ante retroque videt.

11. Regium quidam diadema gestat
Miles, auratum pariterque calcar,
Temporum vates bonus et propheta;
    Dic mihi quis sit?
Ipse materno teres et rotundus
Ventre processit, nec habens caput, nec
Ceteros artus animamque nullam;
    Dic rogo, quis sit?
Inde natura melius favente,
Accipit sensus, animam, figuram,
Admonet caecos homines, docetque;
    Dic rogo, quis sit?
Antequam tandem moritur, piatur
Fonte sacrato bene candidatus,

---

*) Auf ähnliche Weise hat Joannes Sapidus dieses Räthsel so verfaßt:
Res sum nota, mei cum paucis copia non sit,
Sed qua, si posset, quisque carere velit.
Qui me fecit, habere sibi me non cupit idem,
Quique emit utendum non eget ille mei.
Denique me nescit, cui me jam contigit uti.
Nunc faciat scirpi, qui volet, indicium.

   Itque pro nobis miseris ad ignem;
    Dic mihi quis sit?
12. Sum decus in manibus; sustento senem; rego gressus;
   Sum terror canibus; habet et me pro duce fessus.
13. Ter tria sunt septem, septem sex, sex quoque tres sunt,
   Quattuor octo dant, quatuor septem tibi donant.*)
14. Viva fui in sylvis, sum dira occisa securi,
   Dum vixi tacui, mortua dulce cano.

[Auflös. 1. Castanea. Casta. 2. Fortuna. 3. Capulus. 4. Penna scriptoria. 5. Mus. Musca. Muscatum. Mustum. 6. Conjugium. 7. Cornix. Nix. 8. Testudo. (Die Schildkröte ist das Sinnbild, daß dem weiblichen Geschlechte die Bewachung des Hauses zieme, und daß es im Hause bleiben soll, wie die Schildkröte stets in ihrem Hause ist. Auf einem Holzschnitte in einer alten Emblemensammlung von Reusner, emblematum liber Argentor. 1591, ist die Venus dargestellt mit einem Fuße auf einer Schildkröte und der Ueberschrift: custos domus uxor. Der Maler Apelles und der Bildhauer Phibias haben die Venus mit einer Schildkröte zu ihren Füßen dargestellt.) 9. Dapes. Apes. Pes. 10. Anna. 11. Gallus. (Der Hahn wird miles genannt, weil er als ein kampflustiges und streitbares Thier Sinnbild des Krieges und Kriegsgottes ist. Temporum vates heißt er, weil er durch seinen Ruf die Zeit verkündet, und zur Arbeit und zum Gebete mahnt, und so ist er auch, als Verkünder der Zeit, Wahrsagungsvogel, Prophet. Die letzte Strophe bezieht sich auf das bei den Juden am Versöhnungstage gebräuchliche Opfern eines Hahnes zur Sühnung der Sünden.) 12. Baculus. 13. Die Auflösung besteht darin, daß die Buchstaben der Wörter zusammengezählt werden, z. B. die Wörter „ter tria" haben sieben Buchstaben, sunt septem; „septem" hat sechs, „sex" hat drei Buchstaben u. s. w. 14. Lyra. (Hermes tödtete eine Schildkröte und bildete aus ihrer Schale die Leier.)]

  Conradi Bachmanni aenigmata. Es sind neun und zwanzig „ad Hartmannum Braunn, pastorem Grunburg. amicum suum" gerichtete Räthsel, von denen folgende als Proben:
1. Parva mihi domus est, cui janua semper aperta,
   Ianitor et nullus, dura nec ulla sera;
  Omnibus invisus, mihi retia mille locantur,
   Sum tamen in patula tutior ipse domo.
2. Nulla dies abiit, qua sim saturata relicta,
   Quamvis caesareas desideam inter opes.
  Imo, quod hic vasto comprendit climate mundus,
   Si tencam, esurio clamito et esurio.
3. Negligor aestatis vitio; cum frigus inhorret,
   Diligor, et cunctis dicor amica modis;

---
*) Es kommt dieses Räthsel auch so vor:
  Ter tria sunt septem, septem sex, sex quoque tres sunt,
  Et si bene numeres centum, sex esse videbis.

At non sponte mea possum prodesse; priusquam
Profuero, venter mi calefactus erit.
4. Nec caro, nec piscis, de carne et pisce creatum;
Hujus et illius suppleo saepe vices.
5. Nec caro nec sanguis mihi, sum sed utroque creatus,
Et carnem et sanguen saepe per alta tuli.
Nunc qui me glabram fecit, rapuitque medullam,
Hujus in officio sedula semper ago.
6. In sterili vadit terra sine pondere navis,
Et scindit sulcos per vada dura soli:
Nec lustrat terras peregrino sole calentes,
Attamen haec homines pascit, alitque pecus.

[Auflös. 1. Mus. 2. Avaritia. 8. Fornax. 4. Ovum. 5. Penna. 6. Aratrum.]

§ 94. Nebst dieser eben erwähnten, von Reusner herausgegebenen Compilation ist noch eine Sammlung der von Reusner selbst verfertigten Räthseln vorhanden*) unter dem Titel: Nicolai Reusneri Leorini Comitis Palatini Caesarei Aenigmata, ad nobilem genere, virtute et doctrina virum Dn. Hieronymum Arconatum Leorinum, Sac. Caesar. Maiest. a secretariis bellicis. Francof. 1602. Duod. Von den einhundert und acht und siebenzig Räthseln folgende:

1. Principium cunctis, cunctis do denique finem,
   Ipse ego fine simul principioque carens.
2. Mortali quamvis sim conditione creatus,
   Haud morior, vivus sydera celsa peto.
3. Quantus sum, sum oculus, semel occido, vivo vicissim
   Quotidie, sine me nil nisi triste chaos.
4. Noctis habet faciem, per se ipsa nigredinis expers,
   Fert tenebras media saepius illa die.
5. Iuplumis volucris foliis, super arbore nuda,
   Insidet, hanc subito devorat ore carens.**)
6. Nympha fui Phoebi quondam, nunc gloria belli,
   Pacis honos, frontisque decus, vatumque corona.
7. Dum vivo vivos pasco; jam mortua vivos
   Porto; sed aequoreas denique sulco vias.
8. Ipsa expers somni, somnum do, plena sopore,
   Grande caput, sed in hoc membra minuta gero.
9. Sydus ego coelo; sed humi si cernis, arati
   Sum patiens; mons hoc nomen, et orbis habet.

*) Es kommt dieses Büchlein auch mit den § 96 erwähnten Räthseln von Lauterbach zusammengedruckt, mit selbstständigem Titel aber fortlaufenden Seitenzahlen vor.
**) Vergl. damit das § 79 erwähnte Räthsel der Schweden, und das in § 68 aus der alten Reichenauer Handschrift mitgetheilte Räthsel.

10. Ex aliis pascor, nec quicquam nascitur ex me;
    Dissimilis matri, dissimilisque patri.
11. Magnus amor, maiorque fides, et maxima virtus,
    Alterius vitam morte parare sua.
12. Angelus in penna, pede latro, voce gehenna;
    Dic, quae sum volucris? sic mihi Phoebus eris.
13. Non os est aut lingua, loquor tamen ipsa, locuta
    Sed morior, mecum commoriente sono.
14. Ipso sui simul accusator, et est reus, atque
    Index, et tortor denique; fare quis est?
15. Nec numerus, numeri nec pars, sed principium sum,
    Si mihi nil addis, major ero numerus.
16. Atra seges (viden?) hic in campo cernitur albo:
    Praetereunt multi, nec patet illa seges.*)
17. Aemula sum Bacchi, me Mulciber excoquit, haud Sol;
    Neptunus pater est, mater et alma Ceres.
18. Fert carnem, premit et carnem, dum fertur ab illa,
    Sanguinis et carnis nil habet illa tamen.

[Auflös. 1. Deus. 2. Enochus. (Hennoch, der Vater Methusala's, wurde nach biblischer Mythe wegen seiner Frömmigkeit lebendig zu Gott entrückt.) 3. Sol. 4. Nebula. 5. Nix a sole liquefacta. 6. Laurus. (Die Nymphe Daphne wurde von Apollo geliebt, flieht aber vor diesem und wird von der Mutter Gäa, Erde, in ihren Schooß aufgenommen, welche, dem Apollo zum Troste, den immer grünenden Lorbeerbaum, daphne, emporwachsen ließ; nach anderer Sage wurde sie von Apollo selbst mit den Worten: „weil du meine Geliebte nicht sein willst, so sollst du wenigstens der mir geheiligte Baum sein" in den Lorbeerbaum verwandelt. So erhält nun der Lorbeer, denn Apollo ist Gott der Seher und Lehrer der Weissagekunst, eine augurische Symbolik, bekränzt die Stirne der Seher, und ist Sinnbild des Ruhmes und Sieges.) 7. Quercus. 8. Papaver. (Der Mohn ist wegen seiner betäubenden Eigenschaft Symbol des Schlafes, daher der Schlafgott mit Mohnstengeln dargestellt wird.) 9. Taurus. (Hier ist der Stier als Sternbild, als Pflugthier und als das Hauptgebirge Asiens, taurus genannt, genommen.) 10. Mulus. (Die MauleseL, Bastarde vom Esel und der Stute, sind nicht fähig sich unter sich fortzupflanzen, werden aber bisweilen vom Pferde trächtig.) 11. Pelicanus. (Man glaubte vom Pelikan, daß er sich selbst die Brust aufreiße, und mit seinem Blute seine Jungen ernähre.) 12. Pavo. 13. Echo. 14. Conscientia. 15. Unitas, als Eins. 16. Scriptura. 17. Cerevisia. (Mulciber ist ein Beiname des griechischen Feuergottes Hephästos, und bedeutet auch Feuer.) 18. Ephippium.]

---

*) Ein altes deutsches Räthsel sagt:
    Ein weiß Feld, darin ist schwarz Saat,
    Manch Mann fürober gath,
    Der nicht weiß was da stath.

§ 95. Von Reusner haben wir endlich noch eine Logogryphensammlung unter dem Titel: *Γριφολογια*, sive Sylvula Logogryphorum, auctore Nicolao Reusnero Leorino Comite Palat. Caes. Cum analectis ejusdem generis Julii Caesaris Scaligeri, Joannis Lauterbachii et aliorum. Francof. 1602. In Duod.*) — Manches ist hier wiederholt, was Reusner schon in seiner aenigmatographia angeführt hat; mehreres hat er als Logogryphe aufgenommen, was nach der von mir § 10 aufgestellten Definition eines Logogryphen zu denselben nicht gehört, sondern es stehen Zusatzräthsel, Elisionsräthsel, Anagramme und Palindrome unter den Logogryphen. Bei der Mehrzahl sind auch die treffenden Wörter in der Aufgabe genannt, so daß somit der Begriff des Räthsels wegfällt, da keine Auflösung mehr nöthig ist. Von den vielen der Art nur folgende Beispiele:

1. Sis metuenda licet trux virgo Medusa capillis:
   Si desit cervix, Musa es amanda mihi.
2. Anna retro citroque venit: placet Anna; quid inde?
   Rursus Ama, citro nempe retroque redit.
3. Julius es Caesar, et nomine mensis eodem:
   Filius Aeneae parvus Julus erat.
4. Taurus mons, Taurus fluvius, bos denique Taurus;
   Major et hoc Urus; Rus at uterque colit.
5. Pacis honos, vatumque decus viret integra Laurus:
   Fit sine ventre Larus piscis, avisque Larus.
6. Ilex plena favis decus est in montibus altis:
   Tolle caput, Lex est urbibus alma decus.
7. Rodit dente Caper vites: caput aufer et inde
   Omnia jam vastat dente timendus Aper.
8. Pannus, vestimen: caput aufer nascitur Annus;
   At ventre eliso cernitur anus Anus.
9. Jaspide nil melius: caput aufer, et Aspide pejus,
   Aspidis aut morsu, jam nihil esse potest.
10. Sunt duo Vis et Jus sibimet contraria verba,
    Transpositum sed inest alterum in alterutro.
    Cur ita? num juris Vis est ut maxima, sic vis
    Maxima Jus summum saepius esse solet.

Nach diesen folgen mehrere Elisionsräthsel, die größtentheils aus dem § 92 erwähnten Räthselbuche von Scaliger entnommen sind; nebstdem auch noch einige eigene, z. B.:

---

*) Dieses Büchlein kommt auch mit den vorhin erwähnten Räthseln Reusner's zusammengedruckt vor; hat zwar einen selbstständigen Titel, aber mit ersterem fortlaufende Seitenzahlen.

1. Artificis studio coelum dum tota figuro;
   Telluris faciem posteriora tegent.
2. Integra sulco salum, vario sine vertice cantum:
   Contumulant leges posteriora bonas.
3. Integra mensuram, sine vertice denoto crimen.
4. Totus flavesco, licet ultima saepe rubescant.
5. Dum totum recreat, vertex rogat, ultima rodunt.
6. Dum totus rubeo, sine vertice spiro venenum.

[Auflös. 1. Fornix. Nix. 2. Navis. Avis. Vis. 3. Modium. Odium. 4. Aureus. Reus. 5. Nummus. Num? Mus. 6. Sanguis. Anguis.]

§ 96. Ioannis Lanterbachii, poetae nobilis et lauro coronati, aenigmata. Ad magnificum et illustrem Dominum Henricum Rantzovium, Regium Holsatiae vicarium, Bradebergae dominum. Francof. 1602. In Duob. — Es sind einhundert und zwanzig Räthsel, von denen einige hier folgen:

1. Dum nimium miror falaces credulus undas,
   Insano juvenis lusus amore cado.
   Ut doceam juvenes, mentisque animique venustas
   Corporeis quod sit plus adamanda bonis.
   Mollibus asserpo languens in gramine ripis,
   Ut, quibus interiit vita resurgat aquis.
   Perspicius liqui vitam delusus in undis
   Ex undis iterum vitae alimenta peto.
2. E mare sum mulier dissecto factus ab angue,
   Accepi rursus de muliere marem.
   Lumine privato subjecit poena futurum:
   Scira futura Dei si est, Deus ipse fui.
   A Laertiade pallente vocatus ab Orco
   Vaticinans feci mystica fata palam.
3. Mobilis assiduo moveor, sine pondere, motu,
   Et levis asscendens nubila celsa peto.
   Nutrimenta voro quaecunque feruntur, avarus:
   Nec Deus ipse meum nomen abhorret amans.
   Principia ut rebus tribui ratione Sophorum;
   In mundo rebus sic quoque finis ero.
4. Noxque diesque pares mihi sunt, color unus et idem
   Rebus, quas aer fert, humus, ignis, aqua.
5. Interpres mentis loca per disjuncta viarum,
   Sensa voluntatis praemeditata loquor.
   Erubeo nunquam, quod dicere quisque veretur,
   Excusso nulla profero voce metu.
   Officio dulcis nonnunquam fungor amici,
   Nonnunquam partes fortiter hostis ago.

Et belli et pacis sum causa, bonique malique,
  Auctoris posita pro ratione mei.
Non ego, sic studiis cui servio, quilibet auctor
  Fortunae faber est verus ubique meae.

6. Est intra coelos, intra mihi mansio terras,
  Non coelum tango, non quoque tango solum.
Constringor vinclis, concludor robore duro,
  Ut nulla mutem conditione locum.
Os mihi semper hiat, petulanter et exsero linquam,
  Nec nisi cum cogunt verbera multa loquor.
Cum loquor, assiduis repleo clamoribus aures,
  Verbera cum cessant, tum quoque cesso loqui.*)

7. Est mihi principium, fuit et mihi terminus, at nunc
  Nec mihi principium, nec mihi terminus est.
Nobilium quoniam generoso stemmate natos
  Atque fidem signo prosperiore nota.
Contortos idem concinno vertice crines,
  Unde puella decens, gaudet et unde puer.
Hinc in honore feror, meritoque hinc dignor honore,
  Quos in honore memor pectus habere solet.

8. Nullus inest fulgor mihi, nulla figura tenebris,
  Cum lateo, tibi nec visa referre licet.
Multus inest fulgor mihi, multa figura nitenti
  Luce, tibique licet visa referre mihi.
Nil quidquam doceo, nisi protinus ante feratur
  Ut videam, quam te forte docere queam.
Te si digna vides prudens virtutibus orna,
  Sin minus, integra sedulitate cave.

9. Non oculis videor, manibus non tangor, odore
  Non capior, gustu non vagus ore feror:
Percipior sensu tamen, et non impiger aures
  Afficio; sensu sim licet ipse procul.
Corpore colliso vel rupto nascor in auras,
  Vanesco, atque animam vix generatus ago.

[Auflös. 1. Narcissus. (Dem schönen Jünglinge Narcisus weissagte der Seher Tiresias, daß er ein hohes Alter erreiche, wenn er sich nicht selbst sehen würde; als er aber einmal sein Bild in einer Quelle erblickte, verliebte er sich in sich selbst, verzehrte sich in seiner Sehnsucht bei der Unmöglichkeit, seine Liebe befriedigen zu können, und wurde in eine Blume verwandelt, die seinen Namen führt und welche, wie er einst, ihr schönes Haupt senkend, die geliebte Gestalt sucht, und zu ihr hinabschmachtet.) 2. Tiresias. (Er war ein Seher aus Theben. Einst sah er Schlangen sich begatten, von denen er das Weibchen erschlug, worauf er in eine Frau verwandelt wurde, und als er nach sieben

---

*) Man vergl. damit das fünfte Räthsel von Scaliger, in § 92.

Jahren wieder sich begattende Schlangen sah und das Männchen tödtete, wurde er wieder in einen Mann verwandelt. Von Zeus und dessen Gemahlin Here aufgefordert, ihren Streit, ob der Mann oder das Weib größere Lust beim Beischlafe empfinde, zu entscheiden, behauptete er, das Weib habe neunzehntheil des Genusses, der Mann aber nur einzehntheil; die über diesen Ausspruch erzürnte Here beraubte ihn des Augenlichtes, Zeus aber verlieh ihm die Gabe der Weissagung und ungeschwächten Verstand und volles Bewußtsein selbst noch nach seinem Tode in der Unterwelt, so daß er dem Laertiaden, Odysseus, als dieser am Eingange zur Unterwelt Todtenopfer brachte, noch weissagen konnte.)
3. Ignis. 4. Caecus. 5. Epistola. 6. Campana. 7. Annullus. 8. Speculum. 9. Sonus.]

§ 97. Γνωμολογια, seu sententiarum memorabilium, cum primis germanicae, gallicaeque linguae, brevis et aperta, latino carmine, inspersis rhythmis festivissimis, facta descriptio, per Joannem Buchlerum a Gladbach, jurisdictionis Wicradanae Praefectum. Praeter aenigmata partim sacra, partim profana, eaque per quam venusta, accessit opera ejusdem tractatus de anno et ejus partibus cum Kalendario perpetuo, lectu, cognituque dignissimus. Editio tertia ab auctore recognita et locupletata. Moguntiae 1614. 515 Seit. in Duod. — Die sententiae gehen bis pag. 403; von da an beginnen die Räthsel, welche theils von Buchler selbst, meistens aber von Andern sind, von welchen letztern ich schon mehrere angeführt habe, daher hier die Mittheilung von Einigen genügen mag.

1. Quae cunctos homines inter laetissima turba est?
2. Dic, quae sit nullo pulvere strata via?
3. Ecquis is est fructus, quo non mage noxius alter?
4. Plus ego sustinui quam corpus debuit unum:
   Tres animas habui, quas omnes intus habebam;
   Discessere duae, sed tertia bella remansit.
5. Dic, ubi terrarum latissima terra putetur?
6. Tres lepores capiunt duo patres et duo nati,
   Accipit et leporem quilibet inde sibi.
7. Quam mater genuit, generavit filia matrem.
8. Torqueo non possessa hominem; possessa fatigo
   Curis: perdita mox ipsa dolore premo.
9. Est quiddam sine P, cui servit noxque diesque;
   P si praeponas feceris inde togam.
10. Quae sunt illa, diu nequeunt quae occulta latere?
11. Quando volat tempus quaenam sunt illius alae?
12. Quodnam animal solet esse homini infestissimus hostis?
13. Dic mihi, quis vorat hoc, a quo ipse voratur?
14. Dic, quid nec linguam, nec vocem habet; attamen illud
    Dulci homines captos detinet harmonia?

15. Non ego de toto mihi vendico corpore vires;
At capitis pugna nulli certare recuso;
Grande mihi caput est, totum quoque pondus in ipso.

[Auflös. 1. Sacerdotes chorales qui noctes fere et dies in templis consumunt canendo. 2. Per quam navis ingreditur. 3. Malum quod primus sumsit et edit homo. 4. Mulier quae gemellos parit. 5. Ubi mare angustissimum. 6. Unus erat pater, is habebat filium, isque alium filium; sic tres erant personae, attamen duo patres et duo filii seu nati. 7. Glacies. 8. Pecunia. 9. Annus. Pannus. 10. Linguae mendacia falsae, ebrietas, fumus, tussis, amor. 11. Praeteritum, praesens, futurum. 12. Solus homo alter. 13. Suos agros qui prodigit. 14. Ventus. 15. Malleus.]

§ 98. Johan. Pincieri Aenigmatum libri tres, cum solutionibus; in quibus continentur res variae memoratu dignae, lectuque jucundissimae. Hagae-Comitum ex typographia Adriani Vlacq. 1655, 346 Seiten in Duodez.*) Die hundert und vier vom Verfasser selbst verfertigten Räthseln sind in drei Bücher abgetheilt, von denen das erste 35, das zweite 36 und das dritte 33 Räthsel enthält, welche bei jedem Buche von Neuem numerirt sind.**) Sie beziehen sich größtentheils auf Naturkunde, und sind voll von Aberglauben; die am Ende eines jeden Räthsels beigegebene solutio ist gewöhnlich sehr ausführlich, da sie den Gegenstand des Räthsels noch besonders beschreibt. Ich gebe hier einige Proben***) und füge gleich (abgekürzt) die Solutio mit des Verfassers Worten bei.

Sum volucris, nam plumosum mihi corpus et alae,
Quarum remigio, quum libet, alta peto.
Haud tamen e volucris foecundo semine nascor:
Haud ovi tereti in cortice concipior.
Nec mihi componit nidos, pia cura parentum,
Nec primis implet rostra tenella cibis.
Sed mare me gignit biforis sub tegmine conchae,
Aut in ventre trabis, quam tulit unda diu.
Illud idem tenero mihi pabula praebet alumno;
Pabula jam grandi suggerit illud idem.

[Solutio. Anseres Scotici, quos incolae Clak guyse indigitant, etsi aves sint, non tamen ex avibus nascuntur, aliarumve ritu ex ovis exclu-

---

*) Das Büchlein soll sehr selten sein; das Exemplar, das ich vor mir habe, gehört der Würzburger Universitätsbibliothek.
**) Sehr oft sind die einzelnen Räthsel falsch numerirt. Im ersten Buche ist das XXXIte Räthsel irrig mit XXII, und das XXXVte mit XXV bezeichnet. Im zweiten Buche hat das VIIte Räthsel die Nr. XXVI, das XIte die Nr. XXXIV, das XIIte die Nr. XXIX; von Nr. XIX geht es gleich auf Nr. XXI über; das XXXIIIte hat die Nr. XXII, und das XXXVte hat XXX. Im dritten Buche hat das XXte Räthsel die Nr. IX, und das XXIIIte die Nr. XXII.
***) Eines wurde bereits § 33 angeführt.

duntur, nec teneri adhuc a parentibus, quos nullos habent, aluntur; sed in mari Scotico prope Haebrides insulas oriuntur, et nunc in conchis concipiuntur, nunc in lignis longiore mora in mari putrefactis gignuntur.]

  Quam viva haud tetigi, tellurem mortua tango.
   Dum vixi, semper me levis aura tulit.
  Nam pedibus careo, nec humi considere possum:
   Sublimis rore aut aëre vivo levi.

[Solut. Sub aequatore ultra Taprobanen, quae nunc Sumatra dicitur, sitae sunt quinque insulae aromatum uberrimo proventu toto orbe celebres, quas Moluccas vocant. In his quandoque mortua avis magnitudine picae ex aëre decidit, nunc in terram, nunc in mare illi vicinum. Nomen ei Manucodiata*). Mahumetanis avis paradisi appellatur, quippe qui eam e fictitio suo paradiso delabi nugantur. Viventem eam nemo vidit, neque cum pedibus careat, terram vivens attingit: sed in aëre sublimi longissimeque dissito degit, nulliusque ad escam opis indigens haud alio quam aëris pabulo vescitur. Cardanus eam rore ali arbitratur, quod aër propter nimiam sui tenuitatem ad alimoniam ineptus sit. In aëris autem longinquissimis recessibus alarum expansarum, caudaeque praelongae ac plumarum copiosarum, quibus obsita est, adminiculo se sustentat.]

  Flos mihi deciduus, sine semine surgit in auras;
   Sub terra radix semine foeta latet.

[Solut. Ex floribus saxifragae (Steinbrech) nullum oritur semen. Radicis autem fibris adhaerent grana quaedam rotunda coriandri magnitudine, quae semen ejus putantur, nec in officinis alio nomine significantur.]

  Conspicuas non curo dapes, non curo liquores:
   Praetenuis vitae sufficit aura meae.
  Una mihi facies semper, sed non color unus;
   Mutuat hunc etenim, quod prope, corpus, adest.
  Candoris tamen esse capax, negor atque ruboris.
   De me Comensis si modo vera refert.

[Solut. Chamaeleon solus animalium nec cibo nec potu alitur, nec alio quam aëris alimento: circa caprificos ferus, innoxius alioqui. Et coloris natura mirabilior. Mutat namque eum subinde et oculis et cauda et toto corpore, redditque semper quemcunque proxime attingit praeter rubrum candidumque.]

  Ipsa meam matrem cum nascerer ore peremi,
   Ipsa etiam morsu prolis obibo meae.
  Utque meum necui crudeli morte maritum,
   Interimet pariter, sic mea nata suum.

[Solut. Quomodo viperae coëant, pariant et intereant, ex veterum sententia hoc aenigma adumbrat. Herodotus in Thalia refert, cum viperae

---

*) So, ober and Manuco de Wata, Gottesvogel, wurbe frűher ber Parabiesvogel genannt.

libidine agitantur et per paria coëunt, foeminam collum maris in emissione geniturae apprehendere, sorbensque non prius dimittere, quam devoraverit, et marem quidem hoc modo perire: foeminam vero talem luere masculo poenam; quod filii, dum adhuc intra uterum sunt, patrem ulciscentes matrem ambedant, ejusque alvo ambesa ita partum faciant. Ideo autem in tam perniciosae prolis generatione utrique parenti moriendum esse censet, ne hominibus prae tanta viperarum multitudine nulla vivendi sit facultas.]

  Nunc matrem praecedo meam, vestigia matris
  Nunc sequor, et lateri nunc haereo; nempe parenti
  Prout mea se obvertit genetrix hac parte vel illa,
  Vel pater intuitur genitricem hac parte vel illa.

[Solut. Corpus lucidum, ut sol, pater est; mater est corpus opacum, ut corpus hominis: filia est umbra de corpore hominis jacta. Praecedit umbra hominem, si facie a sole aversa antrorsum ambulet. Sequitur eum, si recta solem versus gradiatur. Lateri haeret, si transversim incedens ab alterutro latere solem habeat.]

  Dic, ubi sublimi gravis haeret in aëre massa,
  Quam nullum vinclum, fulcraque nulla tenent?

[Solut. Johannes Hugo Linscotanus navigat. suae cap. 4 scribit, oppidum Mecham in Arabia situm ex Mahumetis cadavere esse notum. Id ibi ferreae cistae inclusum subductum a terra pendere sub caelo ex magnete fabrefacto.]

  Dic, quam perpetuo sitis angeret arida terram,
  Ni fluidas arbor suppeditaret aquas?

[Solut. Terra ea est insula Ferri, quae una est ex Canariis, terrasque alias omnes hoc miraculo vincit. In hac aquae venae nullae sunt, praeterquam circa littus maris, ubi aliquid aquae reperitur, sed tam parum et tam remotum, ut insulae vel nulli usui vel exiguo esse queat. Caeterum Dei providentissimi rerum opificis singulari procuratione arborem habet, cujus foliis cum juglandis foliis est aliqua similitudo; majora tamen sunt et perpetuo virent. Hanc semper nubecula circumdat et tegit. Inde folia assiduum humorem capiunt, ex quibus in craterem quendam a lapide constructum destillat, tanta copia, ut non solum hominibus, verum etiam armentis sufficiat.]

  Hoc a me socioque meo sibi tertius haurit,
  Quo neuter nostrum praeditus ante fuit.

[Solut. A vitriolo et gallis in aquam conjectis maceratisque aqua nigrum assumit colorem, fitque atramentum scriptorium. Ergo vitriolum, quod viride est, et gallae, quae gilvae sunt, conferunt aquae nigredinem, quae nec vitriolo, nec gallis prius inerant.]

  Dic, quibus in terris se in flores induat arbor,
  Quos tenebrae generant interimitque dies?

[Solut. In urbe Goa et in Malacca ista arbor nascitur, atque inde in alias quoque Indiae regiones translata atque transplantata fuit, ut testatur Joh. Hugo Linscotanus in sua in Indiam orientalem navigatione Cap. 59.

His autem verbis ab eo describitur: „Arbor illa, quam tristem indigitant, quod non nisi nocte efflorescat, toto anni tempore, inter miracula computari potest. Cum enim sole occidente nullus appareat flos, mox post horae medium floribus multis conspicua aspectum pulchritudine, naresque odoris suavitate admodum replet. Sole revertente flores iidem decidunt, terramque omnem tegunt, quasi in luctum et internecionem arboris, quae deinde post solis occasum rediviva singulis anni noctibus vicibus suis florescit. Est ea pruni magnitudine, expetita in areis ob odoris suavitatem, facili incremento. Nam detruncata etiam post sex menses statim a virgultis flore crebro pullulat. Inde et ramus avulsus, si terrae inseratur, flores suos multipliciter abjicit et recuperat." Decanini eam vocant Parisatico, originemque nominis fabula explicant. Fuit nempe nobilis quidam Parisatico dictus, cujus pulcherrima filia Solis petebatur amoribus, a quo tandem deserta ex moerore et desperatione manus violentas sibi attulit. Cadaver postea crematum et in cineres redactum fuit, ex quibus hanc arborem natam fingunt, quae etiamnuum prae indignatione Solem florum suorum aspectu dedignetur.]

§ 99. Der hundert=augige blinde Argos, und zwei=gesichtige Janus, oder: Latinum chaos, der andere Bettl=Hafen, Sage: König= oder Glücks=Hafen, aus vielen Büchern herausgezogene Nutzlich, Geist= und Weltliche Ehr= und Lehr=Sprüch u. s. w. ab Andrea Sutore, Phil. Mag. SS. Theol. Cand. Camerario Ven. Capit. Kauffb. et Parocho in Erishofen. Augspurg und München, verlegt und zu finden bei Matthäus Rieger, 1740. 1340 S. in N. 8. — Es ist dieses eine Sammlung von allerlei lateinischen und deutschen Sprüchen, Redensarten, Sprüchwörtern, Emblemen, Symbolen u. dergl., wobei auch mitunter Räthsel eingestreut sind, von denen einige hier folgen:

1. Ich bin zwar sunst ein Erz=Phantast,
   Taug doch zu hohen Sachen,
Man laßt mir wenig Ruehe und Raß,
   Muß harte Triller machen.
Bin zwar kein Musicant nie geweßt,
   Kann doch gut intonieren,
Und geben den Tact; bin Edl-vest,
   Trutz ders will disputieren.
Eins ist, daß mich sehr schmertzlich kränckt,
   Muß mich von Hertzen schamen,
Man hat mich gantz unschuldig g'hänckt,
   Am Galgen flündst mein Namen.
So bald man mich hat aufgehenckt,
   Bin ich drauf geistlich worden,
Dann es war mir mein Leben g'schenckt,
   Leb jetzt in strengen Orden.

Ich förcht mir niemahl von dem Todt,
   Weil ichs halt mit den Frommen,
Durch schwere Trübsal, Angst und Noth,
   Bin ich so hoch ankommen.
Wird niemahl abg'löst von der Wacht,
   Ich schrey mich oft ganz heyser,
Bin frisch und munter Tag und Nacht,
   Kann schaffen mit dem Keyser.
Der mich kan nennen ist kein Lapp,
   Sondern ein braffer Kerl,
Wünsch ihm zu Lohn ein Doctors Kapp,
   Versetzt mit Stein und Perl.

2. Ein jeder hüt sich wol vor mir,
   Wann ich eingenommen ein Purgier,
   Ein Pillul sambt dem Stüpl,
Wann auch das Kraut ligt in der Pfann,
Darin sein Schnabl stöckt der Haan,
   Mir kocht ein warmes Süpl.
So kombt mich alsbald's' Grimmen an,
Daß ich b' Wind nit verhalten kan,
   Muß sie frisch lassen krachen.
Wann man mir drauf blaßt in das Loch,
Wird b' Nasen den Rauch gspühren noch,
   Mich kennen an dem g'Schmachen.

3. Ihr Weißheit, hoch- und wohl-gebohren,
   Seynd meine rechte Titl.
Ich sechte gern wann ich bin gfrorn,
   Aus zweyen bin ichs Drittl.
Die mehrist Zeit bin ich im Krieg,
   Bin kein Soldat nie gwesen.
Der mich aufhalt, ich leicht betrieg,
   Weil ich gschwind thu verwesen.
Zweimal sich in der Welt ganz gleich,
   Im Leben und im Sterben.
Wenn ich nur außgib einen Streich,
   Muß ich darauf absterben.
Wann man mir zwagt mit warmer Laug'n,
   So muß ich gleich crepieren,
Ich muß verschwinden Gsicht der Augen,
   Und mich stob uriniren.

4. Ein kleines und buberwintziges Ding,
Ganz rund, als wie ein Vorhangs-Ring,
   Gilt viel, bei Jungen und Alten.
Wenn man alle Narrebey der Welt
Mir geb dafür, und grosses Gelt,

Thät ich das Kleine bhalten.
Wer das nit hat sags unverholt,
Wanns auch der gröst Monarch sein solt,
So ist er doch gantz arm.
Hätt er von Gott schon alle Gaaben,
So wird er doch kein Stern nit haben,
Heißt halt daß Gott erbarm.

5. Ein Tochter Gottes schreib ich mich,
Der Teufel ist mein Vatter;
Gebenedeyt, gelobt bin ich,
Beiß ärger als ein Natter.
Ich bin das rechte Höllen-Brut,
Die Engel thun mich ehren,
Auf mich wart schon die höllisch Glut,
Gott thut bei mir einkehren.
Ich bin auf Erd das Himmelreich,
Und ich der höllisch Garten,
Der mich hat, ist den Englen gleich,
Ich bin des Teufels Karren.
Es plagt mich die Melancholey,
Ich leb in Lust und Freuden,
Nichts ist in mir, als Wehe, und Rey,
Ich weiß nichts umb das Leyden.
Ich bin das himmlisch Paradeyß,
Der Henker mich sehr plaget,
Nichts ist an mir, als Lob und Preyß,
Ein Schlang mirs Hertz abnaget.
Ich bin ein rechter Tamübl-Stock,
Ein Trost und Freud des Hertzen,
Verzweiflung ist mein Oberrock,
Die Engel mit mir scherzen.
Ich bin verflucht, vermaledeyt,
Der Himmel thut mich lieben,
Ich leb in lauter Bitterkeit,
Nichts kann mich mehr betrüben.
Ich werd gepeinigt Tag, und Nacht,
Kein Trost kann ich mehr finden,
Mein Hertz und G'müth vor Freuden lacht,
D' Höll thu ich schon empfinden.

6. Es seynd zwey Kerl rahrer Arth,
Gsehen hats oft der Paul,
Ein jeder hat ein steiffen Barth,
Und doch kein Haar umbs Maul.

7. Als ich mein Hertz verlohren,
Darzu mein Leib, und Seel,

Bin ich auf d' Welt gebohren,
Ein nackend bloſſes Feel.
Wann man mich beißt in d' Naſen,
Angreifft mein bloſſe Haut,
Auch in das Gſicht thut blaſen,
So ſchrey ich überlaut.

8. Der grauſam Diocletian
Und noch mehr ſeines gleichen,
Haben vilen g'ſchmidet die Martyr-Cron,
Durch Kötten, Band, und Keuchen.
Diß alles iſt ein küles Thau,
So d' Marter leyden müſſen,
Den ich mit Ernſt recht anſchau,
Zittert an Händ und Füſſen.
Ich kan die Heilige anderſt trillen,
Thuß unbarmherzig ſchlagen,
Sie müſſens leyden um Gottes willen,
Keiner darff ſich beklagen.
Ich bünd ſie veſt zam bey der Mitt,
Daß ſie kaum können ſchnauſen.
Circumcidire mit einem Schnitt,
Und thues in Stock einſchrauben,
Wann ſie biß g'litten mit Gedult,
So thue ichs ganz neu kleiden,
Drauf laß ichs raiſen in die Dult,
Der Himmel braucht vil Leyden.

9. Wann, wie das alte Sprichwort melb,
Der Bart den Mann thut machen,
So ſteh trutz eim Mann im Feld,
Du magſt mich wol auslachen.
Wie wohl ich hab kein Hoſen an,
Noch Stiffl, oder Sporn,
So macht mich doch der Bart zum Mann,
Mit dem ich bin gebohrn.

10. O lieber Freund, und Leſer ſchau,
Allhir liegt ein betagte Frau
In biſer Grufft begraben,
Vor dieſem war ſie hoch in Ehren,
Ein jeder wolt ihr Gnad begehren,
Und ihre reiche Gaben.
Bil Kinder hats auf d' Welt gebohrn,
Ihr Jungfrauſchafft doch nie verlohrn,
Seynd all vor ihr verdorben,
Sie ligt am Durchfluß Tag und Nacht,
Das letz Kind hat ihren Garaus gmacht,

Am Durchgang ist sie gstorben.
Sie war weith, und braith bekannt,
So wohl zu Hof als auf dem Land,
Ist auch geweßt in Peuder,
Wilst wissen wie sie g'heissen hab,
So reiß den Kopff der Catzen ab,
Und schick ihn in die Länder.

11. O Wunder, wie ein artlichs Thier,
Schaut aus dem Ofen-Loch herfür,
Halb Maul im Angl offen.
Man schauts gleich an, frühe oder spath
Keinen solchen Maulaffen hat
Man schwerlich antroffen.
Es haben diß Ding Sonn, und Mon,
Der Steinbock, Löw, und Scorpion,
Jedoch nit die Planeten.
Die Waag brauchts nit, noch auch der Schütz.
Mitten in Rom hats seinen Sitz,
Der Pabst hats nit vonnöthen.
Der König hats, der Kayser nit,
Doch prangt des Kayser Kron damit,
Die Pollisch Kron hats Dopel,
An Ohren hängts dem Eselskopff,
Dem Ochsen steht es in dem Kropff.
Man findts auch im Tauben-Kobl.
Wie muß mans doch nur nennen?
Es wird gar g'wiß (bild mirs schon ein)
Ein arger Bocativus seyn,
Der sich nit gern laßt kennen.

12. Wer kunt ihm doch nur bilden ein,
Daß d' Welt nit solle ungrecht seyn,
Weils einen Engel keusch und rein,
Der sehr vil Guts gethan der Gmein,
Anjetzo auf der Erden,
Laßt trucken, und gschlagen werden.
An statt des wohlverdienten Schein,
Ein Kleidung gibt von einer Schwein,
In Band und Eysen schliesset ein,
Und doch hierumb noch globt will seyn,
Nit nur von gemeinen Leuthen,
Sondern auch von gscheiden.

13. Loß Bruder, was ist das?
Es ligt gar gern im Gras:
Sitzt hinten auf dem Baß.
Es ist bald kurtz, es ist bald lang,

15*

Es windt sich bald als wie ein Schlang,
Es ist die Handheb an der Stang.
Ist gern, wo es naß,
Und wo ein guter Fraß,
Sag Bruder: was ist das?

14. Die Wahrheit kann ich sagen voll,
Kurz, und mit wenig Worten.
Mein Vatter ist blitz, stral, stern voll,
Bin nie erschaffen worden.
Im Himmel hab ich gar kein Lust,
D' Höll thut man mir verweisen,
Mein Mutter hat eine harte Brust,
Ihr Leib ist gantz von Eysen.
Mein Vatter, der vom Stammen hoch,
Ohne Weib mich hat gebohren,
Mein Mutter ist ein Jungfrau noch,
Ist sich gantz gleich eim Mohren.
Beim trüben Wetter stehe ich ab,
Kan über Nacht nit bleiben,
Ich gehe, und stehe, kein Fuß nit hab,
Die Zeit thut mich vertreiben.
Ich stirb offtmal in einer Stund,
Leb doch darauf gleich wider,
Kombt nach dem Tod gantz frisch und gsund,
Zu Nachts leg ich mich nider.

15. Ein edles Kunst-Stuck der Natur,
Besetzt mit Spieß und Klingen,
Von Mutter-Leib mein Armatur,
Ich auf die Welt thue bringen.
Ich bin der Liebe Contrafe,
Ein Spigl der Jungfrauen,
Der mit mir schertzt, empfindt das Wehe
Niemand will mir mehr trauen;
All die unehrbar mich versucht,
Und frech angreiffen wollen,
Haben mein Keuschheit sehr verflucht,
Offt gwunschen in die Höllen,
Wer mit mir schertzt, der brauch Manier
Dann er mich zwenig kennet,
Vil tausend haben sich an mir,
Zu ihrem Spott verbrennet,
Mein Namen ich vom Feur hab,
Bin hitzig über dmassen,
Doch allzeit kiel, und selten lab,
Thue selbst das Feuer hassen.

Die Kuehe mit ihrem weiten Maul,
Thut mir das Urthl sprechen,
Und offtmals auch ein alter Gaul,
Den Stab des Lebens brechen.

[Auflös. 1. Der Glockenschwengl. 2. Eine geladene Kugel-Büchse. 3. Ein Schneeballen. 4. Das Auge. 5. Das gute und böse Gewissen. 6. Die zwei Schlüssel Petri. 7. Ein Dudel-Sack. 8. Der Buchbinder. 9. Der Geißbock. 10. Das vergangene Jahr, welches im alten Calender begraben ligt. 11. Der Buchstabe O. 12. Der Doctor Engel mit seinem eingebundenen jure canonico. 13. Der Buchstabe S. 14. Der Schatten an der Sonnenuhr, dessen Vater die Sonne, und dessen Mutter der eiserne Zeiger ist. 15. Die Brennessel.]

§ 100. Studiosus jovialis, seu Auxilia ad jocose et honeste discurrendum; a Odilone Schreger, Benedictino in exempto monasterio Ensdorffensi. Editio secunda. Monachii et Pedeponti, sumptibus Joannis Gastl, Bibliopolae. 1751. 840 Seit. in fl. 8. — Eine in dreizehn Kapitel abgetheilte Sammlung von „axiomata varia, varia symbola et emblemata, anagrammata, varia problemata, chronologica de rerum initiis, artificia varia, apopthegmata curiosa, Teutsche lächerliche Begebenheiten, epitaphia curiosa, observationes variae, varia memorabilia". Das siebente Kapitel führt die Ueberschrift: aenigmata curiosa, und enthält lateinische Räthsel; die meisten sind aus den schon erwähnten lateinischen Räthselsammlungen bekannt. Dann folgen hundert und ein „quaestiones curiosae."

Das achte Kapitel hat die Ueberschrift: „teutsche kurtzweilige Rätzl" und enthält 159 Räthselfragen. Aus beiden Kapiteln folgendes als Probe:

1. Quis non natus mortuus est? 2. Quis clamavit sine lingua? 3. Quis semel natus et bis mortuus? 4. Aqua quae fallacissima? 5. Cur annulus in sinistra portatur? 6. Quot dies cum uxore jucundi? 7. Divites in numero, et pauperes in crumena quinam? 8. Hominem quid facit senem? 9. Quinam homines raro vident solem? 10. Lapis sub sole quinam pretiosissimus? 11. Mulierum particula corporis quaenam pessima? 12. Quid non amamus absque lacrimis? 13. Quando familiaritas etiam inter amicissimos solvitur? 14. Quid cum sole plerumque occumbit? 15. Qui sunt beneficiis suis plerumque ingrati? 16. Quae res in vita metu caret? 17. Quis saepe redit de sepulchro, et quidem eadem porta, qua intravit? 18. Qui homines curtam admodum habent memoriam? 19. Quae animalia gubernant mundum? 20. Quid conservat salutem reipublicae? 21. Quid rarissimum in aulis principum? 22. Quae res se male habet? 23. Quid illud, quod crescit eundo, decrescit quiescendo? 24. In quo mulieres prae viris abundant? 25. Qui male utitur lingua? 26. Quis in hoc mundo servus servorum? 27. Ubi mala bona sunt, et ubi bona mala? 28. Quae

mater felicitatis et infelicitatis? 29. Quod inter grammaticos vocabulum miserrimum? 30. Qui mutuo se juvant in morbis?

[Responsio. 1. Adam. 2. Sanguis Abelis*). 3. Lazarus a Christo ad vitam revocatus. 4. Mulierum lacrymae. 5. Ut a dextra defendi possit. 6. Bini: alter quo ducitur; alter quo mortua effertur. 7. Arithmetici. 8. Cura, juxta illud: cura facit canos, quamvis homo non habet annos. 9. Ebrii, vivunt enim in obscuris. 10. Molaris, cum eo ad vitae humanae usum carere nequiquam possumus. 11. Lingua; bie Zung ift der Weiber Schlachtſchwerd. 12. Allium. 13. Cum eorum alter ad honores evehitur; nam honores mutant mores. 14. Memoria acceptorum beneficiorum. Gratitudo raro consenescit, ultra diem vix vivit. 15. Dominorum famuli; nam multa surripiunt, gratias non agunt. 16. Bona conscientia. 17. Cibus vel potus ultra modum ingestus. 18. Magni potatores; vix cantharum ab ore removent, bibisse obliviscuntur, iterum bibunt. 19. Oves dant membranum; anseres calamos; apes ceram; quibus decreta Principum constant et mundus regitur. 20. Bona lex, sapiens rex, obediens grex. 21. Veritas. 22. Vinum inter manus Germanorum, nummi inter manus Hebraeorum, sapiens in medio stultorum. 23. Fama. 24. Sensibus; nam praeter quinque sensus habent pertinaciam et loquacitatem. 25. Stultus loquendo, et sapiens tacendo. 26. Qui omnibus placere vult. 27. In somnio; si quis enim rem malam somniat bonum est rem non ita se habere: et secus. 28. Phantasia. 29. Habuisse, vel, fuisse. Dupliciter miser es, qui felix ante fuisti. 30. Medicus et aegrotus: medicus curat valetudinem aegroti, et aegrotus marsupium medici.]

1. Warum ſeynd die Weiber nicht ſo gescheid und klug, als wie die Männer? 2. Wo hat Adam den erſten Löffel zum eſſen genommen? 3. Wer hat auf ſeiner Mutter Holz gehauet? 4. Wann wird das Uebel ärger? 5. Mann und Weib, wer aus beyden iſt das geſcheidiſte? 6. Warum ſeynd die Weiber ſo hartnäckig? 7. Warum hat die Natur den Weibern keinen Bart gegeben? 8. Was iſt das beſte in der Mühl? 9. Warum niſtet der Storch nit auf die Mühl? 10. Welche ſeynd die kleineſte Fiſche? 11. Was für ein Thier trinckt das ſchätzbariſte Getranck? 12. Wie kanſt du machen, daß die Mäuß dein Korn nit freſſen? 13. Warum gibt man offtermals große Aembter denen Unwürdigen? 14. Wie kommen die Menſchen zu hohen Aembtern? 15. Was iſt das: einer hats gehabt, der andere hats noch, der dritte häts gern? 16. Ju welcher Stadt ſterben die meiſten Leute? 17. Wie kan einer geſchwind und leicht ein hoher Heiliger werden. 18. Wo tragt man die Säu' in Händen? 19. Was für ein Krancheit macht gute Täg? 20. Was iſt das: der Bauer wirffts weg, der Herr ſchiebts ein? 21. Wie kann man Iſaac mit einem Buchſtaben ſchreiben? 22. Was iſt das: Es iſt nit viel gröſſer als ein Mauß, und ziehens vier Pferd nit übern Berg hinauf? 23. Für was ſorgen die Bauern am meiſten? 24. Wie kann man in einem Tag fünfzig paar Schuh machen? 25. Was iſt für ein Unterſchied zwiſchen einem Metzger und einem Schinder?

---

*) „Die Stimme deines Bruders Blut ſchreit zu mir von der Erde", 1. B. Moſ. 4, 10.

[Antworten. 1. Weil das erste Weib, die Eva, aus der Rippen und nit aus dem Kopf des Manns erschaffen. 2. Bei dem Stiel. 3. Adam, dann die Erde war sein Mutter aus welcher er gemacht worden. 4. Wann man ein böses Weib schlagt, schlagt man einen Teuffel heraus, so schlagt man zehn darfür hinein. 5. Das Weib, dann ein Weib kan vil Männer zu Narren machen. 6. Weil die Weiber von der harten Rippe des Adams herkommen. 7. Weil sie so lang nit schweigen können als man sie butzet. 8. Daß die Säck nit reden können, sonst würden sie manchen Müller verrathen. 9. Weil er förchtet, der Müller möcht ihm die Eyer stehlen. 10. Die den Schweif nächst am Kopff haben. 11. Der Floh, dann dieser trinckt Menschen-Blut. 12. Schencke ihnens, so fressen sie das ihrige und nit das deinige Korn. 13. Weil billich ist, man lege den schweren Last auf Esel, als auf verständige Leute. 14. Einige per Nominativum, durch grossen Nahmen. Einige per genitivum, durch das Geschlecht. Einige per dativum, durch schmirallien. Einige per accusativum, durch verleimbdung. Einige per vocativum, durch rechten Beruff. Einige per ablativum, durch verehrung eines andern Guts. 15. Das Geld. Der Verschwender hats gehabt, der Geitzige hats noch, der Arme häts gern. 16. In der Bett-Statt; dahero sagt man: ad lectum, ad lethum. 17. Wann er sich auf einen hohen Heu-Wagen leget, so ist er ein hoher Heuleger. 18. Bei dem Karten Gspihl. 19. Das Fieber; dann wann selbes einen Tag ausbleibet, so pflegt man zu sagen: heut hab ich einen guten Tag. 20. Der Rotz; der Herr schiebt diesen mit einem Schnupf-Tüchlein in den Sack. 21. Wann man ein J auf einen Sack schreibet. 22. Ein Zwirn-Kneul. 23. Für die Pferd, damit sie nit abgehen; dann giengen diese ab, so würden die Edel-Leut auf denen Bauern reiten. 24. Wann man fünfzig paar Stieffel nimmt, und dieselbe unten abschneidet, so hat man fünfzig paar Schuh. 25. Der Metzger sagt, wo stehts, der Schinder, wo liegts, nemlich das Vieh.]

§ 101. Altdeutsche Volks- und Meisterlieder aus den Handschriften der Heidelberger Bibliothek, herausgegeben von J. Görres; Franckf. a. M. 1817. Diese Sammlung ist abgetheilt in: Liebeslieder, scherzhafte Lieder und Neidharte, Romanzen und Balladen, historische Lieder, Legenden und geistliche Lieder. Unter der Rubrik historische Lieder befindet sich S. 236 folgendes mit der Ueberschrift: „Räthsel":

> So wollt ich gern singen,
> Mancher wiegts geringe,
> Einer hörts gern, der Andre nit,
> Der Dritt wollt, daß ichs vermied;
> Der Viert spricht: hör auf!
> Der Fünft hebt an zu schreyen,
> Der Sechst spielt gern auf dreien,
> Der siebent spricht: reich Karten her!
> Der Acht der sprach: ich bin halt ser,
> Leih her das Glas, ich sauff!

Der Neunt sieht mich gar grimmiglich an,
Der Zehnte spricht: du rechter thörecht Mann,
Willt du singen, du sollt anethin gan!
Wir wollen unsern Muth hinne han,
Und wollen das durch niemand lan,
Es ist unser alter Sitt. —
Merkt och ihr lieben Zech-Gesellen!
Ich will Euch ein darstellen,
Ders ungern hört der mag wol gan.
Ihr schweiget still und loset an,
Und merkt einen fremden Sinn.
Es kommt ein Geyer geflogen
Auf einem senren Bogen,
Er führet mehr denn sechzig Pfeil.
Welchen Vogel er da rytt,
Den führt er mit ihm hin.
Er führt zwölf Strahl in seiner Kloen gut,
Er führt von Süßigkeit ein borne Ruth,
Er führt fünf Rosen in seiner Huth;
Das er sie dem Sünder bieten thut,
Das macht den Teufel ungemuth,
Merk Frauen und ihr Mann!
Zwölf Falken, edel Herre,
Stehn dem Geyer nit ferre
Auf ei'n Ast, da er sitzt;
Welchen Vogel er da verritzt,
Der thut gar ein schwinden Fall.
Ihr Meistersinger alle,
Rathet an mit Schalle,
Rath't mir in kurzer Frist!
Der Best, der unter Euch allen ist,
Dem gieb ich diese Wahl.
Ihr Meistersinger rathet brat!
Ich führ der Kunst gar ein reiche Wat;
Welcher Meister mir das errath,
Sein Herz in hohem Preiße stat.
Er löst mir auf meinen Knot,
Sucht her Kunst und Witz. —
So will ich hie singen,
Gott woll daß mir gelinge;
So trau ich Gott dem Schöpfer mein,
Er thu mir seiner Hülfe Schein
In seiner Wollen Brunst.
Den Geyer will ich Euch nennen,
Daß Ihr ihn mögt erkennen;

Das ist Gott am jüngsten Tag,
Als uns die wahr Geschrifft hie sag
Durch seine gnadenreiche Gunst.
Auf einem Regenbogen er uns kummt,
Zwey scharffe Schwerd gehn ihm durch seinen Mund.
Darvon wird manche Seel verwundt
Tief in der Hölle Grund,
Und wird auch nimmer mehr gesund
Vor ewiger Noth.
Die Pfeil habt Ihr vernummen;
Das seyn die sechzig Zungen,
Die keinen rechten Glauben hat,
Darauf die Kristenheit nur stat,
Und lebten in Gottes Zorn.
Die Aest sollt ihr merken also schon,
Das seyn vier Horn im miltiglichen Ton;
Wenn Gott sein jüngstes Gericht will hon,
Er heißt die Todten auferston.
Er geit euch jeglichem seinen Lohn,
Darnach er verdienet hat.
Merkt ihr Kristenleute!
Die Rosen ich Euch bedeute:
Das seyn fünf Wunden roth und zart,
Damit er uns erlöset hat,
Die Frauen und auch die Mann.
Mich dünkt vor allen meinen Sinnen,
Maria die reine Königinne,
Wie sie die borne Ruthen sey;
Sie macht uns aller Sünden frey,
Und wer sie ruffet an,
Den hält Gott miltiglich in seiner Huth,
In seinen Nöthen er ihm helfen thut.
Jesu Christi reines Blut
Komm uns armen Sündern gut;
Bewahr uns vor der Hölle Gluth,
Und vor des Teufels Pein.

§ 102. Räthselbüchlein von Dr. Mises; Leipzig 1850, 96 S. in Duodez. Der Verfasser (Prof. Fechner in Leipzig) sagt im Vorworte: "Das vorliegende Büchlein enthält eine Sammlung der Räthseln und Charaden, welche in meinen Gedichten, in mehreren Jahrgängen (1846, 1847, 1849 und 1850) von Nieritz Volkskalender, und in der Brockhausischen illustrirten Jugendzeitung (1847 und 1848) von mir erschienen sind, vermehrt um einige neue." Es sind 140 nach ihrer Länge geordnete Räthsel;

die zweite 1858 erschienene Auflage enthält zwei Räthsel mehr. Folgende als Proben*):

1. Es ist eine kleine Unterwelt,
    Die sich im Bilde vor euch stellt;
    Nur statt der Lethe ist darin
    Ein Wasser von ganz anderm Sinn.
    Man kommt durch einen engen Schacht
    In einen Raum, so schwarz wie Nacht;
    Da breitet sich ein dunkler See;
    Allein kein Berg ragt in die Höh',
    Kein Fisch schwimmt auf des Sees Grund,
    Nicht Vögel fliegen drüber bunt;
    Nur Wesen, weißen Geistern gleich,
    Die steigen oft herab zum Teich
    Zu trinken draus; ein kleiner Schluck
    Ist jedem auf einmal genug:
    Dann, wie begeistert, reden sie
    Von dem, was sie gesehen nie,
    Von jeglicher Vergangenheit,
    Von jetziger und künft'ger Zeit;
    Und fließt die Rede nicht mehr gut,
    Giebt neuer Trunk gleich neuen Muth.
    Zuletzt ist ausgetrunken die See,
    Da füllt er sich wieder aus der Höh'.

2. So weiß wie Lilien, weiß wie ein Engel,
    Durchwandle ich langsam die Welt voll Mängel,
    Die Füße getaucht in Morgenroth,
    Doch wenn der Geist in ferne Weiten
    Will tragen sein Werk und fern in die Zeiten,
    Alsbald die Schwingen ich dazu bot;
    Die Schwingen, gewöhnt nicht an irdisches Fliegen,
    Gemacht nur dem höhern Beruf zu genügen;
    Beseelt ist jede Feder darin.
    Doch hab' ich noch manch' ander Geschäfte:
    Verlangst du im Schlummer neue Kräfte,
    Ein weiches Lager breit' ich dir hin.
    Und willst du dich letzen am köstlichen Mahle,
    Gar oft mein Leben ich dafür zahle,
    Daß du nur werdest satt und froh;
    Bring' gleich zum Braten dir mit die Früchte;
    Wie duftet so herrlich nun das Gerichte,
    Indeß meine Seele von hinnen floh.

---

*) Drei symbolische Räthsel aus Mises sind bereits in § 27 angegeben worden.

3. Ich liege fest in mich gedrängt,
Klein, daß mich eine Hand umfängt,
Doch wollt ich einmal ganz mich strecken
Würd' ich manch' hundert Ellen decken.
Mitunter ruh' ich lange Zeit
In einer Höhle eingeschneit,
Umgeben rings von manchen Waffen,
Die meisten für den Stich geschaffen.
Wird mir das Müßigsein zu viel,
So fang' ich an ein Lanzenspiel;
Das aber schadet meiner Dicke,
Ich schwinde mehr und mehr dem Blicke.
Zuletzt bleibt von mir keine Spur,
Doch umgeschaffen werd' ich nur,
Und trugen einst mich Hände feine,
So mach' ich jetzt mich auf die Beine.

4. Wie war mir einst so wohl zu Muth
Im grünen Kleid mit blauer Bluth;
Doch als verschossen war mein Kleid,
Erfuhr ich nichts als Herzeleid.
Und wieder ward mir wohl zu Muth
In schöner Frauen guter Huth;
Doch als ich ward ein altes Wrack,
Gerieth ich unters Lumpenpack.
Und wieder ward mir wohl zu Muth
Als neu geboren mich die Fluth;
Daß mir' nicht wieder geht so krumm,
So schreibt nicht Zeug, was gar zu dumm.

5. Ich bin bei der Kirche angestellt,
Mein Wesen ist ganz erbaulich,
Und über den Dingen dieser Welt
Mein Standpunkt hoch und beschaulich.
Mein Wort ist einfach, doch es hat die Macht
Zur Andacht zu rufen die Frommen;
So dien' ich der Kirche bei Tag und bei Nacht,
Und bin doch hinein nie gekommen.

6. Wer nennt mir das Geschöpf, das nur ganz langsam kriechet,
Auf Bergen gerne wohnt, sich gern an Häuser schmieget?
Von Eiern jedes Jahr bringt's eine starke Brut,
Doch brütet's selber nicht, weil es die Sonne thut.
Die Eier öffnen sich; was draus kommt wird gefangen;
Gar wild geberdet sichs, Freiheit ist sein Verlangen;
Ihr haltet's gut in Haft; bald scheint es wieder mild;
Nun nehmt euch erst in Acht, sonst machts euch selber wild.

7. Der Krebs ist schwarz im Leben
    Und nach dem Tode roth;
    Doch ich bin roth im Leben
    Und schwarz nach meinem Tod.
    Daß Keiner mich berühre,
    Schlimm wird es ihm gedeihn;
    Ob keinen Zahn ich führe,
    Doch tüchtig beiß' ich drein.

8. Ein weißer Vogel kommt geflogen,
    Geflogen über Meer und Land;
    Bei Tag und Nacht ist er gezogen,
    Da greif ich ihn mit meiner Hand.
    Nun heb' mir an, dein Lied zu singen!
    Ich harrte lange schon darauf.
    Er schweigt; da brech' ich, ihn zu zwingen,
    Ihm seinen rothen Schnabel auf*).

9. Es ist eine Festung gewesen,
    Drin Peter stritt, der Soldat;
    Den hat eine Kugel erlesen
    Zum Ziele nach Gottes Rath.
    Doch ehe er sagte sein Amen,
    So schrieb er, zu zeigen sich treu,
    Der fernsten Liebsten den Namen
    Der Festung, getheilet in Drei.

10. Wer mögen die kleinen Leutlein wohl sein
    Mit dickem Kopf und dickem Bein,
    Doch einen Leib ach! fadendünn;
    In den größten Köpfen ist nichts drin.
    Auch fußlos siehst du Einzelne stehn,
    Doch wenn sie hinter einander gehn,
    Bekömmt gleich Füße das ganze Heer,
    Je rascher sie laufen, desto mehr.

11. Hinter dem Menschen alle Tag'
    Still im Finstern geh' ich her;
    Zuweilen auch wohl der Nase nach,
    Dann aber schnaub ich wie ein Bär.
    Die Arbeit, der ich mich muß fügen,
    Macht mich gar zeitig runzlich, alt,
    Doch, wenn ich in ein Bad gestiegen,
    Erschein ich glatt und jung alsbald.

---

*) Ein Aehnliches:
    Auf dem weißen See
    Schwimmt eine rothe Rose:
    Willst du die schwarzen Fischchen sprechen
    Mußt du die rothe Rose brechen.

12. Ich komme mit Scham,
    Ich gehe, kommt Gram,
    Ich komme mit Freud',
    Ich gehe, kommt Neid.
    So lang' ich mag stehn,
    Lust, Leben, wie schön!
    Wenn ich ganz vergeh',
    Glück, Jugend, ade!

13. Seht, wie dort auf dem Schneefeld mit Schnelle
    Hineilt der lange leichte Geselle,
    Nie sah ich so geflügelten Schritt;
    Doch macht mit den Tapfen er schwarze Zeilen;
    Wie kommt's? Ei, weil er beim Laufen zuweilen
    In einen schwarzen Tümpel tritt.

14. O weh dem armen Haus, in dem man mich nicht fände,
    Doch dreimal wehe dem, das selber in mir stände.
    Im ersten, sei gewiß, wohnt Mangel drückend schwer;
    Im andern, sei gewiß, wohnt Morgen Niemand mehr.

15. Es steigt ein mächtig Gewimmel
    Der Ersten hernieder vom Himmel
    Und klar erkennst du daraus,
    Daß nun von hinnen geschieden,
    Die lange geblüht hat hienieden,
    Die Tochter aus himmlischem Haus.
    Wenn durch die Lüfte dann wandern
    Die Klänge vom Paare der Andern,
    So weißt du, nun sinket in Nacht
    Auch der kleineren Tochter Leben,
    Die Allen hat Freude gegeben
    Durch ihres Auges Pracht.
    Der Ersten an Schein nicht weichend,
    Den Andern in Form sich vergleichend,
    Steigt lieblich das Ganze empor;
    Es steigt empor als ein Zeichen,
    Die Tochter aus himmlischen Reichen
    Kehrt wieder durch blühendes Thor.

16. Du siehst im ersten Silberpaar
    Das Schönste auf der Erde;
    Ein junger Officier sogar
    Hält höher es als Pferde.
    Die Dritte sucht manch' armer Tropf
    Zur Schiffbruch zu gewinnen,
    Doch hat sie Jemand vor dem Kopf,
    So ist er ihn schon drinnen.
    Das Ganze ist ein eben Feld,

Auf dem wird viel gestritten;
Auch manche Dame kämpft als Held
Und jede ist beritten.

17. Die beiden Ersten machen
Den Weibern oft es nach,
Jetzt sieht man sie noch lachen
Und weinen gleich danach.
Ein Sultan ist die Dritte,
Geht stets gespornt einher
Mit stolzem Herrschertritte,
Doch niemals reitet er.
Das Ganze ist beweglich
Zwar, wenn es still steht, stumm,
Doch schreit's mitunter kläglich
Sobald sich's dreht herum.

18. Die erste Silbe ist ein klingend Instrument,
Das älteste gewiß von allen, die man kennt;
Ein Jeder trägt's und braucht's das liebe lange Jahr;
Die schönen Damen auch? frägst du. Ich dachte gar.
Die beiden andern sind ein klingend Instrument,
Das muntre Beine macht, doch müde macht die Händ';
Am meisten hat mich stets bei seinem Schall erbaut,
Daß das, was so erklingt, nicht meine eigne Haut.
Das Ganze endlich ist ein klingend Instrument,
Das von dem Ersten du nie hörst abgetrennt;
Es taugt nicht zum Concert, taugt auch nicht für den Ball;
Doch streit ich nicht mit dir, wenn dir gefällt sein Schall.

19. Wer aus den ersten Beiden
Sehr oft die Dritte thut,
Den könnt ihr unterscheiden
An seiner Nase Glut.
Sonst geht stets aus den Höhen
Herab des Steines Lauf;
Das Ganze läßt ihn gehen
Hoch in die Luft hinauf.

20. Die ersten sind ein Unterthan,
Die Dritte ist ein Unterthan;
Das Ganze ist ein Unterthan,
Der von dem andern Unterthan
Wird unter den ersten Unterthan
Ganz unterthänig gethan.

21. Es stellt als Frucht das erste Paar,
Als Pflanze sich das andre dar.
Doch wenn ihr beide wollt verbinden,
So wird alsbald ein Thier sich finden.

22. Sagt, wie das stimmt:
    Die Erste schwimmt,
    Die Zweite läuft,
    Das Ganze steift.

23. Die beiden Ersten sind mehr als gut,
    Mit der Dritten wehrt sich die Gassenbrut.
    Das Ganze ist die adelige Klasse
    Unter einer sonst sehr gemeinen Race.

24. Die erste ist ein Wort zum fragen,
    Die Zweite gut um zuzuschlagen.
    Das Ganze läßt den Gaumen zagen,
    Ist aber heilsam für den Magen.

25. Der Genius, der ohn' Erbarmen
    Des Lebens schönste Blüthen knickt,
    Dort hat er in der Mutter Armen
    Das einzige Kindlein todt gedrückt;
    Nun steht sie an dem grünen Hügel,
    Der es verschließt auf immerdar;
    Aus ihrer Augen blauem Spiegel
    Blickt still das erste Silbenpaar.
    Das zweite Paar such zu besitzen,
    Denn unvergleichlich ist sein Schutz,
    Mag Zeus auch selber drohn und blitzen,
    Entgegen trittst du ihm mit Trutz;
    Zum Liebchen läß'ts dich sicher schleichen,
    Vom Nebenbuhler ungekannt;
    Und gehst du, Gaben still zu reichen,
    Verdeckt's die Wohlthat deiner Hand.
    Zwiefachen Sinns, schleppt hier das Ganze
    Dem Tode nach sich, schwarz und schwer;
    Fliegt neuem Leben, neuem Glanze
    Voran dort leicht und sorgenleer;
    Zwar wie ein Schatten ist's zu schauen
    Sogar im hellsten Sonnenschein,
    Doch kannst du sicher darauf bauen,
    Daß dann ein ganzer Sommer dein.

26. Es ist ein krummes Schwert, das hauet mitten drein
    In eine große Schaar, doch schneidet nicht ins Bein;
    Es theilt sich bloß die Schaar, da wo das Schwert hinschlug,
    Und steht ein Weilchen still, wofern sie war im Zug;
    So stellt es Ordnung her im Raum und in der Zeit,
    Sofern der, der es führt, nur selber ist gescheut.
    Die Frauen aber, wenn auch sonst der Ordnung Hut,
    Gebrauchen allzumeist das Schwert nicht allzugut.

27. Es ist eine süße Zauberfrucht,
Die Einer umsonst zu brechen versucht,
Nur Zweie zusammen können sie brechen,
Doch kann es niemals geschehen im Sprechen;
Und wollte sie Einer haschen allein,
Er haschte und schnappte ins Blaue hinein.

29. Wer nennt mir das Kloster von festem Stein,
Drin wohnen viel schöne Jüngferlein;
Ein eiserner Paladin klopft an's Haus,
Gleich springen mehrere Jüngferlein heraus;
Sie tanzen um ihn, sie glühen so roth,
Sie tanzen sich alle zusammen bald todt.

29. Ich bin ein Grab stumm und verschwiegen;
Am rauhen Denkmal über mir
Erblickst du in erhabnen Zügen
Bald Schriftwerk, bald Symbol als Zier.
Wohl andere Gräber sieht man grünen,
Ich scheine nur ein Beet von Schnee,
Auf andern Gräbern flattern Bienen,
Hier, scheint es, ging der Krähen Zeh.
Willst du, der Geist soll mit dir sprechen,
Der in dem Grabe kam zur Ruh,
So gilts das Denkmal zu zerbrechen,
Deß Zauber ihm den Mund schließt zu.

30. Die Erste enthält die Mittel zum Beißen,
Die Zweite enthält die Sachen zum Beißen,
Das Ganze hindert die Mittel zum Beißen
Zu kommen zu den Sachen zum Beißen.

31. Von einem Ort zum andern
Die Erste stets muß wandern,
Wohl über Fluß und Feld,
Ja um die ganze Welt;
Nicht Flügel hats noch Beine,
Auch Räder hat es keine,
Kein Wägen doch, kein Flug
Holt's ein, ists gut im Zug.
Im zweiten Silbenpaare
Bekommt man weiße Haare,
Ist man auch jung und frisch;
Sein Nachbar Krebs und Fisch.
Auch ists ein guter Mahler,
Dem man schon manchen Thaler
Für das, was er gemahlt,
Ganz willig hat bezahlt.

     Als großes Ungeheuer,
     Mit Flügeln, wie kein Geier
     Jemals beflittigt war,
     Stellt sich das Ganze dar;
     Doch fliegen nicht, nur gehen
     Siehst du's, und dennoch stehen
     Stets an demselben Ort,
     Geht's gleich in Einem fort.
32. Die beiden ersten, voll und ohne Falten,
    Die beiden andern, wenn sie Wort nur halten,
    Sind zu dem Karneval die besten Zwei.
    Doch hüte dich, daß nicht von deinem Glanze
    Gelockt, zu nah' dir komme da das Ganze;
    Nur gar zu gerne stellt sich's dabei ein.
33. Am Paar der Ersten freut nach wackern Thaten
    Wohl Jeder sich, sie winken ihm zur Rast.
    Das Paar der Andern hat gar oft verrathen
    Den Lügner als ein ungebetner Gast.
    Das Ganze ist die allerschönste Schleppe,
    Dran Gold und Purpur streiten um den Sieg;
    Man sieht sie kehren noch die hohe Treppe,
    Nachdem die Königin schon niederstieg.
34. Die erste ist immerfort bemüht
    Ein Ding zu theilen, das Niemand sieht,
    In Theile, die Jeder sehen kann,
    Und das wird mit zwei Fingern gethan.
    Wer an dem Leibe die Andern trägt,
    Gar frei sich durch den Raum bewegt,
    Doch wer sie führt in seiner Hand
    Ist fest zur Stelle meist gebannt.
    Das Ganze liegt gewickelt krumm,
    Wie eine todte Schlange stumm;
    Doch mangelt nicht die Lebenskraft,
    Die löst ein Schlüssel aus der Haft.
35.   Weiß bin ich, doch zur Reise
      Biet' ich ein schwarzes Gleis;
      Die Reise macht euch weise,
      Oder macht euch etwas weiß.
36. Die erste Silb' hat Zähn' und Haare,
    Die zweite Zähne in den Haaren;
    Wer auf den Zähnen nicht hat Haare,
    Der lauf' vom Ganzen keine Waare.

[Auflösung. 1. Dintenfaß. 2. Gans. 3. Knaul im Strickbeutel, Strickstrumpf und Strümpfe. 4. Flachs, Leinwand, Papier. 5. Kirchthurm. 6. Weinstock und Wein. 7. Glühende Kohle. 8. Brief mit rothem Siegel.

9. Peterwarbeln (Peter war bein). 10. **Musiknoten**. 11. Schnupftuch. 12. Das Roth der Wangen. 13. Schreibfeder. 14. Feuer. 15. Schneeglöckchen. 16. Damenbrett. 17. Wetter-Hahn. 18. Maultrommel. 19. Flaschenzug. 20. Stiefelknecht. 21. Apfelschimmel. 22. Fischbein. 23. Edelstein. 24. Wermuth. 25. Trauermantel. (Es gibt auch einen Schmetterling, Trauermantel genannt, der bei den ersten Sonnenstrahlen erscheint; daraus erklärt sich der im Räthsel gebrauchte Ausdruck „zwiefachen Sinns" 2c.) 26. Das Komma. 27. Der Kuß. 28. Feuerstein und Feuerstahl. 29. Brief. 30. Maulkorb. 31. Windmühle. 32. Beutelschneider. 33. Abendröthe. 34. Uhrfeder. 35. Papier mit Schrift oder Druck. 36. Roßkamm.]

§ 103. Erzählungen aus altdeutschen Handschriften, gesammelt durch Adelbert von Keller, Stuttgart 1855 (auch unter dem Titel: Bibliothek des literarischen Vereins zu Stuttgart, 35. Band). In dieser Sammlung sind folgende alte deutsche Räthsel enthalten:

1. Jtem Rat, was Ist das? Jch hab gesehenn Ein hultzes Stainhawss. Das Jst ein Kumpff, den die mader tragen, Do der schliffstain Jnnen liegt.

2. Jtem Ein herr hett einen lieben pulen, vnd er Schicket seinen knecht zue Jr vnd liess sie fragen, wen er zu Jr solt kommen. Do sprach sie zue jm: Sag deinem herren, Das er kum
    Wenn all tann lere stien
    Vnd all paum zue sammen gien
    Vnd wenn das todt das lebenntig hat vberwunden:
    So wirt dein herr in grossen freuden gefunden.
So sprich vnd kum also: wenn all tann lere stien, Das Jst wenn all krausen lere stien; Wenn all paum zue sammen gien, Das Jst wenn man die ledenn vor den vensteren zu thut; wenn das todt das lebentig vber wint, das Jst wenn mann den aschen vber das ffeuer legt. Also hastu es zue sammen gefügt.

3. Jtem warvmb henckt man alleg ein panner aus der kirchen, wenn kirbay do ist? das ist darvmb. do got wonet hie auff ertrich, do was ein man, der hiess zacheus vnd was ein Klain man ane der person. Do vnnser herre prediget Jm tempell, do het Jn zacheus gern gesehenn. Do staig zacheus auff einen paum vnd wolt jne sehnn vnd sach jne vnd eylet sere wider herab vonn dem paum vnd liess sein pruch hanngen ane dem paum. Das Jst das panner, das man heraus henckt.

4. Es sass Ein Junckffrau jn einem garten
    Und wolt jres pulenn warten.
    Do rayt einer schonner Jüngling für
    Vnd sprach: liebe Junckffrau, lasst mir
    Mein lanckhals jn euren rauch ars!
Do sprach sie:
    Nain Jch, samer der lieb herr Sand brecht!
    Jch bescharn erst nechten.
    Het Jch sein nechten nit beschorn,
    Jch günd euch sein recht wol.

Rat, was is das? Das jst ein pferd vnd ein gart. Das pferd Jst der lanneckhals vnd der gart jst der rauch ars, den het sie gemet; Sunst het sie jm sein wol begündt.

    5. Jtem Rat, was Jst das?
        Siben die riten,
        Sie riten vnuermiten,
        Warn weder ffrauen noch mann.

Sie ritten weder hinter sich noch fur sich vnd komen dennoch zue nacht zu andern leuten jne die herberg. Sprich also! es waren sibenn junckffrauen, die riten mit einander.

    6. Jtem Rat, was Jst das? Es was ein Nunn Jn einem garten vnd do kom zue Jr ein gesell. Dar nach kom die ebptesin vnd fraget, warvmb der gesell mit jr Redet: Do sprach die Nunn: Des gesellenn muter Jst jn meiner muter leyb gelegenn. Rat, was Jst nun der gesell der Nunnen gewest? Sprich also! Der gesell Jst Jr Sone gewesenn, wann er Jst Jn Jr mutter gelegen. So hastu die freundschafft.

    7. Jtem Rat, was is das?
        Jne dem lannd, do ich do was,
        Do wechst weder lab noch grass.
        Do wechst auch weder leib noch lebenn.
        Erretztu das, so will ich dir einen pulenn gebenn.
Das ist ein Spigell, dar Jnn man sich ersicht.

    8. Rat, was is das?
        Es kamen drey vogell geflogen.
        Der erste het kain zungen,
        Der annder het kain lungen,
        Vnd der dritte Saugt seine Jungen*).
        Rat, was vogel das sein! So sprich also!
        Ein storch hat kain Zungen
        Vnd ein taub hat kein lungen,
        So saugt die Fledermauss Jre Jungen.

§ 104. Neckräthselbuch von Dr. Franklin von Ensfurt; Räthselfragen und Volksräthsel zur Lust und Lehr' für das reifende, begreifende Jugendalter von 10 bis 1000 Jahren. Zweite vermehrte und verbesserte Auflage. Frankfurt a. M. 1856. 218 S. in 11. Octav. Der Verfasser (Enslin) hat über anderthalb tausend Räthsel, meistens Räthselfragen, gesammelt, und dieselben unter 35 Abtheilungen gebracht.

1. Wovon hat der Mensch wenig Einsicht und gar keine Uebersicht? 2. Was ist groß beim Riesen und klein beim Zwerge? 3. Der Mensch trägt auf dem Kopf, der Tambour schlägt, und im Meere gehts in die Tiefe. 4. Welches ist das geschäftigste Auge? 5. Was sehen alle Blinden und hören alle Tauben? 6. Wie viel Kehlen hat der Mensch? 7. Wann hat man sechs Beine, und geht doch nur auf vieren? 8. Was ist vorwärts in den Knochen und rückwärts in dem Laden? 9. Wann tragen die Menschen ein schweres

---
*) Ein ähnliches Räthsel haben auch die Schweden, s. §. 79.

Stück Land? 10. Welche Haltung ist die wichtigste für den Menschen? 11. Welches Gewicht muß ein Mensch haben, um nicht umzufallen? 12. Wann muß man vorsichtig sein, um sein eigenes Herz nicht zu zerbeißen? 13. Wem wäre es erwünscht einäugig zu sein? 14. Wie kann man Pillen in Wasser nehmen, ohne sich den Mund naß zu machen? 15. Welches Pflaster legt man auf keine Wunde? 16. Welcher Todtenkopf ist lebendig? 17. In welchen Adern fließt kein Blut? 18. Welcher Fall thut nicht wehe? 19. Welches Leid ist jedem Menschen zu wünschen? 20. Warum soll man beim Waschen auch den Mund reinigen? 21. Womit fängt der Tod an? 22. Nach welchen Zeiten sehnt sich der Hungrige? 23. Wo fliegen Einem die gebratenen Tauben ins Maul? 24. Ein Knabe aß, und je mehr er aß, desto mehr wurde es, und als es satt war, warf er den ganzen Haufen hinweg. Was hat er gegessen? 25. Welche Augen und welche Ellen werden gegessen? 26. Welche Würste können Würste essen? 27. Wann hat man zu essen die Fülle in Hülle? 28. Wem fallen vom Wassertrinken die Augen zu? 29. Wo schmeckt der Wein am besten? 30. Wie kann man unterscheiden, was an einer Wurst hinten oder vorne ist? 31. Wie viel Stücke kann man von einem ganzen sechspfündigen Laib Brod schneiden? 32. Wie kann man im Sommer das Hammelfleisch immer frisch erhalten? 33. Die Sonne kocht es, die Hand bricht es, der Fuß tritt es, und der Mund genießt es. 34. Aufgedeckt, zwei Finger ausgestreckt, ins Loch gesteckt, wieder zugedeckt, hat gut geschmeckt. 35. Was findet man zur Zeit einer Theuerung jedenfalls auf dem Markte? 36. Welches ist das theuerste Wasser? 37. Wer hat es besser, der Kaffee oder der Thee? 38. Aus welchen Kelchen trinken keine Menschen, sondern nur Thiere? 39. Welche Tracht ist die beste? 40. Wie viele Hosenträger gehören zu einer Hose? 41. Welche Tracht halten die Menschen viel zu lange in der Mode? 42. Welche Mode ist hölzern? 43. Welche Tasche ist lebendig? 44. Welche Schuhe zieht man gar nie an, und benützt sie doch? 45. Welchen Hut setzt man nicht auf den Kopf, sondern auf die Spitze? 46. Welche Häuser sind lebendig? 47. Welches Haus hat weder Holz noch Stein? 48. Welche Kammern sind voll Blut? 49. In welches Gemach begibt sich Niemand gerne? 50. Was ist vorwärts und rückwärts ein Schornstein? 51. An welchen Leitern steigt man nie hinauf, obwohl sie immer am Hause stehen? 52. Welchen Wall findet man auch in Städten, die keine Festungen sind. 53. Auf welchem Wege geht man nicht hin? 54. Welcher vielbefahrne Weg ist ohne Staub? 55. Welche Posten fahren nicht? 56. Was hindert den Reiter auf dem Pferde zu sitzen? 57. Welches ist die beste Fahrt? 58. In welchen Nachen wird nicht auf dem Wasser gefahren? 59. Welches ist die höchste Straße? 60. Wer springt ohne Füße? 61. Welcher Handwerker ist der hochmüthigste? 62. Welcher Handwerker bringts am Höchsten? 63. Zu welchen Handwerkern gehören diejenigen, die an verschlossenen Häusern klingeln? 64. Zu welchen Handwerkern gehören die Blasebalgtreter und die Schnellläufer? 65. Welchen Schneidern vertraut man keine Kleider an? 66. Welcher Dreher handelt schlecht? 67. Welcher Handwerker verläumdet am Meisten? 68. Welcher Stand ist der feinste? 69. In welchen Formen bewegen sich die Soldaten? 70. Welche Aehnlichkeit ist zwischen schlechten Schützen und schlechten Malern? 71. Welche Maler verläumden? 72. Welche Krämer bieten ihre Waare nicht zum Kaufe? 73. Warum ist den Gastwirthen nicht recht zu trauen? 74. Vorwärts und rückwärts, dem Ackersmanne unentbehrlich. 75. Die Ersten sind ein Unterthan, die Dritte ist ein Unterthan, das Ganze ist ein Unterthan, der von dem zweiten Unterthan wird unter den ersten Unterthan ganz unterthänigst gethan. 76. In einem Zimmer sind ein Großvater, zwei Väter, zwei Söhne und ein Enkel, und doch sind nur drei Personen in dem Zimmer. 77. Wer ist meiner Eltern Sohn und doch nicht mein Bruder? 78. Welche ist die härteste Mutter? 79. Welche Pathen sind die dauerhaftesten? 80. Welche Menschen gehen auf Köpfen? 81. Welcher Mensch kommt quer in die Kirche? 82. Welcher Mann kann auch ein Kind sein? 83. Wer läßt bezahlen was er schenkt? 84. Wer hilft vorwärts und rückwärts immer in Gefahr und Noth? 85. Wer kann aus Holz Steine machen? 86. Welche Leute machen ihre Arbeit verkehrt und doch recht? 87. Wer ist der, der eine Kanne auf dem Kopf trägt? 88. Wer ist der, der seine Kappe tief ins Gesicht gezogen hat? 89. Was ist ein Hausbewohner, der vom obersten Stockwerk in das unterste gezogen ist? 90. Wie kann man einen Menschen nennen, der uns mit Briefen zur Last fällt? 91. Warum wird es den bösen Buben im Walde unheimlich zu Muthe? 92. Warum können die verständigen Leute nicht schwimmen? 93. Wer kann alle Sprachen reden? 94. In welchen Köpfen haben hohe und tiefe Gedanken keinen Platz? 95. Wann hat der größte Narr gelebt? 96. Wer ist der größte Gutsbesitzer auf Erden? 97. Was ist die Tasche eines Bettlers? 98. Was sind alle Menschen unter einander, jeder Einzelne aber erst nach seinem Tode? 99. Welche Aehnlichkeit ist zwischen Tagelöhnern und wohlthätigen Menschen? 100. Wie kann man mit schwarzer Dinte roth schreiben? 101. Wie können sich zwei Menschen zwischen ihre Nasen stellen? 102. Zweibein sitzt auf Dreibein und melkt Vierbein. 103. Welche Ratten sind die größten? 104. Welches sind die größten Affen? 105. Vorwärts eine Ziege, rückwärts das End vom Siege. 106. Was hat keine Füße, braucht aber vier Füße um zwei Füße zu tragen? 107. Welches Fürstenthum ist eine Stütze? 108. Welche Thiere sind bei der Schöpfung zu kurz gekommen? 109. Mit welcher Angel kann man keine Fische fangen? 110. Welche Made kommt im Haare vieler Menschen vor? 111. Ihr lieben Leut, was das bedeut't: hat viele Häut, beißt alle Leut'. 112. Welche Pflanzen können auch von den Blinden erkannt werden? 113. In welchem Walde muß es sehr poetisch hergehen? 114. Welcher Ast sitzt auf der Schulbank? 115. Vorwärts schwarz, rückwärts naß. 116. Was macht der, der in Schnee fällt? 117. Wornach sucht man in der Geographie, aber nicht in der Poesie? 118. Wohin gehören die Besenbinder? 119. Wohin gehören die Höflichen? 120. Wohin gehören die Friseure? 121. Wohin gehören die Heißblütigen? 122. Wohin gehören die Frommen? 123. Wohin gehören die Frierenden? 124. Wohin gehören die Zanksüchtigen? 125. Wohin gehören die Eierhändler? 126. Wohin gehören die Buchdrucker? 127. Wohin gehören die Kreditlosen? 128. Korn wird in ihnen rein gemacht, und Eines gibt mit ihnen acht. 129. Welcher Sack ist ein Mensch? 130. Welche Bindung ist die schwerste?

[Auflösungen. 1. Von sich selbst. 2. Der Buchstabe r. 3. Der Wirbel. 4. Das Hühnerauge, denn das ist beständig auf den Füßen. 5. Nichts. 6. Drei, eine im Hals und zwei Kniekehlen. 7. Wenn man zu Pferde sitzt. 8. Markt. Kram. 9. Wenn sie im Grabe liegen. 10. Seine Erhaltung. 11. Das Gleichgewicht.

12. Wenn man das Herz auf der Zunge hat. 13. Einem Blinden. 14. Man setzt sich ins Bad, und schluckt die Pillen trocken. 15. Das Straßenpflaster. 16. Der Schmetterling, Todtenkopf. (Sphinx atropos. Er hat auf dem Halse einen, einem Todtenkopfe ähnlichen Flecken, daher sein Name.) 17. In den Erzadern. 18. Der Beifall. 19. Das Mitleid. 20. Damit man keinen ungewaschenen Mund bekommt. 21. Mit dem Buchstaben I. 22. Nach Mahlzeiten. 23. Nirgends. 24. Nüsse. 25. Die Neunaugen (Fische) und die Forellen. 26. Die Hanswürste. 27. Wenn man Wurst ißt. 28. Dem Ertrinkenden. 29. Auf der Zunge. 30. Wenn man sie über die Schulter hängt. 31. Nur eines, denn nachher ist der Laib Brod nicht mehr ganz. 32. Wenn man die Hammel nicht schlachtet. 33. Die Traube und der Wein. 34. Der Schnupftabak. 35. Daß Alles theuer ist. 36. Das Wasser, was der Wirth in den Wein und der Advokat in die Dinte thut. 37. Der Kaffee, denn der setzt sich, der Thee aber muß ziehen. 38. Aus den Blumenkelchen. 39. Die Eintracht. 40. Drei, der Mensch und die zwei andern Hosenträger. 41. Die Zwietracht. 42. Die Kommode. 43. Die Plaudertasche. 44. Die Hemmschuhe. 45. Den Fingerhut, auf die Spitze der Finger. 46. Die Sachsenhäuser, Schaffhäuser ꝛc. 47. Das Schneckenhaus. 48. Die Herzkammern. 49. Ins Ungemach. 50. Die Esse. 51. An den Blitzableitern. 52. Den Krawall. 53. Auf dem Herwege. 54. Der Weg auf dem Wasser. 55. Die Vorposten. 56. Der Sattel. 57. Die Wohlfahrt. 58. In den Almanachen. 59. Die Milchstraße. 60. Das Wasser des Springbrunnens. 61. Der Schornsteinfeger, denn der will immer oben hinaus. 62. Der Dachdecker. 63. Zu den Drahtziehern. 64. Zur gar keinen, denn sie treiben ein Fußwerk. 65. Den Beutelschneidern. 66. Der Rechtsverdreher. 67. Der Schornsteinfeger, weil er Jeden, der ihm nur etwas zu nahe kommt, anschwärzt. 68. Der Anstand. 69. In Uniformen. 70. Beide treffen nicht. 71. Die Miniaturmaler, weil sie Alles verkleinern. 72. Die Kleinigkeits- und Neuigkeitskrämer. 73. Weil sie immer Etwas im Schilde führen. 74. Die Egge. 75. Der Stiefelknecht. 76. Es sind Großvater, Vater und Sohn. 77. Ich selbst. 78. Die Perlmutter. 79. Die Karpathen. 80. Jene, welche Nägel in den Stiefeln oder Schuhen haben. 81. Das Kind, welches zur Taufe in die Kirche getragen wird. 82. Wer Hermann heißt. 83. Der Wirth. 84. Der Retter. 85. Der Dreher, weil er die Steine zum Brettspiel macht. 86. Die Kupferstecher. 87. Ein Bekannter. 88. Ein Verkappter. 89. Ein herunter gekommener Mensch. 90. Einen Briefbeschwerer. 91. Weil im Walde die Prügel wachsen. 92. Weil sie immer auf den Grund gehen. 93. Das Echo. 94. In flachen Köpfen. 95. Zwischen seinem Geburts- und seinem Sterbetage. 96. Der Tod, weil er fast in jedem Dorfe ein Stück Land, den Gottesacker hat. 97. Ein Pfennigmagazin. 98. Verschieden. 99. Sie beschäftigen sich viel mit den Armen. 100. Wenn man das Wörtchen „roth" schreibt. 101. Wenn sie sich mit ihren Rücken gegen einander stellen. 102. Viehmagd, Schemmel, Kuh. 103. Die Mahratten (ein Volk in Indien). 104. Die Giraffen. 105. Geis. Sieg. 106. Die Sänfte. 107. Anhalt. 108. Die Fische, denn sie sind beschuppt (betrogen) worden. 109. Mit der Thürangel. 110. Die Pomade. 111. Die Zwiebel. 112. Die Brennesseln. 113. Im Odenwalde. 114. Der Gymnasiast. 115. Neger. Regen. 116. Einen Eindruck. 117. Nach der Länge und Breite. 118. Nach Birkenfeld. 119. Nach Bücke-

burg. 120. Nach Harburg. 121. Nach Eisleben und Schneeberg. 122. Nach Fünfkirchen und Neunkirchen. 123. Nach Ofen. 124. Nach Streitberg und Habersleben. 125. Nach Hennegau. 126. Nach Preßburg. 127. Nach Siebenbürgen. 128. Sieben. 129. Der Roßack. 130. Die Selbstüberwindung.]

§ 105. Volksräthsel aus Dörfern in der Umgegend von Gießen hat Weigand in Wolf's Zeitschrift für deutsche Mythologie, 1 Bd. 398, mitgetheilt, z. B.:

1. E Vische von Elfenban verzird den Meller d' Melstan, den Bauer ds Roß, den Eümann ds Schloß, den Schneirer di El nann bi Schir. (Ein Vögelein von Elfenbein verzehrt dem Müller den Mühlstein, dem Bauern das Roß, dem Edelmann das Schloß, dem Schneider die Elle und die Scheere.) 2. Sealb onne nan den Grond, do stied e bondiger Hond, e eaß von eller arb, cann horr'n blon barb. (Dort nnten im Grund steht ein bunter Hund, er ist von edler Art und hat einen blauen Bart.) 3. Vom Bam fäil just der Huckepack, doch saß 'm off den Kobb die Kapp; bo kom e beanf mebb väier Ban, cann brutt b' Huckepack camm Bauch nach ham. (Vom Baume fiel der Huckepack, noch saß ihm auf dem Kopfe die Kappe, da kam ein Ding mit vier Füßen und trug den Huckepack im Bauche nach Hause.)

[Auflös. 1. Der Würfel. 2. Der Flachs 3. Der Huckepack ist die Eichel, und das Ding mit vier Füßen ist das Schwein, welches die Eichel gefressen hat.]

§ 106. Eine Sammlung von ein hundert und sechs und achtzig Volksräthseln aus dem Aargau hat Rochholz in Wolf's Zeitschrift für deutsche Mythologie, 1. Bd. S. 133 mitgetheilt, von denen einige hier folgen:

1. Vier Stämperli, vier Plämperli, zwee Horcherli, zwee Stupferli, zwei Gugguggerli, es Heuropferli, es Grasmufseli, und es Fleugewädeli. 2. Es goht zum Brunne mit, und sauft und sauft doch nit. 3. Vorne wie en Chamm, z'mitts wie nes Lamm, hinde wie ne Sichel; roths mei lieber Michel. 4. 's ist e chlis Chlbsterli, doch goht kei Thürli dri und auch kei Fensterli, was mag's echt si? 5. Wiß wie Schnee, grüen wie Chlee, roth wie Bluet, schwarz wie ne Füzhuet. 6. Im Frülig chum i als Büseli (Kätzchen) a, im Summer leg i zwee Röckline a, s' erst chauft (kann) mer abriße, s' zweut muesch mer abbiße, wenn du mi witt ha. 7. Wenn mes gsieht so nimmt me's neb; gsieht mes neb, so nimmt mes doch. 8. Hau se ne nit und stich se nit, leg se ab und brich se nit; mach er's unt' und obe guet, aß sies hüer wieder thuet. 9. Es goht e Jumpfere übere Rhi (Rhein), sie het e Hampfle (handvoll) rothe Wi, ohne gschirr und ohne glas; sind so guet und rothet das. 10. De best Schmutz (Schmalz) chot me nit, das best Holz spalt me nit, das best Bluest (Blüthe) schmöckt me nit, de best Vogel rupft me nit. 11. Roth mer i und roth mer a, s' brönnt ums Hus und zünds net a. 12. Es seit de groß Alexander, es lausid vieri mit enander: s' erst lauft und wird nit matt, der zweut frißt und wird nit satt, der britt suft und wird nit voll, die viert blost und 's tönt nit wohl. 13. S' is n ganze Matte (Wiese) voll, und gäb doch te Chratte (Korb) voll. 14. J weiß e chlises Ställeli mit viele wisse Welleli, es schneit nit dri, es isch kei Faß und doch isch 's alle wile naß. 15. Mit eime Gwalt machts warm und chalt. 16. Es schreit öppis im Holz und isch

doch beheim, es leit öppis im Holz und schreit doch beheim. 17. Zwüsche zwei Beine bin i beheime, in eine Spalt isch mei Ufenthalt. 18. Obe dünn und unte breit, durch und durch voll Süeßigkeit. 19. Je meh me devo nimmt, besto größer wirds; je meh me bezue thuet, besto chliner wirds. 20. Es stoht im Holz und rüeft im Holz und git em keins e Antwort. 21. Der Himmel hets und b' Erd nit, b' Maidli hänbs und Wibere nit, der Tüfel hets und Gott nit. 22. E hölzigi Mueter, brii isige Chind (drei Kinder von Eisen); reth mers gschwind. 23. S' ist öppis zwüsche vier Mure und rüeft alle Nachbure. 24. Rothet hi und rothet har: bin i voll und bin i lär, isch mi Buch (Bauch) voll Winde g'si, han i doch cheis Buchweh nie. 25. I bin von Fleisch und Bluet geborn, han aber wedder Nasen noch Ohrn, und het me mi is Chöpfli gschnitten und i die rechte Schwemmi gritte, und sot mi denn spaziern geh, denn chan i vor Heren und Fraun b'stoh.

[Auflösungen. 1. Die Kuh. 2. Die Kuhschelle. 3. Der Hahn. 4. Das Ei. 5. Die Kirsche. 6. Die Wallnuß. 7. Die wurmstichige Haselnuß. 8. Die Weinrebe. 9. Die Weintraube. 10. Dünger, Weinrebe, Aehre, Biene. 11. Die Brennessel. 12. Wasser, Feuer, Erde, Luft. 13. Der Thau. 14. Der Mund. 15. Der Hauch. 16. Das Kind in der Wiege. 17. Die Messerklinge. 18. Der Zuckerhut. 19. Das Loch. 20. Der Pfarrer auf der (hölzernen) Kanzel. 21. Der Buchstabe L. 22. Die Heugabel. 23. Die Hausglocke. 24. Der Blasebalg. 25. Die Schreibfeder.]

§ 107. Nachträglich zur deutschen Literatur wird noch aufmerksam gemacht auf folgende Räthselsammlungen: Agrionien, ein Taschenbuch für das gesellige Vergnügen, herausgegeben von Hell, Leipz. 1811; es enthält 309 deutsche und 37 französische Räthsel (s. § 83). Simrod, deutsches Räthselbuch, Frankfurt, ohne Jahrzahl (wahrscheinlich 1850); Mittheilungen daraus habe ich in § 46, 47 und 89 gegeben. Räthsel von verschiedenen deutschen Dichtern habe ich bereits in den vorausgegangenen Paragraphen erwähnt, als: von Appel in § 11; von Bürger in § 4; von Contessa in § 31; von Eberhard in § 4; von Haug in § 14; von Hell in § 8, 11 und 14; von Houwald in § 4; von Kind in § 4; von Körner in § 8, 10, 11 und 14; von Kretschmann in § 4; von Krummacher in § 8; von Langbein in § 4; von Maltitz in § 14; von Müchler in § 4; von Fr. Müller in § 4; von Müllner in § 34; von Schiller in § 4 und 25; von Schreiber in § 14 und von Tiedge in § 8. — Folgende Schriften habe ich nicht auffinden können: Sommer aenigmatographia, Magdeb. 1605. Aenigmatographia rythmica, ein newes Rätzelbuch durch Hulbrichum Therandrum, Magdeburg 1605 (es soll mehrere altdeutsche ins Lateinische übersetzte Räthsel enthalten).